BAEDEKER SMART

Thailand

MairDumont – www.baedeker.com

Wie funktioniert der Reiseführer?

Wir präsentieren Ihnen Thailands Sehenswürdigkeiten in sechs Kapiteln. Jedem Kapitel ist eine spezielle Farbe zugeordnet. Um Ihnen die Reiseplanung zu erleichtern, haben wir alle wichtigen Sehenswürdigkeiten jedes Kapitels in drei Rubriken gegliedert: Einzigartige Reiseziele sind in der Liste der »TOP 10« zusammengefasst und zusätzlich mit zwei Baedeker Sternen gekennzeichnet. Ebenfalls bedeutend, wenngleich nicht einzigartig, sind die Sehenswürdigkeiten der Rubrik »Nicht verpassen!«. Eine Auswahl weiterer interessanter Ziele birgt die Rubrik »Nach Lust und Laune!«.

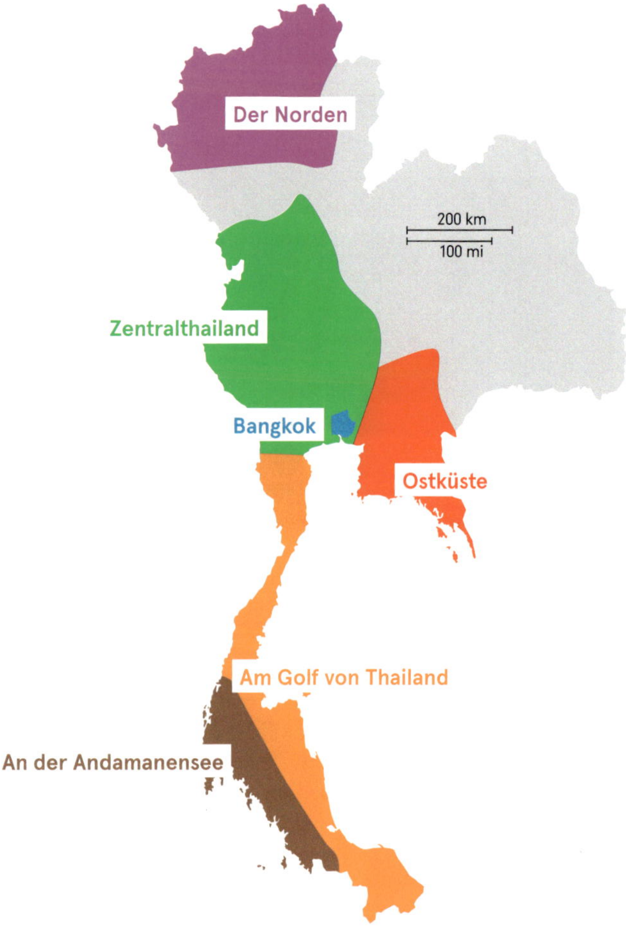

Das Magazin

Bangkok

Zentralthailand

Der Norden

Ostküste

Am Golf von Thailand

An der Andamanensee

Touren

Praktische Informationen

Anhang

Magische Momente

Kommen Sie zur rechten Zeit an den richtigen Ort und erleben Sie Unvergessliches.

Zu den unvergesslichen Reiseerlebnissen gehört es, über Bangkoks Dächern zu tafeln, wenn die Sonne sinkt und die Stadt zu funkeln beginnt.

Abseits der Städte bietet das Land des Lächelns wundervolle Trauminseln, auf denen jeder sein eigenes kleines Stück vom Paradies finden kann.

1

2

3

4

5

6

7

8

9

10

★★ Baedeker Topziele

Unsere TOP 10 helfen Ihnen, von der absoluten Nummer eins bis zur Nummer zehn, die wichtigsten Reiseziele einzuplanen.

❶ ★★ Grand Palace & Wat Phra Kaeo
Der Tempelkomplex und der Königspalast gelten als *die* Glanzstücke thailändischer Architektur (S. 46).

❷ ★★ Chiang Mai
Die von Wassergräben umschlossene Altstadt mit über 100 Tempeln lädt zur Erkundung ein. Zudem lockt der Night Bazaar (S. 106).

❸ ★★ Hilltribe Trekking
Es ist ein unvergessliches Erlebnis, zu Fuß, auf dem Floß oder dem Elefanten die Urwald- und Berggebiete des Nordens zu durchstreifen. Dabei besuchen Sie auch die Dörfer der indigenen Bergvölker (S. 109).

❹ ★★ Sukhothai
Der Sukhothai Historical Park mit den Ruinen von mehr als 200 Tempeln und Palästen ist die eindrucksvollste UNESCO-Weltkulturerbe-Stätte Thailands (S. 74).

❺ ★★ Krabi
In der Provinz Krabi zeigt sich die Tropennatur in ihrer spektakulärsten Ausprägung. Zudem lockt der »Tigerhöhlentempel« und die in Kalkstein gefassten Strände im Süden von Ao Nang finden asienweit kein Pendant (S. 174).

❻ ★★ Khao Sok National Park
Wie in einem Märchenland ragen fantastische Kalksteinformationen bis zu 1000 m hoch aus dem dichten Dschungel hervor (S. 177).

❼ ★★ Bangkoks Wasserwelten
Der Flussabschnitt zwischen dem Nationalmuseum und dem Wat Arun von Bangkok bildet eine »königliche Meile« (S. 49).

❽ ★★ Ko Samui, Ko Phangan & Ko Tao
Die Palmeninsel Ko Samui gilt als Strandsensation Südostasiens, Ko Phangan lockt mit den größten Beach Happenings überhaupt. Und Ko Tao trägt zu Recht den Spitznamen »Ko Tauch« ... (S. 150)

❾ ★★ Ao Phang Nga
Die berühmte Bucht spannt sich als 400 km² großer Kessel in die Andamanensee. Atemberaubend ist ein Bootsausflug (S. 179).

❿ ★★ Ko Phi Phi
Das Doppeleiland wurde bereits mehrmals unter die schönsten Inseln auf Erden gewählt. Seit Phi Phi Ley 2000 als ein Drehort für den Thriller »The Beach« fundierte, ist der Strand Kult (S. 181).

Ein Gefühl für Thailand bekommen …

Erleben, was das Land ausmacht, sein einzigartiges Flair spüren. So, wie die Thais selbst.

Für Geist und Seele

Der Weg zu einem besseren Dasein wird im Buddhismus (S. 20) durch den edlen achtfachen Pfad gewiesen, der auch Konzentration und Versenkung empfiehlt, weshalb (männliche) Thais mindestens einmal im Leben eine gewisse Zeit im Kloster verbringen. In einigen kann man auch als Besucher an Meditations-Retreats teilnehmen, und zwar u. a. im Wat Khao Tham Meditation Center (www.kowthamcenter.org) auf Ko Phangan (S. 150). Aber bereits die andächtige Besichtigung der unzähligen Wats und Tempelanlagen kann wie Balsam für die Seele sein.

Heilsame Berührung

Verspannungen des Körpers und Leiden der Psyche führen zu einer Minderung der Lebensfreude *(sanuk)*. Gegenmittel sucht man in Thailand, indem man sich heilsam berühren lässt. Nichts anderes will auch die thailändische Bezeichnung für Massage sagen, die übersetzt »uralte heilsame Berührung« bedeutet und die nirgends im Lande so perfektioniert wurde wie in der Massageschule des Wat Pho (S. 53) in Bangkok. Dort aber wird man nicht sanft gestreichelt, sondern kraftvoll bearbeitet, denn auch in Thailand scheint der Weg in den Himmel durchs Fegefeuer zu führen …

Saturday Night

Zum Start ins Wochenende treffen sich Bekannte, Freunde und Liebespaare in Chiang Rai (S. 116) auf dem stimmungsvollen Night Bazaar, der jeden Samstag ab 17 Uhr das gesamte innere Stadtzentrum in einen Jahrmarkt mit Feuerschluckern und Pantomimen, Trommlern, Artisten, Verkaufs- und Essensständen verwandelt und etwas ganz etwas anderes ist als der (Touristen-)Night Bazaar von Chiang Mai (S. 106).

Wok und weg

Die Thai-Küche hat Suchtfaktor! Damit Sie nach der Heimkehr nicht bis zum nächsten Urlaub warten

Thailands religiöse Stätten sind Orte der Sammlung und Ruhe, auch für deren Besucher. Lassen Sie sich darauf ein und nehmen Sie die einzigartige Atmosphäre in sich auf.

Nach einem Tag in der aufregenden Welt des River Kwai kann man direkt am Fluss bei River Kwai Jungle Rafts speisen und entspannen.

Es ist angerichtet! Auf dem Damnoen Saduak gibt es neben Obst und Gemüse auch dampfende Thai-Speisen.

müssen, sollten Sie an einem Thai-Kochkurs teilnehmen. Eine der besten Adressen des Südens ist das Island Organics (https://island organicssamui.com) auf Ko Samui (S. 150), wo man auch die hohe Kunst des dekorativen Arrangierens von Früchten und Gemüse lernt, denn das Auge isst ja immer mit.

Am Puls der Thai-Kultur

Schlüsselelement eines Homestay-Aufenthaltes ist der direkte Kontakt mit der einheimischen Bevölkerung. Ziel sind Einblicke in den Alltag, die Touristen normalerweise verborgen bleiben. Thailandweit laden Hunderte solcher Homestays ein. Über die www.homestay.com und www.responsiblethailand.co.uk kann man sie buchen.

Schlemmen und Schauen

Da es viel Behagen *(sabai)* bereitet, es sich gutgehen zu lassen, wird in Thailand keine Gelegenheit zu einem Snack oder guten Schluck ausgelassen. Am besten geht das in Bangkoks Chinatown (S. 59), wo sich die Essensstände dicht an dicht drängen, man hier ein Dim-sum-Häppchen nascht, und dort vielleicht ein Glas Lycheesaft kostet, bevor man sich zu einem Höhenflug ins rotierende Restaurant des Grand China Hotels aufmacht.

Von wegen Müsli & Co

Nichts gegen Haferflocken mit Milch oder Rührei mit Speck, aber im Tropenklima liegen solch westliche Frühstücksvarianten wie Steine im Magen. Doch Buddha sei Dank gibt es überall in Stadt und Land Morgenmärkte, wo man sich für sehr wenig Geld an einer Fülle von typisch thailändischen Frühstücks-Leckereien erfreuen kann. Einer der größten des Südens ist der Maharaj Market (Thanon Maharat, Soi 7, Mo–Sa 5–12 Uhr) in Krabi Town (S. 174). Und wenn Sie erst einmal den scharf-süßen Reissalat »Khao jam« oder das Thai-Spaghetti-Frühstück »Khanom chin« gekostet haben, werden Sie diese morgendlichen kulinarischen Genüsse bestimmt nie wieder vergessen und, zurück in der Heimat, vielleicht sogar vermissen.

Kick den geflochtenen Rattan

Die Thais sind ein Volk von Sportenthusiasten, und es vergeht kein Spätnachmittag, an dem man nicht auf Sechsergruppen von meist jungen Männern trifft, die sich auf einer Spielfläche, so groß wie ein Badmintonfeld und ebenfalls durch ein Netz getrennt, dem Sepak Takraw (auch: Takrao) hingeben. Eine sprechende Bezeichnung, denn »Kick den geflochtenen Rattan« lautet die ungefähre wörtliche Übersetzung für dieses Spiel, bei dem es darum geht, einen Ball aus geflochtenem Rattan mit den Füßen und Knien, Schenkeln und Köpfen über das Netz ins gegnerische Feld zu kicken.

Der Goldene Buddha im äußersten Norden der Provinz Chiang Rai thront über dem Golden Triangle Park.

Das Magazin

Das vom Buddhismus geprägte Thailand begeistert Besucher mit alter Kultur, wunderbarer Natur und einer gelassenen Lebensart.

Seite 12–37

Tropische Wälder

Alexander von Humboldt war es, der die wissenschaftlich so bedeutende Entdeckung machte, dass die natürliche Vegetation in ihrer ursprünglichen Ausprägung stets das vollkommene Abbild der klimatischen Gegebenheiten ist.

Trekkingtouren führen in den Regenwald des Nationalparks Chaloem Rattanakosin.

Damit war die Grundidee der Pflanzengeografie geboren, die besagt, dass jeder Klimazone auch eine ganz bestimmte, ihr eigene Vegetationszone entspricht, mit der die Tierwelt in Wechselbeziehung steht. Dies ist natürlich ein Idealbild, das auch in Thailand durch menschliche Einflüsse einer nahezu vollkommenen Veränderung unterlag: Wälder wurden gerodet, Kulturpflanzen angebaut, andere Abschnitte zwar in ihrer Topografie belassen, aber ihrer Natur beraubt.

Mangrovenwald

Die erste, weil am tiefsten gelegene Vegetationseinheit, ist die der Gezeitenzone, die sich im Mündungsgebiet der Flüsse sowie in Sumpfgebieten weit ins Landesinnere hineinziehen kann. Hier finden sich die fast undurchdringlichen Mangrovenwälder mit ihren charakteristischen Stelz- und Atemwurzeln, die Lebensraum und Kinderstube von Vögeln, Fischen, Krebsen, Garnelen und unzähligen anderen Lebewesen mehr sind.

Bestandbildend ist der salzwassertolerante Mangrovenbaum, von dem in Thailand rund 75 verschiedene Arten vorkommen. Das gilt als Weltrekord, und kaum irgendwo sonst in den Tropen wird auch so viel zum Schutz der noch vorhandenen Mangrovenwälder getan wie in Thailand, wo im Bereich der Andamanensee-Küste noch rund 80 % dieser Vegetationseinheit intakt sind. An der Golfküste hingegen sind es nur noch um 20 %, da die Mangrovenwälder dort vor allem Shrimp-Farmen weichen mussten, so sie nicht in die Holzkohleproduktion gingen.

Strandwald

In relativ trockenen Abschnitten der Gezeitenzone sowie der sich anschließenden Küstenzone finden sich die so genannten Strandwälder. Hier dominiert die Kokospalme, die heute überall angebaut wird, aber als wildwachsendes Exemplar ursprünglich im salzhaltigen Küstenbereich beheimatet war.

Ebenso die Sago-, Nipah-, Rotang- und Arecapalme sowie insbesondere die Kasuarine, ein schlanker Baum aus der Familie der Buchenartigen von bis zu 25 m Höhe. In seiner Wuchsform und

Ein Nashornvogel versteckt sich tief im Regenwald (links). Aber auch für Affen und andere Säugetiere bildet das üppige Grün den Lebensraum (rechts).

Belaubung erinnert er stark an eine Konifere, und sowohl an der Andamanensee- als auch Golfküste findet man große Bestände.

Regenwald

Landeinwärts folgt dann der tropische, immergrüne Regenwald, der in den Lagen bis etwa 800 m Höhe als Tiefland-Regenwald bezeichnet wird und den größten Artenreichtum aufweist je niedriger er steht. Da gerade diese Bereiche in der Vergangenheit aber besonders stark unter den Eingriffen des Menschen zu leiden hatten, findet sich seine vielfältigste Variante in Thailand heute eigentlich nur noch in den Nationalparks sowie sonstigen Schutzgebieten, die in Thailand einen Anteil von 17 % an der gesamten Landesfläche haben. Der größte Teil dieser noch vor wenigen Jahrzehnten absolut dominierenden Vegetationseinheit ist ausgedehnten Plantagen gewichen (insbesondere solchen mit Kautschuk sowie Ölpalmen, aber u. a. auch Papaya, Ananas und Bananen), sofern er nicht durch Brandrodung oder selektives Abholzen zum Sekundärwald, wenn nicht Ödland degeneriert ist.

An vielen Orten in Thailand kann man auf einem Elefanten durch den Regenwald reiten – was allerdings sehr umstritten ist.

Nebelwald

Je höher es geht, desto ärmer an Arten präsentiert sich der Wald, der ab einer Höhe von etwa 800 m als Nebelwald bezeichnet wird. Diese Bezeichnung trägt er durchaus zu Recht, denn ob nun Südwest-Monsun herrscht oder derjenige aus Nordost – fast ständig liegt dieser Landesbereich im Wolkenstau der Berge. Die Niederschläge sind entsprechend, mithin die Feuchtigkeit, sodass die gesamte Zone häufig in Wolken und Nebel gehüllt ist.

Die Bäume hier sind wesentlich kleinwüchsiger als in niedrigeren Lagen, und dank der klimatischen Verhältnisse ist die Krautschicht am stärksten ausgebildet, wie auch die Zahl der Moose, Orchideen und Farne mit jedem Höhenmeter überproportional wächst. Aufgrund der oft exponierten Lage des Nebelwaldes blieb er weitgehend von Übergriffen durch den wirtschaftenden Menschen verschont, und lediglich Tabak-, Kaffee- sowie Bananen-Plantagen wuchern mitunter ins große Grün dieser uns landläufig als am »dschungelartigsten« erscheinenden Vegetationszone.

An einem Korallenriff zu tauchen ist ein wunderbares Erlebnis.

Das Korallenriff

Dutzende Korallenriffe sowohl im Golf von Thailand als auch in der Andamanensee entführen in eine märchenhafte marine Welt. Sie wird belebt von einer ungemein artenreichen Flora und Fauna und gehört zu den größten, aber auch bedrohtesten Naturschönheiten des Königreiches.

Korallenriffe bilden nach dem tropischen Regenwald die komplexesten Ökosysteme auf Erden und bieten mehr als 100 000 Spezies einen Lebensraum.

Wie ein Riff entsteht

Alles fängt ganz unscheinbar mit den mikroskopisch kleinen Larven der Korallenpolypen an. Auf dem geschlechtlichen Weg gezeugt, treiben sie so lange im Meer dahin, bis sie sich an einen passenden Ort anheften können, wo das Wasser warm genug (20–30 °C) und klar und der Meeresboden nicht zu tief ist (max. 50 m). Langsam entwickeln sie dort Tentakeln, wachsen zu echten, 2,5–10 mm großen Korallenpolypen heran, während sie gleichzeitig ihr Kalksteingehäuse bilden, ihr »Skelett«, und sich sodann auf zweierlei Weise wieder fortpflanzen: einerseits durch die (langsame) geschlechtliche Befruchtung, bei der die Larven davontreiben, andererseits, indem sie Äste oder Knospen hervorbringen, die zu Tochterpolypen werden, selbst Knospen treiben usw. Der Vorgang wiederholt sich in wachsendem Tempo, und bald ist eine Kolonie von Tausenden, eng verbundenen Korallenpolypen entstanden – der Grundstock eines Riffs. Alte Polypen sterben ab, die abgesonderten Kalkskelette bleiben, neue Polypen »bauen« weiter, und so wächst das Riff jährlich um durchschnittlich 1 cm in die Höhe.

Filigrane Unterwasserwelten

»Wir sind erstaunt, wenn Reisende uns von den ungeheuren Ausmaßen der Pyramiden und ähnlicher Bauwerke berichten, doch die größten unter ihnen sind ohne Bedeutung, vergleicht man sie mit diesen Gebirgen aus Stein« – so notierte es Charles Darwin zu Beginn des 19. Jhs. in sein Tagebuch, als er erstmals ein Korallenriff erblickte. Und so ergeht es den meisten Menschen, wenn sie an einem Riff tauchen. Vermittelt schon das Schnorcheln oder Tauchen in »normalen« Gewässern einen fast euphorischen Zustand, so wird es über einem Korallenriff zu einer Erfahrung ohnegleichen: Über bizarren Strukturen in Hirn- und Pilz-, Geweih- und Fächerform, über purpurroten Kalkalgen und gelben Schwämmen, glitzernden Röhrengeflechten und blau leuchtenden Ästen, über Grünalgen und Blumentieren, Tentakelspiralen sowie den Fangarmen der See-Anemonen schießen und kreuzen Myriaden von Geschöpfen umher, während Kaiserfische und Blaupunktrochen, Ammenhaie und Schildkröten, Mantas und Kugelfische vorüberziehen …

Zwischen Tag und Nacht

Kurz vor Morgengrauen noch scheint das Korallenriff wie leergefegt, denn nun ist Schichtwechsel im Tierreich. Die nachtaktiven Lebewesen haben sich verkrochen, und die tagaktiven warten noch auf ihr Signal: Sobald die ersten Sonnenstrahlen die Meeresoberfläche durchdringen, schießen Heerscharen von Fischen auf Nahrungssuche aus ihren Verstecken hervor und verwandeln das Riff in ein atemberaubendes Gebilde voller Formen und Farben. Zum Einbruch der Dämmerung dann ziehen sich die meisten Fische in ihre Nachtquartiere zurück. Doch kaum ist es dunkel geworden, erblüht das Riff zur Nachtschicht, denn jetzt erfolgt die Nahrungsaufnahme der Korallenpolypen, die ihre bunten Tentakel entfalten, mit deren Hilfe sie mikroskopisch kleine Plankton fangen und dann verzehren.

Das Leben vieler Riffbewohner ist – auch infolge des Tourismus – in Gefahr.

Von Zerstörung bedroht

Millionen winziger Fische, Krabben, Würmer und Krebse, die in den Höhlungen des Riffs leben, ernähren sich von Plankton, werden ihrerseits Futter für die Riff-Räuber Barracudas, Brassen, Makrelen und vielen anderen mehr, die wiederum von noch größeren gefressen werden. An der Spitze dieser Kette steht der Mensch, dessen Bevölkerungswachstum hauptsächlich verantwortlich ist für die akute Bedrohung aller Korallenriffe weltweit und so auch in Thailand, wo heute rund zwei Dutzend Meeresnationalparks insbesondere im Bereich der Andamanensee das empfindliche Ökosystem der Korallenriffe zu bewahren versuchen. Aber trotz dieses Naturschutzgedankens, der in Thailand schon in den 1960er-Jahren aufkam, werden auch hier immer mehr Riffe mit immer ausgeklügelteren Fangmethoden als Fischereigründe genutzt, werden immer mehr Abwässer und Sedimente ins Meer gespült, das sich dank Klimaveränderung immer mehr erwärmt. Der Muschel- und Zierfischhandel hat für Aquarienliebhaber gefährdende Ausmaße angenommen und auch der Tourismus trägt seinen Teil zur fortschreitenden Zerstörung bei. Immer wieder sieht man gerade in den küstennahen Riffbereichen der Andamanensee Heerscharen ignoranter Touristen mit ihren Flossen auf den Korallenstrukturen herumlaufen, hier ein Prachtexemplar abbrechen und dort mit Messern in Höhlung herumstochern – sie zerstören dadurch in Sekunden, was in Jahrzehnten gewachsen ist.

Buddhismus, die tragende Kraft

In keinem anderen Bereich werden die geistigen Beziehungen Thailands mit Indien offensichtlicher als im Buddhismus, dessen Geschichte um 560 v. Chr. beginnt. Zu dieser Zeit wurde in Kapilavastu, im Süden des heutigen Nepal, Prinz Siddharta Gautama geboren.

Im Palast seines Vaters, wo er in allem erdenklichen Luxus aufwuchs, mangelte es dem Prinzen an nichts, und da die Schattenseiten des Lebens – Krankheit und Tod –, ausgesperrt waren, hielt er das irdische Dasein für das reine Glück. So lange, bis ihm, bei einer Ausfahrt, vier Gottheiten in Gestalt eines Greises, eines Kranken, eines Toten und eines Asketen erschienen. Verzweifelt über das ihm bis

Um Almosen bittende Mönche sind ein alltägliches Bild in Thailand.

dato unbekannte Leid der Welt und voller Sehnsucht danach, die Wahrheit zu finden, d. h. die Ursache für all das Leid der Menschheit, verließ er im Alter von 29 Jahren seine Frau, seinen soeben geborenen Sohn und das väterliche Reich.

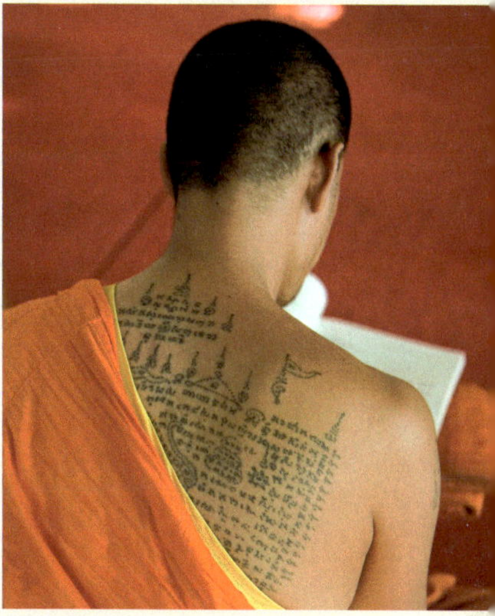

Ein thailändischer Mönch beim Studium buddhistischer Texte

Das Weltgesetz Dharma

Sieben Jahre lang zog er von nun an auf der Suche nach religiöser Einsicht umher, bevor er in einer plötzlichen Erleuchtung den ewigen Kreislauf erblickte, in dem alle Wesen geboren werden, sterben und erneut geboren werden. Er entdeckte die Vergänglichkeit und Verflochtenheit aller Erscheinungen und fand heraus, dass keine beharrenden Substanzen existieren, sondern, dass alles ein Wechselspiel von in funktioneller Abhängigkeit zueinander stehenden Einzelfaktoren ist, die nicht zufällig sind, sondern dem Weltgesetz Dharma unterliegen. Dharma manifestiert sich in der natürlichen Ordnung, im Lauf der Flüsse, der Bahn der Sterne. Es ist aber auch wirksam in der sittlichen Ordnung, ist nach Auffassung Buddhas (»der Erwachte« oder auch »der Erleuchtete«) schlichtweg alles, was wirkt.

Die Vier Edlen Weisheiten

Nach der buddhistischen Lehre ist das Leben des Menschen ein sich ständig erneuernder Strom von Daseinsfaktoren, den auch der Tod nicht unterbricht, weil die geistigen, moralischen und natürlichen Kräfte weiterwirken und sich in einem neuen Individuum sammeln, dessen Leben nach dem Karma (Gesetz von Ursache und Wirkung), nach den guten und bösen Taten und Gedanken des Dahingeschiedenen, ausgerichtet wird. So ist der Mensch, was er war, und wird sein, was er ist, wobei Leben stets mit Leid verbunden ist. Dies aber nicht, weil es Schmerzen bringt, sondern weil das Leben vergänglich ist, keinen Bestand hat und, wie das Ego selbst, somit nichts als Illusion sein kann.

Diese Erkenntnis wird als die erste der Vier Edlen Wahrheiten bezeichnet, die den Kern der buddhistischen Lehre bildet. Die Zweite edle Wahrheit erklärt sodann die Ursachen des Leidens (nämlich Gier, Hass und Verblendung), während die Dritte Edle Wahrheit aufzeigt, wie das Leid beendet werden kann und die Vierte Edle Wahrheit schließlich einen genauen Weg beschreibt, der dorthin führt. Dieser Weg wird als der Edle Achtfache Pfad bezeichnet, und wird charakterisiert durch rechte Erkenntnis, rechte Gesinnung, rechtes Reden, rechtes Handeln, rechtes Leben, rechtes Streben, rechte Aufmerksamkeit und rechtes Sich-Versenken.

Buddhismus heute

So ist der Buddhismus weniger eine Religion als eine Weisheitslehre oder Philosophie bzw. Weltanschauung, und ist vielleicht deshalb, weil er keine Verbote aufstellt, kein »Du darfst nicht...« vorschreibt, sondern nur Empfehlungen und Weghilfen gibt, so wenig von einer Säkularisierung bedroht.

Mönche in Nong Khai auf dem Weg zu ihrem Unterricht

Das Thailand der Gegenwart, in dem sich rund 95 % der Bevölkerung zum Buddhismus bekennen, ist noch immer ein ganz und gar buddhistisch geprägtes Land. Die rund 300 000 Mönche in mehr als 25 000 Klöstern kennzeichnen diese Verankerung im Buddhismus, wie auch die in Thailand so sprichwörtliche Präsenz von Harmonie und Friede, nebst Gleichmut und Geduld, aber auch Lebensfreude direkt der buddhistischen Lehre entspringt.

Räucherstäbchen als Opfer für den »Herrn des Landes«

Häuschen für Erdgeister

Im Animismus hingegen, der in vorbuddhistischer Zeit wurzelnden Vorstellung von der Beseeltheit der Natur, entspringen die Regeln und Zeremonien rings um die kleinen Häuschen, Palästchen und Tempelchen aus Holz oder Zementguss, die sich in Stadt und (insbesondere) Land auf beinahe jedem Privatgrundstück und vor beinahe jedem Haus auf einem etwa mannshohen Pfosten finden. Es sind dies Geisterhäuschen, *chao thi,* die Wohnstätten für den »Herr des Landes«, einen Erdgeist, dessen Bildnis, traditionell mit einem Schwert in der rechten und einem Buch in der linken Hand, üblicherweise an der rückwärtigen Innenwand steht. Eine kleine Plattform davor bietet Platz für Opfergaben – z. B. Blumen und Räucherstäbchen –, die das Wohlwollen des Geistes sichern sollen. Zu besonderen Anlässen, wie etwa dem Geburtstag des *chao thi,* wird auch Nahrung angeboten, traditionell Reis, obwohl heutzutage durchaus auch Hamburger gegeben werden.

Die Geisterhäuschen werden immer errichtet, bevor ein Grundstück bebaut wird. So will man den Geist, der das Gelände bewohnt hat, für den Verlust seiner Heimat entschädigen und sein Wohlwollen sicherstellen. Beim Bau des *chao thi* sind tradierte Regeln zu beachten: So muss beispielsweise das Datum seiner Errichtung von einem Astrologen berechnet werden. Sein Standort darf nur östlich oder südlich des Hauses liegen, aber niemals gegenüber dem Eingang. Auch darf es nicht im Schatten des Hauses stehen, wie umgekehrt sein Schatten nicht das Haus treffen darf. Denn die Welt der Geister und die Welt der Menschen unterscheiden sich stark voneinander und dürfen nicht vermischt werden.

Wunderwerk Wat

Die rund 25 000 Klosteranlagen Thailands markieren nicht nur das religiöse und geistige Zentrum einer jeden buddhistischen Gemeinde, sondern sind auch deren sozialer Dreh- und Angelpunkt – ganz ähnlich wie die Klöster im mittelalterlichen Europa Kristallisationspunkte der Kultur waren.

Die Klosteranlage (auf Thai *wat* genannt) verkörpert den Archetyp thailändischer Architektur.

Chedi und Prang

Zentrum eines jeden Klosters und stets auch das höchste Bauwerk ist der Chedi. Er wurde in seiner früher halbkugel-, dann glockenförmigen und heute spitz zulaufenden Turmform vom indisch-buddhistischen Stupa abgeleitet, der in seiner Konzeption wohl auf vorbuddhistische Hügelgräber zurückgeht, in denen Fürsten beigesetzt wurden. Entsprechend birgt auch der Chedi Reliquien. Ursprünglich stammten sie von Buddha selbst, dessen Leichnam gemäß der Überlieferung in acht Teile geteilt wurde. Auch das Wort Chedi geht auf die Zeit Buddhas zurück und bedeutet »anordnen« bzw. »aufhäufen« sowie im übertragenen Sinne »geistig fixieren«. Der Chedi will nicht nur als Architektur verstanden sein, sondern vor allem als Ermahnung im weitesten Sinne. Darauf weist auch die in den Abmessungen vieler Chedis erscheinende Zahlensymbolik hin, die das Bauwerk zum geometrischen Abbild der buddhistischen Kosmologie machen.

Ganz ähnlich verhält es sich beim knospen- oder phallusförmigen Prang. Diese thailändische Adaption der Khmer-Tempelheiligtümer, die ursprünglich hinduistischen Gottheiten (vor allem Shiva) geweiht waren, sind dem kosmischen Berg Meru nachempfunden. Gekrönt werden sie von einem Abschlussstein in Form einer Lotusknospe. Als bestes Beispiel eines Prang gilt der von Wat Arun (S. 51) in Bangkok.

Bot, Viharn und Mondhop

Während Chedi und Prang meist exakt auf alle vier Himmelsrichtungen ausgerichtet sind, zeigt der Bot ostwärts. In diese Richtung blickte

Buddha, als er die Erleuchtung erlangte. Der Bot repräsentiert das zentrale Heiligtum der Klosteranlage, hat einen rechteckigen Grundriss und meist ein mehrfach gestaffeltes, in der Regel mit glasierten Keramikkacheln gedecktes Dach. In diesem innen oft auffallend prächtig mit Wandmalereien ausgestatteten Heiligtum finden Ordinationsfeierlichkeiten sowie andere religiöse Zeremonien statt.

Obwohl der Bot das wichtigste Glied der Klosteranlagen darstellt, ist in der Regel der Viharn das größte Bauwerk. Er unterscheidet sich vom Bot nur dadurch, dass er nicht durch acht Grenzsteine als geweihter Bereich gekennzeichnet ist. Die Wortwurzel von Viharn bedeutet »Aufenthalt« und entsprechend dient dieses Bauwerk als Versammlungs- und Gebets- bzw. Meditationshalle für Mönche und Gläubige.

Der Mondhop schließlich stellt architektonisch eine Verschmelzung von Viharn und Chedi dar und bildet mit seinem pyramidenförmig gestuften Dach einen besonderen Blickfang. Er dient als Aufbewahrungsort heiliger Objekte und heiliger Schriften, weshalb er sich in aller Regel als die Bibliothek einer Klosteranlage präsentiert.

Sukhothais Wat Mahathat mit Buddha-Bildnis (unten), Detail einer Holzschnitzerei im Wat Pho (rechts oben) und eine steinerne Schildkröte im Wat Nuea in Roi Et (rechts unten)

Thailändische Lebensart

Wohl jeder hat ganz bestimmte Vorstellungen, denkt er an das »Typische« einer anderen Nation. Und so machen sich die *farang,* die »Ausländer«, von Thailand gern ein romantisches Glanzbild als ein Tropenparadies, bewohnt von glücklichen, weil stets lächelnden Menschen.

Immer nur lächeln – sind Thais glücklicher als ihre Besucher aus dem Westen?

In der Tat ist den Thais das Lächeln förmlich ins Gesicht geschrieben, denn es dient ihnen als eine Art Schutzwall vor Konflikten, kaschiert Gefühlsregungen und hilft, Unsicherheit oder Verlegenheit zu überspielen. Man lächelt aus vielen Gründen, doch im Gegensatz zu unseren Bräuchen wird nie über jemanden oder etwas gelächelt.

Joie de vivre

Allerdings ist es fraglich, ob die Thais tatsächlich glücklicher sind als Europäer. Zumindest ist die Lebensfreude der Thais, die sie dem *farang* definitiv voraushaben, förmlich greifbar. Sie wurzelt im *mai pen rai* (Macht nichts!), das viel mehr bedeutet, als die Übersetzung hergeben kann. Dieses geflügelte

Wort drückt vielmehr die Fähigkeit aus, sein Schicksal anzunehmen und sich nicht gegen etwas zu wehren, das nicht zu ändern ist. Der Buddhismus gibt den Rahmen für diese hohe Kunst des Gelassenbleibens. Da die Thais verinnerlicht haben, dass man dem Schicksal und leidvollen Erfahrungen wie Krankheit, Alter und Tod ohnehin nicht entgehen kann, sind sie bemüht, sich das Leben möglichst *sabai* (angenehm, behaglich) zu gestalten.

Damit kommt *sanuk* ins Spiel, das am treffendsten mit »reinste Lebensfreude« übersetzt werden kann, also viel mehr bedeutet als »Spaß«. Die Thais teilen ihren Alltag in *sanuk* und *mai sanuk* (keine Lebensfreude) ein. Essen gehen – schon gar mit Freunden – ist *sanuk*, ebenso Musik hören, Schwätzchen halten, ein Haus einweihen und vor allem: zu feiern. Arbeit hingegen, insbesondere wenn sie langweilig ist, ist definitiv *mai sanuk*. Die Steigerung von *mai sanuk* ist *lambahk* (Ärger). Wenn ein Thai davon spricht, dann muss schon etwas sehr Schlimmes vorgefallen sein.

Begrüßung à la Thai

Der *wai*, das Falten der Handflächen zwischen Brust- und Stirnhöhe – je höher die Hände gehoben werden, je respektvoller –, entspricht unserem in Thailand eher unbekannten Händeschütteln. Der sozial tiefer Stehende grüßt zuerst, wobei der hoch angesetzte *wai* mit einem niedrigeren beantwortet wird. Der *wai* wird zwar von Ausländern nicht erwartet, kann aber helfen, z.B. bei Einladungen, die ersten Barrieren zu überwinden. Formlos grüßt man sich auf Thai mit *sawat-dee* (sawadie).

Das Gesicht wahren

Man fragt einen Thai nach dem Weg, er wendet sich mit einem Lächeln ab und dreht sich hilfesuchend nach anderen Thais um. Der Angesprochene versteht kein Englisch. Um das Gesicht nicht zu verlieren, ruft er jemanden herbei, der die Frage versteht und vielleicht beantworten kann. Notfalls gibt er irgendeine, möglicherweise auch falsche Richtung an, um das Gesicht zu wahren.

Jemanden das Gesicht wahren zu lassen, aber auch das eigene nicht zu verlieren, ist der wichtigste Leitgedanke bei allen Verhaltensregeln. Nichts ist schlimmer als ein Gesichtsverlust, was dem Verlust der Würde gleichkommt. Wer sie antastet, begeht eine schwere Beleidigung, die auch einem *farang* nicht leicht verziehen wird.

Fettnäpfchen

Der gesamte zwischenmenschliche Bereich wird dadurch geprägt, dass man Rücksicht auf die Gefühle anderer nimmt. Dabei gilt es, die unzähligen Fettnäpfchen zu vermeiden, in die man als Ausländer leicht treten kann, z.B. mit dem Finger auf jemanden zeigen oder ihn durch das Krümmen des Fingers herbeirufen, beim Gespräch gestikulierend herumwirbeln, die Hände in die Hüften stemmen oder vor der Brust verschränken, oder gar mit den Füßen auf Menschen oder heilige Symbole zeigen. Verpönt ist es auch, im Sitzen die Beine übereinander zu schlagen.

Contenance!

Kritik von Angesicht zu Angesicht und insbesondere im Beisein von Dritten wird als eine mindere Form der Gewaltanwendung betrachtet. Einen Konflikt offen auszutragen, etwa die Beherrschung zu verlieren, jemanden anzuschreien oder ausfällig zu werden, das bedeutet nicht nur, das stärkste Tabu zu brechen, sondern sich auch in unkalkulierbare Gefahr zu begeben. Leicht kann dann der kritische Punkt erreicht sein, bei dem das Lächeln des Gegenübers der schieren Gewalt weicht.

Zarte Gesten zwischen Partnern sind reine Privatsache. So schickt es sich nicht, als Mann und Frau Händchen haltend oder Arm in Arm herumzulaufen. Sich in der Öffentlichkeit gar zu küssen oder zu streicheln, ist unverzeihlich. Hingegen ist es unter Menschen gleichen Geschlechts durchaus üblich, sich zu umarmen, Händchen zu halten, einander die Hand aufs Knie zu legen.

Respekt vor Mönchen zu zeigen ist eine grundlegende Verhaltensweise in Thailand.

Take your time

Bei einer Einladung pünktlich zu sein, ist zwar keine Beleidigung, zeugt aber von den barbarischen Sitten des Gastes – eine halbe Stunde sollte man schon zu spät kommen. Generell werden Zeitangaben in Thailand nicht als fixe Termine angesehen, sondern lediglich als grobe Anhaltspunkte.

Vor dem Betreten eines Zimmers unbedingt die Schuhe ausziehen, sonst beleidigt man den Gastgeber aufs Gröbste. Und wer dann noch über die Türschwelle steigt, statt den Fuß darauf zu setzen, gewinnt enorm an Achtung und kann kaum noch etwas falsch machen.

Dresscode

Dem äußeren Erscheinungsbild wird in Thailand größte Bedeutung beigemessen. In den Großstädten und an den Stränden herrscht zwar Laissez-faire, aber in der Provinz gilt es als absolut unschicklich, wenn Frauen kurze Röcke, knappe T-Shirts, durchsichtige Blusen oder keinen BH tragen. Hautenge Hosen, ärmellose T-Shirts und knappe Shorts sind bei beiderlei Geschlecht verpönt. Ordentliche und den

Besucher thailändischer Tempel müssen unbedingt ihre Schuhe ausziehen.

allgemeinen Spielregeln entsprechende Kleidung ist darüber hinaus die unabdingbare Voraussetzung, um im Umgang mit Behörden überhaupt ernst genommen zu werden. Allerdings ist es denkbar ungünstig, in schwarzer Kleidung aufzutreten, denn diese wird mit dem Tod in Verbindung gebracht.

Tempel-Knigge

Mögen die Thais bei Ausländern mittlerweile auch viel tolerieren, so ist ungebührliches Verhalten im Tempel sowie gegenüber allen religiösen Objekten unverzeihlich und kann sogar mit Gefängnis bestraft werden. Den Regeln entsprechende Kleidung versteht sich von selbst: Also weder T-Shirt noch kurze, enge Hosen bzw. Röcke usw. tragen! Vor dem Betreten des Tempelraumes zieht man die Schuhe aus (wie auch in Moscheen, lediglich in chinesischen Tempeln darf man sie anbehalten). Auch Frauen dürfen sich in buddhistischen Tempeln frei bewegen.

Allerdings ist für sie der Kontakt zu Mönchen, die als heilig gelten, tabu. Sofern ein Mann von einem Mönch angesprochen wird, kann er zwanglos mit ihm plaudern und sollte zum Abschied mit einem *wai* grüßen. Doch selbst Männer sollten Berührungen mit Mönchen vermeiden und sich z.B. im Bus nicht neben einen Mönch setzen.

Heilige Symbole, darunter fallen alle Buddha-Statuen und -Bildnisse, auch solche in Ruinenanlagen, müssen mit höchstem Respekt behandelt werden. Heilig ist außerdem der König, den man im Gespräch mit einem Thai nie kritisieren oder gar beleidigen sollte. Auf Majestätsbeleidigung stehen immerhin bis zu 15 Jahre Gefängnis!

Trommeln und Gongs spielen eine wichtige Rolle in der thailändischen Musik.

Exotische Klänge

Allen Gattungen der thailändischen Musik ist gemeinsam, dass sie für das westliche Ohr exotisch und fremdartig klingen. Und insbesondere die klassische thailändische Musik, die traditionell die Theateraufführungen instrumental begleitet, zeigt eine Klangästhetik, die dem westlichen Hörer außerordentlich ungewohnt erscheint.

Diese Fremdartigkeit resultiert einerseits aus den völlig anders gebildeten Instrumenten (Oboe, Holzxylophon, Gong, Zimbel, zwei Trommelarten), vor allem aber daraus, dass diese höfische Musik eine heptatonische Skala hat, mithin in sieben gleichgroße Schritte unterteilt ist. Halbtonschritte fehlen, und obendrein ist das Zusammenspiel der gleichberechtigten Instrumente nicht an ihrer symphonischen Wirkung, sondern an Rhythmus und Klangfarbe orientiert.

Verwestlichte Volksmusik

Auch in der Volksmusik, die, anders als die klassische Musik, heute noch sehr populär ist, geht es weniger um Harmonien und Melodien. Am

gewöhnungsbedürftigsten klingt wohl der wahrscheinlich in schamanistischen Gesängen wurzelnde Mor Lam, der sich durch extrem schnelle Tempi und einen stakkatoartigen Gesang auszeichnet, traditionell durch eine Mundorgel aus Bambus begleitet. Er ist im Nordosten beheimatet, wird aber heute landesweit gehört und in seiner modernen, stark von der westlichen Musik beeinflussten Spielart von elektrischen Instrumenten (vor allem Keyboards und E-Gitarren) sowie zunehmend auch Saxophon und Schlagzeug getragen. Auch der Luk Thung, die beliebteste Musikrichtung der ländlichen Gebiete, präsentiert sich heute stark verwestlicht. Hierbei handelt es sich wörtlich um das Lied vom »Kind des Feldes«, und mit expressivem Gesang, oft gewaltigem Stimmumfang der Sänger und viel Vibrato spiegelt er entsprechend den Alltag der Landbevölkerung wider. Stars dieser Musikrichtung sind Rock Salaeng und Jintara Poonlarp.
Seit den 1990er-Jahren entstanden Verbindungen zwischen Mor Lam, Luk Thung und thailändischer Popmusik, die als String bezeichnet werden und sich an R'n'B und Surf Rock anlehnen.

Ein junger Musiker bei einer Vorführung im Chiang Mai Cultural Center

Die Völker Thailands

Die Thai stellen sich selbst gern als ein homogenes Volk dar und weisen darauf hin, dass sich 95 % der zurzeit gut 70 Mio. Einwohner des Landes zum Theravada-Buddhismus bekennen. Ethnologen hingegen sehen das anders und verweisen darauf, dass nur rund die Hälfte der Gesamtbevölkerung Thailands auch ethnische Thais sind.

Der Rest verteilt sich auf Lao (ca. 27 %), Chinesen (ca. 15 %), Malaien (ca. 4 %), Khmer (ca. 3 %) und andere Minderheiten – meist in Nordthailand ansässige Bergvölker. Die ethnischen Thai selber wiederum gliedern sich in die Thai Yuan im Norden, die auch eine eigene alte Schrift besitzen, Thai Glaang in Mittel-Thailand, Thai Isan im Nordosten, deren Sprache eher dem Laotischen ähnelt, und Thai Phak im Süden. Sie wanderten etwa im 11. Jh. von Norden her ins heutige Staatsgebiet ein und drangen erst um das 13. Jh. herum auch in den Bereich des heutigen Südthailand vor. Woher sie kamen, vermögen weder Ethnologen noch Linguisten, weder die Erforschung chinesischer Quellen noch kulturvergleichende Studien zu erklären. Nach der einen Theorie stammen sie aus Südchina, nach einer anderen aus dem Bereich des Altai-Gebirges in der heutigen Mongolei, und eine dritte Theorie sieht ihren Ursprung im heutigen Nordosten Thailands, von wo aus die Thai nach China aus- und später wieder eingewandert sein sollen.

Vielvölkerstaat

Thailand ist also de facto ein Vielvölkerstaat, wobei sich die ethnischen Probleme in Grenzen halten, weil die größte Minderheit, die Lao, direkt mit den Thai verwandt sind, und es auch kulturell keine gravierenden Unterschiede gibt. Die Chinesen ihrerseits haben als Meister der Assimilation eine gewisse »Thaiisierung« vollzogen: Sie übernahmen weitgehend die Lebensweise und teilweise auch die Religion der Thai. Während sie traditionell Handel betreiben, widmen sich die Thai der Landwirtschaft und der Verwaltung. Die Aufgaben sind also verteilt, man kommt sich nicht in die Quere.

Problemkind tiefer Süden

Nur die vier Südwestprovinzen Songkhla, Pattani, Yala und Narathiwat fordern immer wieder die Unabhängigkeit bzw. den Anschluss an Malaysia, was für die in der ASEAN-Gemeinschaft verbündeten Länder Thailand und Malaysia ein delikates Problem darstellt. In diesem Grenzland, das erst vor wenig mehr als einem Jahrhundert ins Königreich integriert wurde, konzentrieren sich die ethnischen Malaien, die als Nachfahren der zwischen 2500 v. Chr. und der Zeitenwende aus Jünnan (Süd-China) eingewanderten Deutero-Malaien gelten. Sie sprechen einen örtlichen malaiischen Dialekt und bekennen sich meist zum Islam.

In ökonomischer Hinsicht stehen sie vergleichsweise schlecht da, denn die wirtschaftliche Struktur der Region wird von Thai-Buddhisten als Staatsbeamten und Thai-Chinesen als Kapitaleigentümern beherrscht. Kaum irgendwo sonst im Land sind die natürlichen Reichtümer ungerechter verteilt als hier, und so ist es nicht verwunderlich, dass die Muslime, die in ihrem eigenen Land zu Thailändern zweiter Klasse degradiert wurden, schon seit Jahrzehnten mit passivem Wi-

Viele Karen flohen vor der in ihrer angestammten Heimat Myanmar herrschenden Militärdiktatur (unten und rechts unten). Viele Eingewanderte fügen sich in den Alltag ihrer neuen Umgebung ein und verdingen sich etwa als Straßenhändler (rechts oben).

Frauen der Akha in der Region Chiang Rai schmücken sich für ein Fest.

derstand gegen die Diskriminierung durch die buddhistische Obrigkeit reagieren. Seit 2004/2005 zunehmend, aber auch mit aktivem Widerstand, insbesondere mit Anschlägen auf staatliche Einrichtungen, woraufhin in diesen Grenzregionen der Notstand ausgerufen wurde. Der gilt noch heute, und nach Angaben von Menschenrechtsorganisationen wurden seitdem bereits mehr als ca. 15 000 Menschen verletzt und über 7000 getötet. Das Auswärtige Amt warnt daher auch vor Reisen in diese Region.

Thailands Bergvölker

In den Bergen und Monsunwäldern des hohen Nordens sind die Thai als Ethnie eine Minorität. Hier dominieren die Hilltribes – Bergstämme oder -völker, die im Großen und Ganzen innerhalb des 20. Jhs. infolge wirtschaftlicher und politischer Probleme aus Tibet, Bangladesch und Burma, Laos, China, Vietnam und Kambodscha eingewandert sind.

Ihre Population wird heute auf etwa eine halbe Mio. Menschen geschätzt, die in rund 3000 Dorfgemeinschaften leben und sich vom Reis- und Maisanbau für den Eigenbedarf sowie teilweise vom Opiumanbau ernähren. Jedes einzelne dieser Völker hat einen anderen ethnischen Ursprung, eine andere Kultur und Tradition, andere Kleidung sowie unterschiedliche religiöse Vorstellungen, in denen aber zumeist der Glaube an die Beseeltheit der Natur – also der Animismus – das verbindende Glied ist.

Ethnische Vielfalt

Abgesehen von den Lawa, Khmu und Thin, die schon vor der Besiedlung Thailands durch Thai-Völker im Norden ansässig waren, unterteilen Ethnologen die Bergvölker in der Regel in die sechs Hauptgruppierungen Aka, Hmong, Karen, Lahu, Lisu und Mien. Dabei stellt das Volk der Karen mit über 200 000 Stammesmitgliedern das größte Bergvolk dar – und auch das älteste in Thailand, denn die Einwanderungen aus Burma begannen schon vor etwa 200 Jahren und halten wegen jahrzehntelanger Menschenrechtsverletzungen durch die herrschende Militärdiktatur im heutigen Myanmar noch immer an. In den Medien wird diesbezüglich von einer »ethnischen Säuberung« gegenüber den Karen gesprochen, die vor etwa 4000 Jahren aus dem Bereich der heutigen Mongolei ausgewandert sind und mit etwa fünf Millionen Angehörigen die zweitgrößte Minderheit im Vielvölkerstaat Myanmar darstellen.

Sind die Karen das sesshafteste der Bergvölker, so sind die auch als Meo bekannten Hmong, die seit Ende des 19. Jhs. und vor allem während der Indochinakriege (1946 bis 1975) von Laos her kamen, die mobilsten. Die Wurzeln dieses mit rund 150 000 Angehörigen zweitgrößten Bergvolkes gehen vermutlich mehr als 4000 Jahre zurück, und viele Anzeichen, so z. B. teils blonde Haare, scheinen darauf hinzuweisen, dass sie einst aus dem westlichen Eurasien nach Fernost eingewandert sind. Ihre Dörfer finden sich meist im Bereich der höchsten Erhebungen des hohen Nordens, und mit ihren riesigen schwarzen Turbanen und klirrendem Silberschmuck sind sie unverkennbar.

Genauso wie die Mien, die aus Südchina kommen und deren Frauen turbanartig frisierte, sehr lange Haare tragen. Sie stellen mit etwa 60 000 Angehörigen die drittstärkste Ethnie, gefolgt von den Lahu sowie den Akha, von denen ca. 50 000 in Thailand leben. Ihr Ursprung liegt im tibetischen Hochland, und mit ihrem Aussehen, ihren bestickten Jacken und Gamaschen, Schärpen und Kopfbedeckungen, reich mit Silberschmuck bedeckt und bunten Ketten behangen, erinnern sie deutlich an die Tibeter. So auch die Lisu, die vermutlich im frühen 20. Jh. aus Südchina eingewandert sind. Mit rund 30 000 Angehörigen gehört die nördlich von Chiang Mai lebende Minderheit zu den kleinsten Hilltribe-Volksgruppen.

Padaung-Frau mit dem typischen Halsschmuck, der angeblich vor Tigerbissen schützen soll.

Literatur und Tanztheater

Die Geschichte der Thai-Literatur beginnt im Jahr 1283, als der in Sukhothai regierende König Ramkhamhaeng (1275–1298) das noch heute gültige thailändische Alphabet kreierte. Auch das erste überlieferte Schriftzeugnis, eine Steininschrift aus dem Jahr 1292, geht auf diesen überragenden Herrscher zurück.

Diese heute im Nationalmuseum (S. 56) in Bangkok ausgestellte Stele gilt als eine der wenigen erhaltenen Quellen, die etwas über die sozialen und politischen Verhältnisse im alten Siam aussagen. In den folgenden Jahrhunderten wurden literarische Werke nämlich allesamt auf Palmblättern verfasst, die einerseits sehr anfällig für Witterungseinflüsse sind und andererseits größtenteils Opfer der Flammen wurden, als 1767 die damalige Hauptstadt Ayutthaya von den Burmesen vollständig zerstört wurde.

Thailändische Tänzerinnen bei einem Auftritt in Chiang Mais Kulturzentrum

Ramakian

Entsprechend wenig ist auch über die Literatur der Thai bekannt, die sich in ihrer Thematik vor allem auf Interpretationen buddhistischer Texte beschränkte und ansonsten insbesondere romantische Werke hervorbrachte, die auf indischen Heldenepen beruhen. Dazu gehört auch Ramakian, die bedeutendste Nationaldichtung des Landes, die gegen Ende des 18. Jhs. unter Aufsicht und Mitarbeit von König Rama I. (1782–1809) entstandene Thai-Version des indischen Nationalepos Ramayana. Es gilt als Meisterwerk der thailändischen Literatur, ist mit über 50 000 Versen auch ihr umfangreichstes und wird

Bei dieser Show in einem Hotel kombinieren die Künstler Tanz mit Puppenspiel.

noch heute in den Schulen des Landes gelesen und gelehrt.

Khon

Auch die darstellende Kunst, insbesondere die thailändische Tanztheaterkunst, wurde vom Ramakian maßgeblich beeinflusst, wie in Thailand Literatur und Tanztheater überhaupt eng verzahnt sind. So ist der Khon, das klassische thailändische Maskentanz-Theater, ausschließlich vom Ramakian inspiriert, dessen Texte rezitiert werden, während das Geschehen von einer Maskentänzertruppe auf der Bühne mimisch dargestellt wird. Mit seinem unerhörten Repertoire an musikalisch untermalten Tanzbewegungen, Dialogen, Szenenbeschreibungen und nach alten Mustern angefertigten Kostümen bildet er eine einzigartige thailändische Kunstform, die bis heute gepflegt wird und vor allem im Nationaltheater in Bangkok in seiner ganzen exotischen Pracht betrachtet werden kann.

Lakhon

Während die Körpersprache beim Khon, in dem jedem Schritt, jeder Haltung und noch jeder Handbewegung (es gibt über 400!) und Augenstellung (84 sind bekannt) eine ganz eigene Bedeutung zukommt und bis ins kleinste Detail reglementiert ist, ist die Gestensprache beim moderneren Lakhon wesentlich offener. Die Bewegungsabläufe sind daher weicher, fließender, die Darsteller treten ohne Masken auf, aber mit stark geschminkten Gesichtern, und außer Szenen des Ramakian werden bei dieser auch heute noch populären und insbesondere wieder in Bangkok in seiner Reinform zu betrachtenden Tanztheater-Version auch andere Epen, Märchen sowie Sagen aufgegriffen.

Eine Stadt, so weit das Auge reicht: Vom Banyan Tree Hotel lässt sich dieser gigantische Ausblick genießen.

Bangkok

Thailands schillernde Metropole präsentiert sich als facettenreiche Boomtown und monumentales Shoppingcenter.

Seite 38–65

Erste Orientierung

Das ehemalige »Dorf im Pflaumenhain« ist heute mit rund elf Millionen Einwohnern die Metropole des Landes. Ihre Atmosphäre im Spannungsfeld zwischen Alt und Neu ist einzigartig. Wegen ihrer etlichen Tempel, der unerschöpflichen Shoppingoptionen sowie des pulsierenden Nachtlebens stellt sie Besucherrekorde auf.

Der erste Blick aus dem Flugzeug auf die Stadt ist erwartungsvoll: Das also ist Bangkok! Palast- und Tempeldächer zeichnen sich ab, vereinzelt Grünflächen, vor allem aber die Glastürme himmelstürmender Wolkenkratzer im horizontweiten Häusermeer, die andeuten, dass die Geruhsamkeit vergangener Tage längst der urbanen Hast gewichen ist.

Es war einmal, vor 200 Jahren, da gab es anstelle der Großstadt Bangkok nur Dörfer, Felder und Wasserwege. Vor wenigen Jahrzehnten umfasste das Stadtgebiet noch 13 km² anstatt der heutigen 160, da gab es außer den Klongs oder Kanälen nur wenige Straßen sowie Trampelpfade für Lastenelefanten. Heute zählt man tausende Straßenkilometer, die von Millionen von Fahrzeugen zu jeder Tages- und Nachtzeit unsicher gemacht werden und die die Stadt trotz ultramoderner Skytrains und einer U-Bahn zu einer der engsten des Fernen Ostens machen, die »atemberaubende« Smogbelastung nicht zu vergessen.

Bangkok präsentiert sich als monumentale, brodelnde Megacity. Trotzdem ist Krung Thep, »Die Stadt der Engel«, wie die Thais ihre Kapitale bezeichnen, immer noch ein Hort des Alten und Schönen: Mehr als 400 blinkende Tempel und Paläste erheben sich als Refugien der Ruhe inmitten des hektischen Treibens. Hier öffnet sich ein farbenprächtiger Markt, dort eine Bilderbuchgasse. Zumindest in manchen Stadtteilen stößt man noch auf Wasserstraßen, umsäumt von Palmen und Pfahlbauten. Und plötzlich ist das 18. Jh. ganz nah, jene Zeit, in der Ban Makok (wörtlich: »Dorf im Pflaumenhain«), aus dem »Bangkok« werden sollte, von König Rama I. zur Hauptstadt erhoben wurde.

TOP 10

1 ★★ Grand Palace & Wat Phra Kaeo

7 ★★ Bangkoks Wasserwelten

Nicht verpassen!

11 Wat Pho

12 Chatuchak Market

Nach Lust und Laune!

13 National Museum

14 Khao San Road

15 Wimanmek-Palast

16 Jim Thompson's House

17 Wat Suthat

18 Mandarin Oriental

19 Chinatown

Mein Tag auf königlichen Spuren

Jene Stelle, wo sich König Rama I. im Jahr 1782 seinen Palast errichten ließ, ist die Keimzelle der Stadt. Dort trieb die siamesische Architektur ihre weltberühmten Blüten, die selbst Sightseeing-Muffel nicht kalt lassen. Hot stuff also, für den Sie sich aber tempeladäquat kleiden sollten (S. 46).

8 Uhr: Der frühe Vogel …

Zwar öffnet der Komplex des Wat Phra Kaeo und des Royal Grand Palace erst um 8.30 Uhr, aber wenn Sie nicht lange anstehen wollen, sollten Sie ruhig schon um 8 Uhr eintreffen. Als einer der ersten Besucher des Tages treten Sie sodann in den Tempelbezirk des ❶ ★★ Wat Phra Kaeo (S. 46), wo Sie sich im Angesicht einer schier unfassbaren Fülle von exotischen Gebäuden, Monumenten, Statuen und Figuren in die Zeiten des alten Siam zurückversetzt fühlen. Hier ist Bangkok noch ganz Königreich und Märchenland. Anderthalb Stunden benötigt man lediglich für die Highlights.

10 Uhr: Pracht und Prunk

Auch der angrenzende ❶ ★★ Grand Palace (S. 48), in dem Thailands Könige bis 1946 residierten, ist an Pracht und Prunk kaum zu überbieten. Problemlos könnte man hier einen ganzen Tag mit Schauen und Staunen zubringen. Aber vergessen Sie nicht: Es gibt noch so viel mehr zu sehen!

8 Uhr: Der frühe Vogel ...

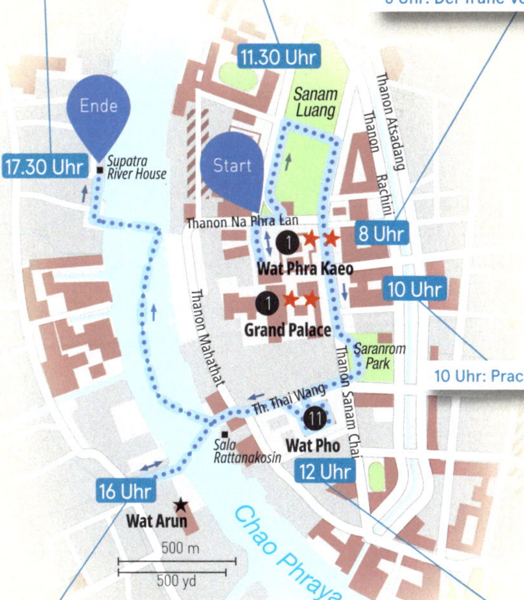

16 Uhr: Bangkoks Wahrzeichen

Goldene Aussichten: Wenn Sie den Wat Phra Kaeo (rechts oben) und den prunkvollen Grand Palace (links oben) bestaunt haben, entspannen Sie ein wenig auf dem Sanam Luang (Mitte).

11.30 Uhr: Am Platz der Könige

Draußen wartet der Sanam Luang, der bei wichtigen Anlässen im Fokus steht und auf dem Thailands Könige eingeäschert werden. So geschehen am 26. Oktober 2017, als hier die sterblichen Überreste des hochverehrten König Bhumipol Adulyadej weihevoll dem Feuer übergeben wurden.

12 Uhr: Tempel mit Touch

Nur rund 15 Gehminuten weiter südlich streben die 95 teils mit bunten Keramiken, teils mit Gold geschmückten Ziertürme des ⓫ Wat Pho (S. 52) gen Himmel. Wenn es neben dem Wat Phra Kaeo noch einen Tempel in Bangkok gibt, den Sie nicht auslassen dürfen, dann ist es dieser. Eine Stunde genügt. Nichts ist entspannender nach all dem Sightseeing, als sich in der angeschlossenen Massageschule eine halbe Stunde lang durchkneten und lockern zu lassen.

Auch bei einem kalten Drink und einem Lunch lässt es sich gut relaxen. Die Terrasse des Sala Rattanakosin (S. 62) ist dafür geradezu prädestiniert, zumal sie direkt auf den Chao Phraya und den Wat Arun blickt.

16 Uhr: Bangkoks Wahrzeichen

Dieser Ausblick ist schlicht der Wahnsinn, aber noch nichts im Vergleich mit jenem, den Sie vom Wat Arun aus genießen können. Die vom nur 100 m flussaufwärts

Ein königlich schöner Tag verlangt natürlich nach einer »Krönung« zum Schluss: Dinieren Sie im Supatra River House (rechts) und genießen Sie das zauberhafte Panorama.

gelegenen Tha Thien ständig hin und her pendelnden Fährboote fahren Sie direkt dorthin. Und ist schon die minutenkurze Fahrt über den träge dahinströmenden Chao Phraya ein Erlebnis, so erst recht ein Besuch des »Tempels der Morgenröte« selbst – samt dem Panorama mit Königspalast.

17.30 Uhr: Absolut königlich

Was wäre nun passender, als diesen Tag auf königlichen Spuren auch königlich enden zu lassen? Das Supatra River House (S. 63), direkt gegenüber vom Königspalast am Fluss gelegen, ist perfekt dafür. So steigen Sie wieder in das Fährboot und setzen über zum Anleger Tha Thien. Von dort geht es dann auf eines der stromaufwärts verkehrenden Flussboote zum Anleger Tha Maharat. Von dort werden Sie schließlich kostenlos im restauranteigenen Boot über den Fluss gebracht.

Nur wenig später nehmen Sie schon Platz auf der Flussterrasse, genießen einen Sundowner und etwas später exzellente Küche, zu der es einen traumhaften Ausblick auf den märchenhaft schön illuminierten Königspalast gibt. Recht happig, aber dafür ganz wunderbar!

❶ ★★ Grand Palace & Wat Phra Kaeo

Was?	Königspalast und Königstempel, Thailands bedeutendstes Heiligtum
Warum?	Das königliche Ensemble ist ein Glanzstück thailändischer Architektur und eine Schatzkammer thailändischer Künste
Wann?	Vorzugsweise vormittags
Wie lange?	Einen halben Tag
Was noch?	Miniatur des Angkor Wat (Tempelanlage in Kambodscha) auf der oberen Terrasse
Resümee	Brennende Augen vor lauter Prachtgucken

In Bangkok kann man mehr als 400 Tempel entdecken, doch keiner kann ernsthaft mit dem Wat Phra Kaeo konkurrieren, dem innerhalb der Mauern des Grand Palace gelegenen größten und bedeutendsten Heiligtum des Landes. Es ist die Heimstätte des Smaragd-Buddhas, des am meisten verehrten Buddha-Bildnisses des Königreichs.

Einlass nur in adäquater Kleidung: keine ärmellosen, transparenten, oder bauchfreien Tops, keine kurzen, zu engen oder zerrissenen Hosen und auch keine Mini-Röcke. Man kann Kleidung vor Ort leihen.

In diesem Komplex, rund 2,5 km² groß und von einer weißen, zinnenbewehrten Mauer umgeben, entfaltet die siamesische Architektur, die uns so exotisch erscheint, ihre schönsten Blüten, und hier präsentiert sich Thailand noch ganz und gar als überbordendes Märchenland! Das wird schon auf dem Sanam Luang, dem historischen und kulturellen Zentrum Thailands, geradezu spürbar, denn Blickfang am »Platz der Könige« ist die Traumkulisse goldfarbener, grüner und roter Staffeldächer zwischen prunkvollen Giebelfeldern und den unzähligen Pagoden und filigranen Turmnadeln des Wat Phra Kaeo. Mit Worten ist kaum fassbar, was man da sieht. Und tritt man dann schließlich ein in dieses fantastische Bild, verschmilzt der Tempelkomplex optisch zu einem einzigen, atemberaubenden Gesamtkunstwerk.

Wat Phra Kaeo

Man weiß kaum, wohin schauen, wohin sich wenden vor lauter Pracht. Am besten lässt man sich einfach von Bauwerk

Der Tempel von Wat Phra Kaeo scheint beinahe überzufließen vor Pracht und Prunk. Goldene und farbige Details ziehen alle Blicke auf sich, etwa die Buddha-Statuen oder der Wandschmuck in der königlichen Kapelle.

zu Bauwerk treiben, um schließlich das zentrale Heiligtum zu erreichen, wo die legendäre und kostbare Statue des Emerald Buddha (Smaragd-Buddha) hoch über den Gläubigen auf einem goldenen Altar thront. Ihrem Namen zum Trotz ist die Figur aus Jade gefertigt; sie misst 75 cm. Die Thais sprechen dem vor über 500 Jahren im Norden des Landes entdeckten Abbild Buddhas göttliche Macht zu und verknüpfen mit ihm das Schicksal ihres Landes. Dreimal jährlich, zum Wechsel der Jahreszeiten, wird sie vom König in einer prunkvollen Zeremonie in neue Gewänder gekleidet.

Neben weiteren Kostbarkeiten und dem Pantheon mit den Urnen der verstorbenen Chakri-Könige beherbergt der Tempelbezirk auch die Königliche Münzsammlung und die Bibliothek mit den heiligen Schriften.

Der Königspalast dient schon seit 1946 nicht mehr als Residenz.

Royal Grand Palace

Vom Zentralheiligtum mit dem Emerald Buddha gelangt man in den angrenzenden Königspalast (der aber heute nicht mehr von der Königsfamilie bewohnt wird). Er steht der unfassbaren Pracht des Wat Phra Kaeo um nichts nach. Das ganze bauliche Ensemble ist schlicht atemberaubend. Top-Highlight ist zumindest Kunstkennern die 1789 errichtete Audienzhalle, Dusit Maha Prasat, die mit ihrem neuneckigen Chedi auf vierfach gestaffeltem Dach als klassisches Beispiel unverfälschter Thai-Architektur gilt.

Direkt davor erhebt sich mit dem Amphorn Phimok Prasat das in der Literatur meistzitierte Beispiel klassisch thailändischer Architektur: die hölzerne Umkleidehalle des Königs, berühmt als »vollkommenster Pavillon des Landes«, die aber, da von eher zierlicher Statur, erst auf den zweiten Blick die Schönheit der minutiös geschnitzten Details, die Harmonie der Proportionen offenbart. Die königliche Residenz selbst hingegen, Chakri Maha Prasat, 1872 erbaut, vereinigt in einer eigenwilligen und höchst exotischen Mischung thailändische und europäische Stilformen.

KLEINE PAUSE

Beim Museum des Wat Phra Kaeo gibt es ein **Café**, auf dessen Holzveranda gekühltes Kokoswasser besonders gut schmeckt.

---

i

228 A3 · Naphralan Rd.
02 26 23 55 00
www.royalgrandpalace.th/en/home
tgl. 8.30–15.30 Uhr

500 Baht; die Eintrittskarte berechtigt am gleichen Tag auch zum Besuch des Wimanmek-Palasts (S. 57)
8, 12

❼ ★★ Bangkoks Wasserwelten

Was?	Das »amphibische« Bangkok
Warum?	Führt die Klongtour in die Dorfidylle von Bangkok, so die Flusstour zu den Top-Highlights der Stadt
Wann?	Am besten gegen 9 Uhr mit der Klongtour beginnen
Wie lange?	Einen ganzen Tag lang
Resümee	Impressionen, wie sie kontrastreicher nicht sein könnten

Der majestätische Mae Nam Chao Phraya, der sich träge durch Bangkok windet, eröffnet nicht nur faszinierende Stadtpanoramen, sondern erlaubt auch eine geruhsame Fahrt, während die in den »Fluss der Könige« mündenden Klongs (Kanäle) in ein Labyrinth aus schmalen Wasserwegen führen – Bangkok präsentiert sich dort plötzlich wieder sehr dörflich.

Venedig des Ostens

Sie haben noch nie ein »Ruea Hang Yao« gesehen, ein »Langschwanzboot«? – Dann ist schon die Ankunft am Tha Chang

Perspektivenwechsel: Bestaunen Sie Bangkok vom Wasser aus, etwa bei einer Fährfahrt zum Wat Arun.

Pier Sightseeing pur, liegen dort doch stets ein paar Dutzend dieser gelbgrün gestrichenen, auffallend langen und schmalen, dabei kiellosen Holzkähne, die mit einer meterweit nach hinten herausragenden, beweglichen Antriebsschraube ausgestattet sind – und mit monströsen, direkt über dem Heck befestigten Motoren.

Mit dem Longtailboot erkunden Sie stilecht Bangkoks Wasserwelten.

Solche »Boliden« sind ein thailandweites Phänomen auf allen Gewässern und auch auf dem Kanalnetz von Bangkok die Transportmittel der Wahl. Sie verkehren auf festen Routen, aber wer ein wenig abenteuerlich veranlagt ist, kann sie auch chartern. Wenn man den vom Skipper zuerst genannten Preis für eine zwei bis drei Stunden lange Tour durch den Bezirk Thonburi auf ca. 3500–4000 Baht fürs Boot (nicht pro Person!) heruntergedrückt hat, kann's losgehen.

Prunkboote und dörfliche Idylle

Auf den braunen Fluten des träge dem Meer entgegen strömenden Mae Nam Chao Phraya genießen Sie grandiose Ausblicke auf die Turmnadeln des Wat Phra Kaeo, voraus auf die rotgoldenen Giebelflächen des Wat Rakhang und rings umher auf Schleppkähne, auf Fährschiffe und Longtailboote, die röhrend über die Wellen hämmern.

Nach einem Tempelstopp empfiehlt sich ein Anlegen am etwas flussaufwärts gelegenen Wang Lang Food Market, wo tausende Essensstände für verführerische Düfte sorgen und man für wenige Baht eine sättigende Mahlzeit bekommen kann. Von hier aus geht es dann bald nach links ab in den breiten Klong Bangkok Noi mit dem rechterhand gelegenen Royal Barges Museum, in dem mehrere Dutzend königliche Barken zu betrachten sind. All diese Prunkboote sind mit kunstvollen Schnitzereien auf das Herrlichste verziert. Das größte Highlight ist eine etwa 46 m lange Barke, die aus einem einzigen Teakstamm gefertigt und mithilfe von 50 Ruderern bewegt wurde.

Ein Stückchen weiter am Wasserweg liegt der »Goldene Tempel« Wat Suwannaram, klongaufwärts folgt der Taling Chan Floating Market, eine Miniaturausgabe des schwimmenden Marktes Damnoen Saduak (S. 80). Das biegt der Skipper wenig später nach rechts in den schmaleren Klong Bang Ramru ein, dauert es nicht mehr lange, bis sich das urbane Stadtbild ins Ländliche wandelt. Da schippert man dann plötzlich durch eine fast schon dörfliche Idylle mitsamt badenden Kindern und waschenden Großmütterchen zwischen hölzernen Pfahlbauten – und kann nicht glauben, dass man immer noch mitten in Bangkok ist.

Eine königliche Meile

Zwischen dem Banglamphu Ferry Pier (nahe der Khao San Road, S. 56) im Norden und der geschätzt etwa gut 5 km flussabwärts gelegenen Taksin-Brücke bildet der »Fluss der Könige« eine wahrhaft königliche Meile, liegen doch sowohl das Nationalmuseum, der Wat Phra Kaeo und Grand Palace als auch der Wat Pho und weitere königliche Tempel am Wasserweg. So auch der als »Tempel der Morgenröte« bekannte Wat Arun (S. 45), dessen 74 km hoher Turmbau als das Wahrzeichen Bangkoks gilt. Auf einer Treppe kann man den mit zigtausend farbig lackierten chinesischen Porzellanstückchen prachtvoll dekorierten Turm erklimmen, wofür man mit einem faszinierenden Panorama belohnt wird.

KLEINE PAUSE

Abendliche **Dinner Cruises** auf dem Mae Nam Chao Phraya, wenn alle Tempel illuminiert sind, sind ein Erlebnis für sich. Erste Adresse für hochwertige zweistündige Touren ist Chao Phraya Princess (www.chaophrayaprincess.com, Start tgl. 19.30 Uhr).

Green Bangkok Tours
Hat sich mit geführten Klongtouren (auch dt.) einen Namen gemacht.
☎ 026 88 33 30
🌐 www.green-bangkok-touren.de
ab 80 €

Royal Barges Museum
228 A4 ✉ Krung Thep Maha Nakhon
tgl. 9–17 Uhr 100 Baht

Wat Arun
228 A3 ✉ 58 Wang Doem Rd.
tgl. 8.30–17.30 Uhr 100 Baht

⓫ Wat Pho

Was?	Größter und ältester Tempelbezirk der Stadt
Warum?	Der Klostertempel mit dem größten liegenden Buddha des Landes ist ein kunsthistorisches Kleinod
Wann?	Am besten, weil ruhigsten, morgens
Wie lange?	Einen halben Tag
Was noch?	Das Angebot der berühmten Massageschule nutzen
Resümee	Staunen über so viel Schönheit

Der eindrucksvolle königliche Tempel ist nicht nur der ausladendste und älteste Tempel Bangkoks, sondern beherbergt auch die größte liegende Buddha-Statue des Landes. Zahlreiche Chedis, Pagoden und Stupas (S. 24) prägen die Erscheinung des umwallten Tempels, der in der Herrscherzeit der Könige Rama I. und Rama III. errichtet wurde.

Erbaut als erstes Bildungszentrum des Landes und Zentrum für thailändische Kunst, ist Wat Pho bis heute ein lebendiger Komplex mit hunderten Chedis, Pagoden und Stupas. Die interessantesten Sehenswürdigkeiten liegen im nördlichen Teil der Anlage. Erstes Ziel sollte der Ruhende Buddha sein. Die 46 m lange, vergoldete Statue, die den ins Nirwana übergehenden Buddha darstellt, scheint die Versammlungshalle (Viharn, S. 25) zu sprengen. Es lohnt sich, die Statue von allen Seiten zu betrachten; besonders spannend sind die Fußsohlen, an denen 108 Perlmuttintarsien die 108 Kennzeichen des Erleuchteten repräsentieren.

Der Ruhende Buddha beeindruckt schon aufgrund seiner Ausmaße.

Mosaike und Gravuren

Am Eingang der Versammlungshalle halten Sie sich rechts und gehen zwischen zwei riesigen Steinwächtern hindurch. Auf der linken Seite kann man Andenken kaufen, etwas essen oder sich die Zukunft vorhersagen lassen.

Wendet man sich nach rechts, erblickt man vier hohe Pagoden mit glitzernden Mosaiken, die zum Gedenken an die Könige der Chakri-Dynastie, die auf das Jahr 1782 zurückgeht, errichtet wurden.

Im Mittelpunkt der Tempelanlage liegt der Bau Phra Uposatha, umgeben von einer Marmorumwallung mit acht Toren. Die Gravuren der Mauern zeigen Alltagsszenen. Die Balustraden mit 152 Reliefs, die das hinduistische Heldenepos Ramayana nacherzählen, stammen von Ruinen der alten Hauptstadt Ayutthaya. Reibedrucke der Reliefs werden im Tempel und an vielen anderen Orten verkauft.

Reich geschmückt: Der Detailreichtum verschlägt einem den Atem.

Goldene Buddhas

An den Wänden der Wandelgänge sind insgesamt 400 vergoldete Buddha-Statuen sowie buddhistische Verstexte hinter Glasrahmen zu sehen. Steinstatuen von Eremiten in Meditationshaltung waren dazu bestimmt, Meditierenden die richtige Sitzhaltung zu vermitteln.

Auf der südlichen Seite des Tempels befindet sich die bedeutendste Schule für traditionelle Thai-Medizin und Thai-Massage von ganz Thailand. Auch als Besucher kann man sich hier nach Herzenslust durchkneten lassen, was ab 260 Baht für eine halbstündige Massage kostet. Eine Voranmeldung ist nicht notwendig, sehr wohl aber für die Massagekurse, die hier für Anfänger und Fortgeschrittene auch auf Englisch gegeben werden (30 Std., ca. 12 000 Baht).

KLEINE PAUSE

An einem kleinen **Stand** kann man sich bei einem kühlen Getränk ausruhen.

---

228 A3
Sanam Chai Rd. und Maharaj Rd.
022 26 03 70 www.watpho.com und www.watpomassage.com
tgl. 8.30–18.30 Uhr 200 Baht
1, 12, 44

⓬ Chatuchak Market

Was?	Größter Markt des Landes, vielleicht sogar ganz Asiens
Warum?	Die Zahl von über 15000 Marktständen auf mehr als 180000 m² spricht für sich, nicht wahr?
Wann?	Sa und So von 9–18 Uhr, aber am besten, weil klimatisch angenehmsten, morgens
Wie lange?	Etwa zwei, drei Stunden
Resümee	Einzigartige Sinneseindrücke und Shopping ohne Ende

Der Wochenendmarkt von Chatuchak ist mit seinen mehr als 15 000 Ständen – wer weiß das schon so genau? – und ca. 200000 Besuchern pro Tag einmalig in ganz Asien.

In diesem über 18 ha großen Shoppinglabyrinth gibt es nichts, was es nicht aus erster, zweiter oder dritter Hand gibt, und kein Preis ist hier fix. Und türmen sich dort auf mehreren hundert Meter langen Auslagen Berge von Kleidung, so sind die Stände auf der anderen Seite mit Souvenirs aus ganz Asien überladen. Exotische Pflanzen und Kräuter, Kosmetika und Gewürze, Taschen, Musikinstrumente und Pythonschlangen, Bonsaibäume oder Opiumpfeifen: »You name it – you get it!«

Lust auf einen »Shopping-Overkill«? Dann auf zum Chatuchak Market!

Magischer Moment

Bangkok Biking

Radfahren ist wahrscheinlich das Allerletzte, was Ihnen einfällt, wenn Sie an Bangkok denken – und gäbe es Recreational Bangkok Biking nicht, hätten Sie auch kaum eine Chance, die verkehrsarmen Idyllen zu finden, die sich in den Tiefen der am Verkehr erstickenden Metropole verstecken. Insbesondere der Sunset Ride, der durch die nächtliche Stadt zu illuminierten Tempeln führt, ist ein echter Hinradler.
Recreational Bangkok Biking, Tel. 021 07 25 00, https://thailandbiking.com

Zu einem geruhsamen Bummel sollte man vor 9 Uhr aufbrechen, wenn der Markt noch nicht überfüllt ist. Nach ihrer Art sind die Waren verschiedenen Sektionen zugeordnet. Ernsthafte Käufer finden eine detaillierte Übersicht über alle Stände in Nancy Chandler's Map of Bangkok (online und in Souvenirläden erhältlich). Der Glockenturm im Mittelpunkt des Geländes kann als Orientierungshilfe und Treffpunkt dienen.

KLEINE PAUSE
Die Restaurants der (an einem großen Hinweisschild erkennbaren) **Dream Section** sind zum Teil mit Klimaanlage ausgestattet und sehr empfehlenswert.

229 nördl. D5
Thanon Phahonyothin
www.chatuchakmarket.org
Mi–So 7–18 Uhr (nur Pflanzen), Fr 6–12 (nur Großhandel), Sa/So 9–19 Uhr (allgemeine Waren) frei
Skytrain: Mo Chit, Chatuchak Park; MRT: Kamphaengphet

Nach Lust und Laune!

13 National Museum

Nur ein kurzes Stück vom Wat Phra Kaeo entfernt befindet sich im Palast des ehemaligen Vizekönigs von Thailand (der Titel wurde 1886 abgeschafft) die größte und bedeutendste Kunstsammlung ihrer Art in ganz Asien. Sie umfasst Artefakte aus allen Epochen, von der Steinzeit bis in die Neuzeit. Auch die prachtvollen Krönungsinsignien sind zu bewundern, und ein ganzes Gebäude ist allein den königlichen Bestattungskutschen gewidmet, die bis zu 40 t schwer und 15 m hoch sind.

Auch ist viel feines thailändisches Kunsthandwerk ausgestellt, neben Skulpturen sind u. a. Musikinstrumente, Bücher, Masken, Wandmalereien, Porzellan, Waffen und Münzen zu sehen. Außerdem sehenswert sind die auf dem Museumsgelände verteilten schönen Pavillons, die als Schmuckstücke klassischer Thai-Architektur gelten.

Die Besichtigung kann mit einem Besuch der nahe gelegenen National Gallery mit tausenden Arbeiten traditioneller und zeitgenössischer Thai-Kunst verbunden werden.

Kapelle im National Museum

228 A4 Thanon Naphrathat
☎ 02 224 13 33
www.mynmv.com und www.museumthailand.com
Mi–So 9–16 Uhr · 200 Baht
3, 6, 38 · River Express: Phra Chan

National Gallery
228 A4 4 Thanon Chao Fa
☎ 022 81 22 24 · Mi–So 9–16, Führungen Mi/Do um 9.30 Uhr
200 Baht · 3, 6, 38 · River Express: Phra Chan

14 Khao San Road

Sie ist noch nicht einmal 500 m lang, diese schon vor rund hundert Jahren errichtete »Straße des geschliffenen Reises«, die heute, wie viele Thailänder meinen, besser umgetauft werden sollte: in »Straße der durchgeknallten Touristen« oder so. Denn Khao San, die bekannteste Backpacker-Meile der Welt, ist vor allem Treffpunkt feierwütiger (meist blutjunger) Rucksacktouristen.

Dazwischen mischen sich ein paar Oldies aus »der guten alten Zeit« und inzwischen auch Sightseeing-Touristen – ist doch die von Cafés, Bars, Restaurants und Shops gesäumte Straße mittlerweile fester Bestandteil vieler geführter Stadtrundfahrten. Zu später Stunde werden Straße und Bürgersteige schon mal betanzt. Erst ab etwa 2 Uhr nachts werden die Partys von der Straße in die Clubs verlegt.

228 B4 River Express: Phra Arthit

15 Wimanmek-Palast

Nördlich an den alten Stadtkern grenzend, öffnet sich eine etwa 2 km² große grüne Lunge, die zur Hälfte zum Chitlada-Palast gehört – der nicht der Öffentlichkeit zugänglichen Residenz der Königsfamilie – und zur anderen Hälfte zum Zoo und zu den Parks des »Wohnsitzes in den Wolken«, wie der Wimanmek-Palast heißt, den König Chulalongkorn Anfang des 20. Jhs. errichten ließ.

81 Zimmer ist er groß, dieser aus seltenem goldfarbenem Teakholz errichtete dreigeschossige Traumbau im viktorianisch inspirierten Thai-Stil. Er beherbergt auch ein Museum, in dem ein Sammelsurium an Objekten zu bewundern ist, die ein Bild vom königlichen Lebensstil jener Zeit vermitteln.

König Chulalongkorn ließ seine Sommerresidenz im Jahr 1868 auf der Insel Ko Si Chang erbauen. 1910 wurde sie Stück für Stück an ihren jetzigen Standort verlegt. Bei einer Führung kann man die Innenräume besichtigen. Im Garten werden täglich um 10.30 und 14 Uhr traditionelle Tänze aufgeführt.

Beachten Sie, dass hier dieselben Kleidervorschriften wie beim Besuch des Königspalastes (S. 46) gelten.

228 C5
Thanon Ratchawithi
wegen Renovierungsarbeiten bleibt der Palast bis mindestens 2025 geschl.

16 Jim Thompson's House

Das Jim Thompson's House ist nichts weniger als eines der umfangreichsten und schönsten Privatmuseen Südostasiens. Benannt ist es nach seinem Gründer Jim Thompson, ein US-Geheimdienstoffizier, der sich gegen Ende des Zweiten Weltkriegs in Thailand niederließ und kurzzeitig das Oriental Hotel (S. 58) managte, bevor er gezielt daran ging, der desolaten Seidenspinnerei und Seidenverarbeitung durch die Gründung der »Thai Silk Company« neue Impulse zu verleihen. Schon in kürzester Zeit stieg er zum ungekrönten »Seidenkönig« auf.

Obendrein aber war er vor allem auch ein Sammler kostbarer Kunstschätze. Und um seinen Antiquitäten einen würdigen Aufbewahrungsort zu geben, kaufte er einen aus sechs Einzelhäusern bestehenden alten Teakholzpalast bei Ayutthaya, ließ ihn dort ab- und in Bangkok wieder aufbauen.

Umgeben ist die einzigartig schöne Anlage, die im Rahmen von Führungen besichtigt werden kann, von einem exotischen Garten, von dem Thompson selbst allerdings wenig hatte, da er kurz nach Fertigstellung nach Malaysia reiste – von wo er nie zurückkam. Um dieses mysteriöse Verschwinden ranken sich wilde Gerüchte: Die Schuld wurde gesucht bei kommunistischen Guerillas, hungrigen Tigern, Meuchelmördern, Neidern oder dem US-Geheimdienst.

229 D3
6 Soi Kasemsan 2, Thanon Rama I
022167368
https://jimthompsonhouse.org
tgl. 10–18 Uhr (Touren alle 45 Min., letzte um 17 Uhr) 200 Baht
Skytrain: Siam Square

17 Rings um den Wat Suthat

Wat Suthat bedeutet übersetzt »Tempel mit der Schaukel«. Der Name spielt auf die vor dem Tempelgelände errichtete 25 m hohe »Große Schaukel« an: Sao Ching Cha (auch bekannt als »Giant Swing«), auf der bis 1935 im Rahmen eines brahmanischen Rituals Schaukelwettbewerbe stattfanden, bei dem drei Mannschaften zu je vier Mann solange und so hoch schaukelten, bis sie einen ganz oben in 25 m Höhe aufgehängten Geldsack erreichen und mit dem Mund abnehmen konnten. Wegen der Gefährlichkeit dieses Spiels, bei dem Jahr für Jahr Teilnehmer starben, wurde es auf Anordnung des Königs verboten.

Der Tempel Wat Suthat selbst, der hinter der knallrot lackierten Riesenschaukel aufragt, ist mit einer Fläche von über 40 ha der zweitgrößte Tempelkomplex von Bangkok und einer der ältesten obendrein. Mit seinem Bau wurde bereits unter König Rama I. 1807 begonnen, und es sollte insgesamt 40 Jahre dauern, bis die Bauarbeiten beendet werden konnten. Ganz und gar herausragend ist der Bot, der ganze 72 m hoch und 22 m breit ist und im Ruf steht, die schönste Ordinationshalle Thailands zu sein. Unbedingt sehenswert ist auch die große Kapelle Wihan Luang im Ayutthaya-Stil, die allein schon mit ihren Abmessungen von 126 m x 26 m beeindruckt.

Weiter nördlich liegt außerdem der Golden Mount, bei dem es sich um einen künstlich aufgeschütteten Hügel handelt, der den heiligen Berg Meru symbolisieren soll und der bis in die 1960er-Jahre hinein das höchste Bauwerk Bangkoks war. Man kann ihn übrigens besteigen. Nicht weniger als 318 Stufen führen vom golden glänzenden Chedi des Wat Saket am Fuß des Hügels hinauf auf 78 m Höhe, von wo aus man insbesondere bei Sonnenauf- und -untergang (jederzeit frei zugänglich) eine atemberaubende Sicht auf Bangkok genießt.

228 B4 Thanon Ti Thong/Ecke Thanon Bamrung 100 Baht

18 Mandarin Oriental

Die Geschichte dieses Luxushotels, das mehrmals als das beste der Welt gekürt wurde, begann im 1876, als zwei dänische Kapitäne am Ufer des Mae Nam Chao Phraya ein Gasthaus für Seeleute eröffneten. Es wurde bei einem Brand zerstört, aber wenig später wieder neu errichtet. Dieses koloniale Kernstück ist erhalten und trägt den Namen Author's Wing, was daran erinnert, dass hier in den Folgejahren zahlreiche Schriftsteller logierten.

Das Hotel Mandarin Oriental ist eine Sehenswürdigkeit für sich.

Der erste, der die aufstrebende Matrosenherberge besuchte, war Joseph Conrad, der das Hotel in seiner Kurzgeschichte »The Shadowline« beschrieb. Weitere berühmte Gäste waren Tennessee Williams, Rudyard Kipling, Somerset Maugham, Noel Coward, Graham Green. Auch Zar Nikolaus II. stieg hier ab.

Nehmen Sie doch in der Lounge einen klassischen High Tea ein und relaxen Sie zu klassischer Streichmusik, gespielt von den mit Frack und Fliege bewehrten Musikern eines Thai-Orchesters.

228 C1 48 Oriental Ave., bei Thanon Charoen Krung
02 659 90 00 www.mandarin-oriental.com/Bangkok
Tee ab 300, Kaffee ab 320, Cocktails ab 340 Baht
Skytrain: Saphan Taksin; Express-Boot: Oriental

19 Chinatown

Dieses über 200 Jahre alte Geschäftsviertel mit ganz charakteristischen Straßen voll exotischer Waren und Tempeln ist ein stimmungsvoller Ort zum Bummeln und zum Essen, für interessante Tempelbesichtigungen und den Besuch von Straßenmärkten. Mittelpunkt ist die Sampeng Lane (Soi Wanit), an deren nördlicher Verlängerung man den indischen Stoffmarkt Pahurat findet.

Der interessanteste Tempel des Viertels ist der Wat Leng Noei Yi, der zahlreichen chinesischen Gottheiten geweiht ist und ein Papieratelier besitzt, in dem Autos, Kühlschränke und auch andere Haushaltsgegenstände aufwendig aus Papier gefaltet werden. Die Chinesen verbrennen diese Symbole des materiellen Wohlstands etwa auf Begräbnisfeiern, damit die Verstorbenen auch künftig mit Reichtum gesegnet sind.

228 B3
Express-Boot: Tha Ratchawong

Wohin zum ... Übernachten?

Preise für ein Doppelzimmer pro Nacht:

€	unter 2000 Baht
€€	2000 bis 5000 Baht
€€€	5000 bis 7000 Baht
€€€€	über 7000 Baht

Anantara Siam Bangkok €€€

Ob im herrlichen Foyer oder in den bildschönen Zimmern – überall ist der altmodische orientalische Charme des Hotels zu spüren. Die nachmittägliche Teestunde ist ein Erlebnis. Zum Hotel gehören u. a. drei der besten Restaurants Bangkoks: Spice Market (Thai-Küche; S. 63), Biscotti (ital.) und Shintaro (jap.). Zahlreiche Sport- und Wellnessangebote. Die zentrale Lage ist ideal für einen Einkaufsbummel im CentralWorld (S. 64) und den Besuch im Erawan-Schrein.
229 E3 155 Thanon Ratchadamri
02 126 88 66
www.anantara.com/en/siam-bangkokra.com Skytrain: Chit Lom, Ratchadamri

Asia Bangkok €

Das Hotel liegt in der Nähe vom Siam Discovery Centre, Siam Square und CentralWorld (S. 64). Zu den ausgezeichneten Einrichtungen gehören zwei Pools, eine Sauna und ein Health Club. Die Zimmer (ab 1360 Baht) sind geschmackvoll ausgestattet. Es gibt u. a. ein vietnamesisches, ein chinesisches und ein brasilianisches Restaurant.
229 D/E3 296 Thanon Phayathai
02 217 08 08 www.asiahotel.co.th
Skytrain: Ratchathewi

Avani Riverside €€€

Der auf der Thonburi-Seite gelegene Hotelturm beeindruckt mit Traumblicken auf Stadt und Fluss, sowohl von den eleganten Zimmern aus als auch vom verglasten Frühstücksraum, den drei Restaurants und dem Infinity-Pool auf der Dachterrasse. Und da es alle paar Minuten einen kostenlosen Shuttleservice zum Sathorn Pier mit Anschluss an den Skytrain gibt, sind alle wesentlichen Ziele in der Stadt schnell erreicht.
229 C1 257 Charoennakorn Rd., Thonburi
02 431 91 00 www.avanihotels.com/de
Skytrain: Sathorn Pier

Bangkok Loft Inn €

Ein interessanter Newcomer: Dieses »Inn« zählt zu den neuartigen schlichten Boutiquehotels. Es liegt nicht direkt im Zentrum des traditionellen Touristenviertels, bietet aber ein hervorragendes Preis-Leistungs-Verhältnis in der Nähe der Skytrain-Station Wongwian Yai. Die Zimmer (unter 1200 Baht) sind mit Echtholz-Fußböden und eleganten Möbeln ausgestattet und makellos sauber.
228 A1
55 Thanon Somdet Phra Chao Taksin
02 862 03 00 über www.booking.com
Skytrain: Wongwian Yai

Dusit Thani €€€

Das Flaggschiff der Dusit-Hotelgruppe war Bangkoks erstes Hotel der gehobenen Klasse. Es liegt im Geschäftsviertel rund um die Silom Road und nahe am Rotlichtbezirk Patpong. Die Zimmer sind verschwenderisch mit edlen Stoffen sowie Teakmöbeln ausgestattet. Das Hotel ist für seine acht Restaurants und vier Bars berühmt. Das Dachrestaurant 22 Kitchen & Bar (internationale Küche) bietet Panoramablicke. Pool, Spa,Tennisplatz und Golfplatz.
229 E2 946 Thanon Rama IV
02 200 90 00 www.dusit.com
Skytrain: Sala Daeng

Vom Dusit Thani Bangkoks Skyline bestaunen

Royal €

The Royal, eines der ehrwürdigsten Hotels von Bangkok, hat vielleicht schon bessere Tage gesehen, ist aber ein Schnäppchen.

Es liegt zentral auf der Insel Ratanakosin, dem historischen Herzen Bangkoks. Den besten Deal bieten die hellen, großen Deluxe-Zimmer. Pool, Restaurant sowie eine Bar.
228 B4 ✉ 2 Thanon Ratchadamnoen Klang
☎ 02 222 91 12 🌐 www.rattanakosinhotel.com
🚉 keine Station in der Nähe; es empfiehlt sich, ein Taxi zu nehmen

Shangri-La €€€–€€€€
Das luxuriöse Fünf-Sterne-Anwesen gehört zu den besten Hotels Bangkoks und rangiert unter den weltweit schönsten. Die Zimmer sind geräumig und bieten einen herrlichen Blick auf das geschäftige Treiben auf dem Fluss. In einem schönen Park kann man nach einem Streifzug durch die überfüllten Straßen aufatmen. Mit modernem Spa.
228 C1 ✉ 89 Soi Wat Suan Plu, Thanon Charoen Krung
☎ 02 236 77 77 🌐 www.shangri-la.com
🚉 Skytrain: Saphan Taksin

The Sukhothai €€€€
Dieses Luxushotel bietet hervorragenden Service. Das Dekor wurde von Kunst und Handwerk Sukhothais (S. 74) inspiriert. Es liegt an einer der verkehrsreichsten Straßen, die aber weit genug entfernt ist. Alle Zimmer und Suiten sind mit Seide, Teakmöbeln und Kunst ausgestattet und haben Internet. Das Hotel besitzt zwei Spitzenrestaurants, das luxuriöse Celadon (S. 62) und das italienische La Scala.
229 E1 ✉ 13/3 Thanon Sathorn Tai
☎ 02 344 88 88 🌐 www.sukhothai.com
🚉 Sala Daeng, am besten mit dem Taxi

Wohin zum ... Essen und Trinken?

Preise für ein Hauptgericht ohne Getränke:

€	unter 300 Baht
€€	300 bis 600 Baht
€€€	über 600 Baht

22 Kitchen & Bar €€€
Vom 22. Stock aus blickt man von diesem mit loungigen Sesseln ausgestatteten Panoramarestaurant durch schräg geneigte Glasfronten auf die Stadt herab und erfreut sich an einer exzellenten Tapas-Auswahl sowie Gerichten einer innovativen Pacific Coast Cuisine mit Fisch, Meeresfrüchten oder Lamm.
229 E2
✉ Dusit Thani Hotel, Thanon Rama IV
☎ 02 200 90 00 🕐 tgl. 17.30–1.30 Uhr 🚉 Skytrain: Sala Daeng

Baan Khanitha €€–€€€
Würzige, exquisite Thai-Küche mit riesiger Salatauswahl. Probieren Sie den scharfen Pomelo-Salat mit Krabben und Hühnchen. Meeresfrüchte sind die Spezialität des Hauses und die Currys einfach köstlich; auch Vegetarier werden nicht enttäuscht. Für kühle Abende gibt es neben dem kleinen Garten komfortable Innenräume.
229 nahe F3 ✉ 36/1 Sukhumvit Soi 23
☎ 02 258 41 81 🌐 www.baan-khanitha.com
🕐 tgl. 11–23 Uhr 🚉 Skytrain: Sukhumvit

Bei Otto €€
Das 1984 gegründete, gemütliche deutsche Restaurant mit Weinstube, Delikatessenabteilung und Bäckerei gehört zu den ältesten internationalen Restaurants Bangkoks. Besonders beliebt sind Schweinshaxe, Wiener Schnitzel und die selbst gebackenen Kuchen sowie Bier und Wein aus Deutschland.
229 nahe F3 ✉ 1938 Phetchaburi Rd.
☎ 656 45 47 80 🌐 www.beiotto.com
🕐 tgl. 8–24, Delikatessenabteilung 8–23 Uhr
🚉 Sukhumvit

Bourbon Street €–€€
Ein Restaurant mit kreolischer Küche würde man in Bangkok kaum erwarten, und doch werden im Restaurant Bourbon Street bereits seit 1986 sehr gute kreolische Gerichte kredenzt. Zur Auswahl stehen z. B. Gumbo und gekochte Langusten. Eine sehr gut bestückte Bar ist angeschlossen, beinahe fühlt man sich nach New Orleans versetzt.
229 nahe F3 ✉ Sukhumvit Soi 63
☎ 02 381 68 01 🌐 https://bourbonstbkk.com
🕐 tgl. 7–24 Uhr 🚉 Sukhumvit

Cabbages & Condoms €–€€
Das Restaurant, in dem man zu günstigen Preisen viel geboten bekommt, steht im

Originell: Restaurant Cabbages & Condoms

Dienst einer Familienplanungs- und AIDS-Hilfe-Organisation. So bekommt man mit der Rechnung kostenlose Kondome und zur Ausstattung gehören Arrangements aus Kondomen und ein Teppich mit Kondomdesign. Die Speisen der thailändischen Küche (viele davon vegetarisch) sind hervorragend, wobei sich das Leitthema in der Namensgebung einiger Gerichte niederschlägt. Im Biergarten kann man stilvoll ein Bier genießen.

229 nahe F3 ✉ 10 Sukhumvit Soi 12
☎ 02 229 46 10
http://cabbagesandcondoms.co.th
tgl. 11–22 Uhr Skytrain: Asoke

Celadon €€€

Ein klassisches Thai-Restaurant mit Lotusteich ist das Celadon, dessen Interieur eine moderne Atmosphäre ausstrahlt. Ein schöner Garten lädt zum Speisen im Freien ein. Spezialitäten wie Ingwersuppe, in Palmblättern gegrilltes Huhn sowie Salate mit Bananenblüten zeugen von der Feinheit der Thai-Küche. Beachten Sie den eleganten Dresscode (keine Sportkleidung oder kurze Ärmel).

229 E3
✉ Sukhothai Hotel, 13/3 Thanon Sathorn Tai
☎ 02 344 88 88 www.sukhothai.com
Di–Sa 18–23 Uhr 22, 32

Himali Cha Cha and Son €

In Bangkok gibt es viele gute indische Restaurants, aber kaum eines mit so interessanter Geschichte. Der erste Chef und Eigentümer, Cha Cha, arbeitete für Lord Louis Mountbatten (letzter Generalgouverneur von Indien) und danach für mehrere indische Botschafter. Heute führt der Sohn das Restaurant, in dem die nordindischen Gerichte noch nach Originalrezepten zubereitet werden.

229 nahe F3
✉ 2 Sukhumvit Soi 31, Thanon Sukhumvit
☎ 02 259 66 77 www.himalichacha.com
tgl. 11–22 Uhr Skytrain: Phrom Phong

Le Dalat €€

Das Restaurant, in dem tolle vietnamesische Gerichte serviert werden, ist eine Institution in Bangkok, die oft kopiert, aber nie erreicht wurde. In dem zweigeschossigen Lokal geht es entspannt zu. Gegrillter Fisch ist besonders beliebt. Wer die vietnamesische Küche noch nicht kennt, sollte Fleischbällchen mit Mango, Chili, Ingwer und Sternfrüchten kosten.

229 nahe F3
✉ 57 Soi Prasarnmitr Sukhumvit 23
☎ 02 599 95 93 www.ledalatbkk.com
tgl. 10–22 Uhr Skytrain: Asoke

Sala Rattanakosin €€

Steigen Sie am besten schon gegen 18 Uhr zur Rooftop-Bar (16–22.30 Uhr) dieses Boutiquehotels hinauf, wählen aus der üppigen Getränkekarte einen Cocktail aus – und lehnen sich dann zurück, um zuzuschauen, wie der direkt gegenüberliegende Wat Arun vom Licht der bald untergehenden Sonne in Gold gehüllt wird. Für dieser Anblick greift man gerne tiefer als üblich in die Tasche (Cocktails ab 300 Baht). Im unterhalb gelegenen Panorama-Restaurant dreht sich alles um Gourmetkreationen (nicht nur) der thailändischen Küche.

228 A3 ✉ 39 Thanon Maharat
☎ 02 622 13 88 www.salahospitality.com/rattanakosin tgl. 11.30–22.30 Uhr
River Express: Thien Pier

Sra Bua by Kiin Kiin €€€

Thai Food einmal anders, als Molekularküche im Gourmet-Stil, ebenso kreativ präsentiert wie professionell serviert. Ein Besuch des Sra Bua ist ein Erlebnis für die Sinne, das beim 16-Gänge-Menü nicht weniger als sage und schreibe 3–4 Stunden währt. Hier stimmt einfach alles, und dies auch für Vegetarier, die bei einem eigenen 8-Gänge-Menü auf den Gourmetgeschmack kommen. Reservierung ist ein Muss, der Dress Code ist smart casual.

229 nahe F3 Siam Kempinski Hotel Bangkok, 991/9 Rama I Thanon Pathumwan
02 162 90 90 www.srabuabykiinkiin.com
tgl. 12–15 und 18–24 Uhr
Skytrain: Phrom Phong

Smooth Curry €€€

Dieses Restaurant zählt in Thai-Gourmet-Kreisen zu den beliebtesten der Stadt und anders als bei vielen anderen Hotelrestaurants bietet es viel Atmosphäre und charmanten Service. Probieren Sie dutzende Gerichte der traditionellen königlichen Thai-Küche des 15. Jhs. à la carte oder im Rahmen von Menüs, die bis acht Schlemmergänge umfassen und bis zu 2400 Baht kosten. Gut schmecken auch die frischen Säfte.
229 E1 61 Wireless Rd.
02 650 88 00
www.thehouseofsmoothcurry.com
Mo–Fr 11.30–14.30 und tgl. 17.30–22 Uhr
Skytrain: Ploenchit

Spice Market €€€

Das Interieur dieses hervorragenden Thai-Restaurants (das unlängst zum »Most Delicious Thai Restaurant in Bangkok« gewählt wurde) ist in der Art eines alten Gewürzladens gestaltet. Rattanmöbel und Marmortischplatten tragen zur Thai-Atmosphäre bei. Die Speisekarte listet dutzende Gerichte auf, auch für Vegetarier ist gesorgt, und den besten Gegenwert bieten die Signatur Dishes, die es von 450 bis 1520 Baht gibt.
229 E2 Anantara Siam Bangkok Hotel, 155 Thanon Ratchadamri
02 126 88 66
www.anantara.com/en/siam-bangkok
Mo–Sa 12–14.30 und 18–22.30 Uhr
Skytrain: Chit Lom Ratchadamri

Supatra River House €€€

Die Uferlage dieser schicken Thai-Villa gegenüber vom Wat Phra Kaeo und dem Royal Palace ist von königlichem Kaliber. Und so ist es auch die königlich thailändische Küche, für die das Supatra mehrfach preisgekrönt und auf die exklusive Liste der besten Restaurants Asiens gesetzt wurde. Am besten genießt man Speisen und Blick auf der großen Flussuferterrasse. Für so viel Königsklasse muss man auch königlich in die Tasche greifen. Dafür werden Sie kostenlos im restauranteigenen Boot ab dem Tha Maharat Pier über den Fluss und zurück gebracht.
228 A3 266 Soi Wat Rakhang
02 411 03 05 www.supatrariverhouse.net
tgl. 11.30–14.30 und 18–22.30 Uhr; wegen Renovierung bis Winter 2023 geschl.
River Express: Tha Maharat Pier

Vientiane Kitchen €

Die Küche der nordöstlichen Region Thailands (Isaan) und jene von Laos lernt man am besten in diesem Restaurant kennen. Die Küche zeichnet sich durch einfache, scharf gewürzte Gerichte aus; die bekanntesten sind Papayasalat mit Fischsauce und Knoblauch, Chili und Erdnüssen *(somtam)*, würziges Hackfleisch *(larb)*, das in der Regel mit Salat und einer separaten Platte mit rohem Gemüse gereicht wird, und dazu gibt es gegrilltes Huhn *(kai yang)*. Eine Delikatesse für experimentierfreudige Gäste ist ein Dip aus Ameiseneiern *(nam phrik mot som)*. Zu allen Gerichten werden kleine Bambuskörbe mit Klebreis gereicht. Die Tische sind um einen großen Baum herum angeordnet.
229 nahe F3 8 Soi 36, Thanon Sukhumvit
02 258 61 71 auf Facebook
tgl. 11–23 Uhr Skytrain: Thong Lo

Wohin zum … Einkaufen?

TRADITIONELLES KUNSTHANDWERK

Krishna's Asian Treasures (137/6–7 Thanon Sukhumvit, https://krishnasasiantreasures.com, Mo–Fr 8–19.30 Uhr) ist eine Fundgrube voller burmesischer Wandbehänge, indischer und nepalesischer Schmuckstücke, balinesischer Holzschnitzereien und zahlreicher thailändischer Produkte.

Kunstgegenstände sowie schöne antike Möbel gibt's bei Erawan Antiques (148/9 Thanon Surawong, Mo–Sa 10–17.30 Uhr).

Im staatlichen Kaufhaus Narayana Phand (55 Sukhumvit Rd, www.naraiphand.com;

tgl. 10–20 Uhr) findet man eine überwältigende Vielfalt an Waren und Souvenirs. Antiquitätenläden und kunsthandwerkliche Fachgeschäfte gibt es im River City Shopping Complex (23 Trok Rongnamkaeng, Thanon Yotha, www.rivercitybangkok.com; tgl. 10–20 Uhr).

Am Ende der Silom Road gelegen, bietet das Silom Village Trade Center (tgl. 11–23 Uhr) eine Auswahl an Seide, Schmuck, Souvenirs und Mitbringseln.

SEIDE

Die beste Quelle für Seide, hochwertige Kleidung und Accessoires: Jim Thompson Silk Shop (9 Thanon Surawong, www.jimthompson.com; tgl. 9–21 Uhr). Eine große Auswahl an Seidenprodukten und anderen Textilien gibt es bei Shinawatra (94 Sukhumvit Soi 23, www.tshinawatra.com, Mo–Sa 9–17 Uhr).

MÄRKTE

Im Norden der Stadt wird an Wochenenden der Markt Chatuchak (S. 54) abgehalten. Er liegt am südlichen Ende des Chatuchak Parks und ist der größte des Landes.

Wer Kleidung sucht, wird am ehesten frühmorgens auf dem Markt Pratunam (an der Kreuzung Phetburi Rd./Ratchaprarop Rd., www.pratunam-market-bangkok.com, tgl. 5–21 Uhr) fündig. Als südostasiatischer Markt wie aus dem Bilderbuch galt der ungemein farbenprächtige Straßenmarkt Pak Khlong Talaat (Mahathat Rd., Thanon Chakkraphet, bei der Memorial Bridge), wo frische Blumen und Gemüse rund um die Uhr verkauft werden. Seit er überdacht wurde, hat er zwar viel von seiner Exotik verloren, ist aber immer noch einen Besuch wert, insbesondere in den Abendstunden, wenn neue Ware angeliefert wird.

EINKAUFSPASSAGEN/KAUFHÄUSER

Elegante, klimatisierte Einkaufszentren reihen sich an der Thanon Ploenchit, der westlichen Verlängerung der Sukhumvit, und vor allem an der weiterführenden Thanon Rama I. aneinander. Sie sind allesamt tgl. zwischen 10 und 22 Uhr geöffnet.

Das Siam Discovery Centre (Thanon Rama I, www.siamdiscovery.co.th), nahe dem älteren Siam Centre, bietet Designermarken auf mehreren Etagen. Im riesigen CentralWorld (Thanon Ratchadamri, www.centralworld.co.th) mit über 500 Shops, 100 Restaurants und einem Spa finden Sie im siebten Stock einen Duty-Free-Shop (10–21 Uhr).

Gegenüber dem CentralWorld liegt das Gaysorn Plaza (Thanon Ploenchit, www.gaysornvillage.com) mit hervorragenden Geschäften für Haushaltswaren und Artikel mit schönem, modernem thailändischem Design. Auch das Siam Paragon (www.siamparagon.co.th) auf der Rama 1 Rd. ist ein Einkaufszentrum mit Gourmet-Lebensmittelmarkt.

Im Shoppingrausch: Chatuchak Market

Wohin zum … Ausgehen?

Es gibt einige kostenlose Veranstaltungsmagazine, die Sie in vielen Buchhandlungen der Stadt erhalten. Online informieren u. a. die Webseiten www.bangkok.com/top10-nightlife.htm, https://bk.asia-city.com, https://bangkoknightlife.com sowie das Nachtportal www.bangkok2night.com. In der Samstagsausgabe der Tageszeitung Bangkok Post (www.bangkokpost.com) finden sich ebenfalls zig Hinweise.

KINO

In den Einkaufspassagen gibt es komfortable Kinos mit Multiplex-Leinwänden und Klimaanlage. Die besten Programminfos bietet www.cinematic.asia. Die meisten Filme werden in der Originalsprache mit thailändischen Untertiteln gezeigt.

Das Major Cineplex CentralWorld (www.majorcineplex.com) zeigt Filme im Central World (S. 64) sowie an weiteren zentralen Orten.

Europäische Filme schaut man im Alliance Française (179 Thanon Witthayu Tai Tai, https://afthailande.org, Mo–Fr 10.30–18 Uhr) und im Goethe Institut (18/1 Soi Goethe, www.goethe.de/bangkok, Mo–Fr 8–17 Uhr).

THEATER

Im National Theatre (4 Rachini Alley, Phra Borom Maha Ratchawang, Phra Nakhon, Tel. 02 221 01 71) finden Aufführungen des klassischen Tanzdramas Khon sowie der modernen Variante Lakhon statt (S. 37).

MUSIK

Im Saxophone Pub (3/8 Victory Monument, Thanon Phayathai, www.saxophonepub.com, tgl. ab 18 Uhr, Musik ab 19.30 Uhr), einer der ältesten Musikkneipen, erklingt allnächtlich vor allem Jazz.

Hard Rock Café (424/2–6 Soi 11, Siam Square, www.hardrockcafe.com, tgl. ab 11.30 Uhr; bis 2024 wegen Renovierung geschl.): eines der 172 Hard Rock Cafés auf Erden – Musik zu US-amerikanisch inspiriertem Essen in einem vom Stilmix aus US-Tradition und thailändischem Design geprägten Ambiente. Ab 21.30 Uhr gibt es Livemusik.

Das Brown Sugar (469 Wanchat Junction, Thanon Phrasumen, www.facebook.com/brownsugarbangkok, tgl. 17–2 Uhr) wurde oft als eine der besten Musikbars der Welt bezeichnet. Täglich gibt es ab 20.30 Uhr Livemusik (Soundmix von Rhythm and Blues bis Reggae).

NACHTLEBEN

Es eröffnen ständig neue schicke Clubs, aber zu den langjährigen Favoriten zählen 87 Plus im Conrad Hotel mit stilvollen Cocktails und Tanz (87 Wireless Rd., Tel. 690 90 87) sowie Long Table (48 Sukhumvit Soi 16, Tel. 02 302 25 57) mit einer beeindruckenden Cocktail-Bar. In beiden gilt ein sportlich-eleganter Dresscode.

Spasso im Grand Hyatt Erawan Hotel (494 Ratchadamri Rd., Tel. 08 23 08 32 46) ist der älteste Hotelclub der Stadt und lockt abends mit Livemusik. Der Route 66 Club (9/33–48 Royal City Avenue Building, Soi Soonvijai, Thanon Rama 9, Tel. 081 440 96 66 www.route66club.com, tgl. 20–2 Uhr, Eintritt 300 Baht, inkl. 1 Drink) ist vielleicht die größte Disco der Stadt, mit gleich drei Dancefloors, auf denen junge Oberschicht-Thais zu Hip-Hop, Techno und Thai-Pop abtanzen.

VARIETÉ

Im Calypso Cabaret (Asiatique The Riverfront, 2149 Thanon Charoenkrung 72, Tel. 02 688 14 15, www.calypsocabaret.com) wird eine Show im Stil von Las Vegas geboten (inkl. Thai-Dinner 2200 Baht).

Siam Niramit (19 Tiamruammit Rd., www.siamniramit.com, tgl. ab 17 Uhr, Showbeginn um 20 Uhr) ist mit rund 100 Darstellern, die im Laufe der Show mehr als 500 Kostüme tragen, nichts weniger als das größte Bühnenspektakel der Welt und wurde als solches auch ins Guinness-Buch der Rekorde aufgenommen. Lediglich die Show kostet ab 1800 Baht, mit Dinner ab 2200 Baht.

Der schwimmende Markt von Damnoen Saduak hält unzählige Genüsse für Augen und Gaumen bereit.

Zentralthailand

Den versunkenen Metropolen des alten Siam verdankt das fruchtbare Herzstück Thailands seinen kulturellen Stellenwert.

Seite 66–97

Erste Orientierung

Herzstück und Lebensader Thailands ist die vom Mae Nam Chao Phraya und seinen Nebenflüssen gebildete Tieflandebene, die aufgrund der sprichwörtlichen Fruchtbarkeit ihrer Böden schon in frühester Zeit besiedelt wurde. Sie bildet die Reiskammer des Landes und verdankt ihren hohen kulturellen Stellenwert den zahlreichen historischen Stätten und untergegangenen Zentren vergangener Reiche.

Vor allem die einstigen Königsstädte des alten Siam bieten dem Kulturreisenden eine Vielzahl einzigartiger Attraktionen. Von den drei Kulturstätten, die in Thailand als UNESCO-Weltkulturerbe geführt werden, finden sich mit Sukhothai und Ayutthaya gleich zwei in dieser Region des Landes, die sich von der Bangkok-Bucht aus nach Norden erstreckt. Sie zählen zu den berühmtesten und architektonisch beeindruckendsten Sehenswürdigkeiten des Königreichs und können auf einer Tour von Bangkok gen Norden bequem besucht werden.

Umrahmt wird dieses Tiefland von einer Hügellandschaft, die gen Westen in eine zerklüftete Gebirgskette übergeht. Sie bildet eine natürliche Barriere zwischen Thailand und Myanmar und präsentiert sich mit bizarren Kalksteinmassiven und gewaltigen Wasserfällen – darunter auch mit dem größten, höchsten und spektakulärsten des Landes – als überaus faszinierende Landschaft. Große Bestände an primären Wäldern stehen in zahlreichen Nationalparks unter Schutz, und wer einen Hang zu Naturabenteuern hat, kann hier voll auf seine Kosten kommen. Dies gilt gerade auch im Umfeld von Kanchanaburi, dessen große Attraktion eine Fahrt mit der »Todesbahn« über die berühmt-berüchtigte Brücke am Kwai ist, die durch die Verfilmung des gleichnamigen Romans Weltruhm erlangte.

TOP 10

❹ ★★ Sukhothai

Nicht verpassen!

⓴ Kanchanaburi

㉑ Damnoen Saduak

㉒ Ayutthaya

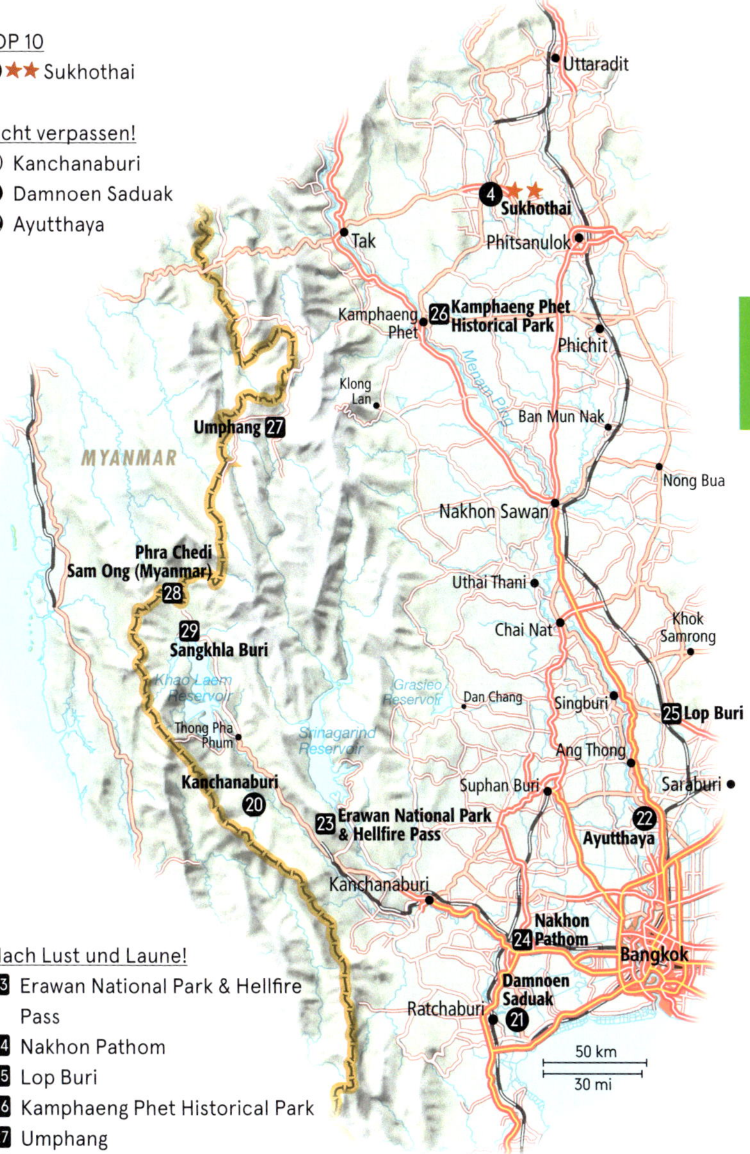

Nach Lust und Laune!

23 Erawan National Park & Hellfire Pass

24 Nakhon Pathom

25 Lop Buri

26 Kamphaeng Phet Historical Park

27 Umphang

28 Phra Chedi Sam Ong (Myanmar)

29 Sangkhla Buri

Mein Tag auf Schienen unterwegs

Gönnen Sie sich eine Fahrt mit der »Death Railway« über die berühmte »Brücke am Kwai« – stilecht und zeitsparend zugleich geht das mit dem samstags und sonntags verkehrenden »Special Sightseeing Train«, der mit mehreren Stopps von Bangkok bis nahe an die Grenze zu Myanmar und zurück fährt.

6 Uhr: Wer Straßen sät, wird Stau ernten

In Bangkok ist dies selbst frühmorgens Programm, weshalb Sie allerspätestens um 6 Uhr ein Taxi besteigen und zum Hauptbahnhof Hua Lamphong fahren sollten, wo der mit »Nam Tok Sai Yok Noi« beschilderte »Special 909« um 6.30 Uhr losfährt. So wie der Hua Lamphong nichts mit unseren oft unsauberen Bahnhöfen gemein hat, so präsentiert sich auch das Großraumabteil des 909 als außerordentlich komfortabel. Auf die Minute genau geht's los. Bald wird die Rama VI. Bridge gequert. Nicht mehr lange, da verkündet der Schaffner per Megaphone auf Thai – was es unterwegs zu sehen gibt.

7.40 Uhr: Buddha zu Ehren

Pünktlich läuft der Zug in **24** Nakhon Pathom (S. 89) ein, und genau 40 Minuten währt dessen Aufenthalt am Bahnhof, von wo es nur fünf Gehminuten zum Phra Pathom Chedi sind. Die Zeit ist für einen Besuch reichlich bemessen, und so Sie Hunger haben, können Sie ihn an an einem der zahllosen Imbissstände am Weg stillen.

11.30 Uhr: End of the line

10 Uhr: Die »Todesbahn«

7.40 Uhr: Buddha zu Ehren

9.35 Uhr: Weltberühmt

6 Uhr: Wer Straßen sät, wird Stau ernten

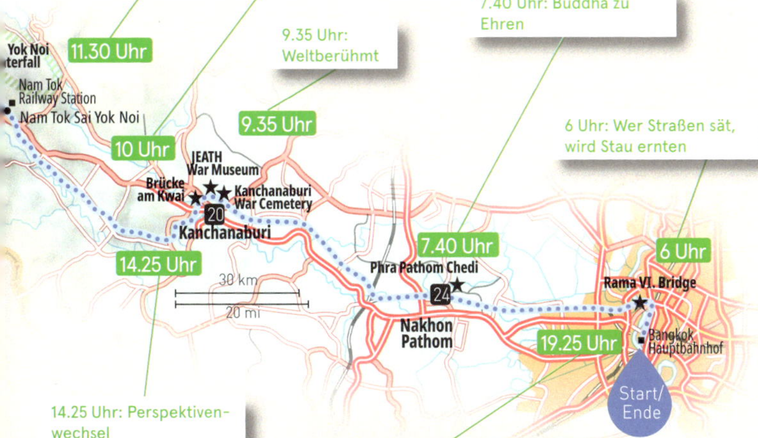

14.25 Uhr: Perspektivenwechsel

19.25 Uhr: Back in Bangkok

Das Pfeifen des Zuges gibt den Tagesablauf vor: Nach einem Halt in Nakhon Pathom passieren Sie schon bald die weltberühmte »Brücke am Kwai« (oben) – zücken Sie die Kamera, bevor es weitergeht. Gegen Mittag erwartet Sie eine denkwürdige Erfrischung: der Sai Yok Noi (rechts).

9.35 Uhr: Weltberühmt

Um 8.20 Uhr geht's schon weiter, Kanchanaburi entgegen, wo direkt vor der Brücke am Kwai die nächste Pause ansteht, auf dass man 25 Minuten Zeit hat, die Kamera heißlaufen zu lassen.

10 Uhr: Die »Todesbahn«

Von nun an fahren Sie auf der Strecke der Death Railway durch eine immer spektakulärer werdende Landschaft mit imposanten Berg-, Wald- und Flussblicken dahin. Unterwegs werden mehrere Viadukte gequert und schließlich wird auch die »Todeskurve« passiert. Ohne Übertreibung kann man sagen, dass dieser Abschnitt, der zur Endstation nach Nam Tok führt, mit Abstand der eindrucksvollste des gesamten thailändischen Schienennetzes ist!

11.30 Uhr: End of the line

Knapp zwei Stunden haben Sie ab Nam Tok Sai Yok Noi nun im Nationalpark zur Verfügung, um zum nahe gelegenen, bestens ausgeschilderten Wasserfall Sai Yok Noi zu wandern, der sich über mehrere Katarakte von einer in Dschungel gefassten Kalksteinklippe in ein Naturbecken ergießt. Auch Baden ist dort möglich, aber weil das natürlich alle wollen, die im Zug saßen, geht es dabei im wahrsten Sinne des Wortes mitunter »hauteng« zu.

Nach der Fahrt durch die weite, zauberhaft schöne Landschaft bringt der Zug Sie zurück ins trubelige Bangkok. Doch auch hier können Sie sich kleine Oasen der Entspannung schaffen: Nutzen Sie z. B. die Zeit im Taxi, um ein wenig zur Ruhe zu kommen.

14.25 Uhr: Perspektivenwechsel

Nun wird zur Rückfahrt gepfiffen, und bis 15.50 Uhr haben Sie noch einmal Gelegenheit, die Fahrt über die »Todesstrecke« zu genießen. Dann wird ⑳ Kanchanaburi (S. 77) erreicht, wo ein letzter Stopp auf dem Programm steht. Eine Stunde ist vorgesehen, die die meisten Reisenden dazu nutzen, entweder den Kanchanaburi War Cemetery oder das JEATH War Museum oder beides zu besuchen, was sich am leichtesten mit einem der zahlreichen Taxis bewerkstelligen lässt, die vor dem Bahnhof warten.

19.25 Uhr: Back in Bangkok

Die Fahrt endet, wo sie begonnen hat, also am Hauptbahnhof Hua Lamphong. Und weil Sie auf der Fahrt von dort zum Hotel bestimmt in irgendeinen Stau geraten werden, können Sie die Wartezeit dazu nutzen, die vielen Sinneseindrücke dieses spannenden Tages zu verarbeiten.

i

Der **Special Sightseeing Train** verkehrt auf der Strecke von Bangkok nach Nam Tok Sai Yok Noi und zurück, und zwar samstags und sonntags. Die Tickets sollten im Voraus erworben werden, eine Sitzplatzreservierung ist obligatorisch. Die Fahrt ist mit 240 Baht (klimatisiert) sehr günstig.

Informationen gibt's auch online unter: www.railway.co.th.

❹ ★★ Sukhothai

Was?	Wiege der thailändischen Kultur
Warum?	Die Ruinen, darunter mehr als 200 Tempel, bilden die eindrucksvollste UNESCO-Welterbestätte des Königreiches
Wann?	Möglichst von ganz früh morgens bis nach Sonnenuntergang, idealerweise im Okt./Nov. zum Loi-Krathong-Fest (S. 97)
Wie lange?	Einen Tag lang
Resümee	Ganz ohne Zeitmaschine um 800 Jahre zurückreisen

Der Name der Stadt bedeutet wörtlich »Aufstieg des Glücks«, was darauf verweist, dass hier vor rund 800 Jahren die Geschichte des heutigen Thailand begann. Nämlich als die Thais im Jahre 1238 das Gebiet um Sukhothai aus dem Staatengebiet der Khmer ausgliederten und ihr erstes Königreich auf »thailändischem« Boden gründeten.

Unter ihrem dritten König schließlich, König Ramkhamhaeng (Rama der Starke; reg. 1279–1298) wuchs das Reich zu einer Großmacht heran, deren Landesgrenzen fast die heutige Ausdehnung Thailands erreichten. Als bedeutendstes Ereignis während Ramkhamhaengs Herrschaftszeit aber gilt, dass er 1292 aus den indischen Dewanagiri-Schriftzeichen das erste Thai-Alphabet kreierte, aus dem die thailändische Schrift hervorging. Auch wurde unter seiner Regentschaft die buddhistische Theravada-Schule, der Thailand seitdem anhängt, gefördert, weshalb Sukhothai auch als »Wiege Thailands« bezeichnet wird.

Einen majestätischen Anblick bietet der Wat Mahathat in Sukhothai.

Mit der zunehmenden Machtentfaltung des 1351 gegründeten Königreiches Ayutthaya (S. 82) aber ging der Niedergang Sukhothais einher, das 1412 endgültig zum Vasallen von Ayutthaya wurde. Übriggebliebeben sind ganze Ruinenfelder, die in jahrzehntelanger Kleinarbeit

Groß und großartig zugleich: die Buddha-Statue im Wat Si Chum im Geschichtspark Sukhothai

restauriert wurden und 1991 von der UNESCO zum Weltkulturerbe ernannt wurden. Im Gegensatz zu Ayutthaya ist diese Welterbestätte von der Neustadt Sukhothai räumlich getrennt, was die Besichtigung angenehmer macht.

Sukhothai Historical Park

Die ursprünglich umwallte Stadt liegt heute in den Grenzen des rund 70 km² großen Sukhothai Historical Park, der in drei einzelne Bezirke untergliedert ist. Besonders stark besucht wird der zentrale Bezirk, der ein rund 6 km² Fläche umfassendes Rechteck bildet und u. a. mit den Überresten des königlichen Palastes und von mehr als 20 Tempeln beeindruckt. Am Haupteingang kann man Fahrräder ausleihen und auch eine Karte abrufen, mit deren Hilfe alle Highlights problemlos erreicht werden können. Zuvor sei ein Besuch im Ramkhamhaeng National Museum empfohlen – es befindet sich direkt beim Eingang zum Zentralbereich.

Neben dem Museum befindet sich der Wat Trapang Thong, umgeben von Lotusteichen. Er wird noch heute von Mönchen bewohnt. In einem würfelförmigen Turmbau (Mondop) wird der Fußabdruck eines Buddha aus dem 14. Jh. verehrt. Die Chedis weisen ceylonesische Stilelemente auf.

Am Eingang zum zentralen Bezirk wenden Sie sich nach links zum Wat Mahathat. Der größte und bedeutendste Tempel von Sukhothai bildete den Mittelpunkt des Reichs. Die Tempelanlage ist von einem Wassergraben und einer Ziegelsteinumwallung umgeben, die etwa 200 aus Ziegelsteinen errichtete Chedis umschließen. Der nahe gelegene Wat Sri Sawai wurde im Khmer-Stil mit drei zentralen Prangs erbaut. Der Chedi und die Versammlungshalle des Wat Trapang Ngoen weisen Elemente des klassischen Sukhothai-Stils auf. Im Zentrum des Wat Sra Sri befindet sich ein runder Chedi.

Rund um den zentralen Bezirk

Am nördlichen Ausgang des zentralen Bezirks liegt auf der linken Seite der Wat Phra Pai Luang, in dem sich buddhistische und hinduistische Stilelemente mischen: Den im Khmer-Stil erbauten Prangs wurden eine Versammlungshalle (Viharn) und Chedis im buddhistischen Stil hinzugefügt. An der nordöstlichen Ecke erinnert der Thuriang-Brennofen an die Bedeutung der Region für die Keramikherstellung. Vom Gebiet um Si Satchanalai (bei Sawankhalok) ausgehend, verbreitete sich das berühmte Seladonporzellan vom 13. bis zum 15. Jh über den gesamten südostasiatischen Raum.

KLEINE PAUSE

Das **Poo Restaurant** (S. 97) in New Sukhothai bietet günstige Speisen und charmanten Service.

---

i

222 B3

Sukhothai Historical Park
tgl. 6.30–19 Uhr; jeder der fünf Bezirke kostet 100 Baht Eintritt

Ramkhamhaeng National Museum
Muang Kao, Sukhothai
05 569 73 97
tgl. 9–16 Uhr; 150 Baht

⑳ Kanchanaburi

Was?	Provinzmetropole nahe der Grenze zu Myanmar
Warum?	Wegen der weltberühmten »Brücke am Kwai«
Wann?	Wenn Ihnen nach etwas Abenteuer zumute ist
Wie lange?	Mindestens zwei Tage
Was noch?	Der Erawan-Nationalpark (S. 88) und der Sai-Yok-Nationalpark (S. 89) sind ein Natur-Highlight ersten Ranges
Resümee	Spektakuläre Bahnfahrt und wundervolle Natur

Unternehmen Sie ab Kanchanaburi eine Bootstour auf dem River Kwai und lassen Sie sich den Fahrtwind um die Nase wehen!

Rund 130 km westlich von Bangkok und ab dort in gut zwei Stunden schnell erreichbar, liegt am Zusammenfluss des Kwai Noi und Kwai Yai das etwa 65 000 Einwohner zählende Städtchen Kanchanaburi – weltweit bekannt durch Pierre Boulles Roman »Die Brücke am Kwai« und den mit sieben Oscars ausgezeichneten gleichnamigen Film von 1957.

Von Kanchanaburi aus versuchten die im Zweiten Weltkrieg mit Thailand verbündeten Japaner den Zugang nach Burma über den Drei-Pagoden-Pass (S. 93) zu erzwingen und ließen so, von Hunderttausenden von Kriegsgefangenen und Zwangsarbeitern aus Thailand und Malaysia, in nur einem Jahr eine 410 km lange Trasse durch dichtesten Dschungel und unwegsame Bergwelt dorthin legen. Offiziell starben an

Entbehrungen, Krankheit und den Unmenschlichkeiten der Japaner etwa 16 000 Kriegsgefangene (meist Engländer, Amerikaner, Australier, Neuseeländer und Holländer) sowie 49 000 Zwangsarbeiter. Andere Schätzungen beziffern die Zahl der Toten auf über 150 000 – die riesigen Soldatenfriedhöfe in der Stadt sprechen Bände.

Death Railway

Der Großteil der als »Todesbahn« in die Geschichte eingegangenen Strecke wurde nach dem Zweiten Weltkrieg demontiert, die Stahlkonstruktion der Brücke am Kwai ist jedoch noch vorhanden und heute das beliebteste Fotomotiv der Stadt. Wesentlich spannender ist aber die rund zweieinhalb Stunden währende Bummelfahrt von Kanchanaburi nach Nam Tok auf 77 km langer, einspuriger Trasse. Sie gilt als eine der großen Attraktionen Thailands, und wer in Fahrtrichtung links Platz nimmt, genießt den besten Ausblick auf die imposante Landschaft. Am schönsten ist die Fahrt mit dem Frühzug um 5.52 Uhr ab Kanchanaburi, und wer direkt von Bangkok aus fahren möchte, kann unter der Woche um 7.50 Uhr am Hauptbahnhof einsteigen, am Wochenende geht es mit dem »Special 909« schon früher los (S. 70).

Ein Erlebnis: Mit dem Zug geht es über die berühmte Brücke.

Anstatt im Anschluss gleich wieder nach Kanchanaburi zurückzufahren, bietet es sich an, den nur 2 km entfernt liegenden Wasserfall Sai Yok im Sai Yok National Park (S. 89)

zu besuchen. Auch hat man ab Nam Tok Busanschluss zum Hellfire-Pass (S. 88) sowie nach Sangkhla Buri (S. 93), Ausgangspunkt wiederum zum Besuch des 22 km entfernten Drei-Pagoden-Passes (S. 93), der die Grenze nach Myanmar bildet.

JEATH War Museum

Eine nachgebaute Gefangenenhütte im JEATH War Museum

Das in originalgetreu nachgebauten Bambus-Wohnhütten der Kriegsgefangenen eingerichtete kleine Museum demonstriert sehr beeindruckend Leben und Arbeit dieser Unglücklichen. Es zeigt recht anschaulich, mit welchen Foltermethoden Unwillige zu rechnen hatten, und informiert über die damaligen Zustände. Der Name »JEATH« wurde von den Kriegsgefangenen selbst geprägt und vom Englischen Wort »death«, also »Tod«, abgeleitet: J für Japan, E für England, A für Amerika, T für Thailand und H für Holland.

Die Soldatenfriedhöfe

Fast 7000 Kriegsgefangene liegen auf dem Soldatenfriedhof (War Cemetery) von Kanchanaburi begraben. Auf den Gedenktafeln ist das Alter der Verstorbenen zu lesen.

Der kleinere Soldatenfriedhof der Alliierten (Chung Kai) am westlichen Flussufer wird seltener von Touristen besucht.

KLEINE PAUSE

Die Atmosphäre und der Blick vom **Floating Raft Restaurant** (bei der Thanon Saeng Chuto, Tel. 03 451 25 95, tgl. 9–22 Uhr) sind herrlich, die Küche ist traditionell und günstig. Buffet gibt es nachmittags, es kostet 250 Baht pro Person.

---

i

Tourist Information
225 D4/5 ✉ 14 Saeng Chuto Rd.
☎ 03 451 12 00
www.tourismthailand.org

Kanchanaburi War Cemetery
✉ 284 Saeng Chuto Rd.
☎ 03 451 15 00
tgl. 8–17 Uhr, frei

JEATH War Museum
✉ Pak Phreak Rd.
tgl. 8.30–16.30 Uhr, 50 Baht

World War Museum
✉ River Kwai ☎ 03 451 52 03
tgl. 9–18 Uhr, 50 Baht

㉑ Damnoen Saduak

Was?	Der letzte der einst zahlreichen schwimmenden Märkte
Warum?	Exotischer geht's nicht
Wie?	Mit dem Bus ab Bangkok oder im Rahmen einer geführten Tour
Wann?	Täglich ab 7 Uhr bis mittags, am schönsten bis 9 Uhr
Wie lange?	Ein, zwei Stunden
Was noch?	Den Markt kann man auf dem Weg nach Kanchanaburi (S. 77) oder Phetchaburi (S. 158) besuchen
Resümee	Die buntesten Marktszenen, die Sie in Thailand sehen werden

Der mit Abstand beliebteste Tagesausflug von Bangkok hat die schwimmenden Märkte von Damnoen Saduak zum Ziel, etwa 100 km westlich bei Samut Songkhram. Allmorgendlich ab etwa 7 Uhr bieten auf den verzweigten Khlongs (Kanälen) des Provinzortes Hunderte farbenfroh gekleidete Marktfrauen in kleinen Holzbooten ihre Waren an. Nur der Vermarktung durch den Tourismus ist es zu verdanken, dass dieser letzte von früher mehreren hundert Floating Markets in Bangkoks Umgebung heute noch existiert, denn mit dem Ausbau der Straßen verloren die Kanäle an Bedeutung, der Handel auf dem Wasser wurde überflüssig.

Der schwimmende Markt von Damnoen Saduak gehört zu den touristischen Highlights Zentralthailands. Und er ist wahrlich eine Augenweide: Auf manchen Booten sind frische Kokosnüsse hoch aufgetürmt, wieder andere haben Knoblauchzwiebeln geladen – es gibt eine riesige Auswahl an Obst und Gemüse.

Buntes Markttreiben

Eigens für die Besucher wurden Brücken und Fußwege angelegt, die nicht zuletzt den Hobbyfotografen optimale Perspektiven ermöglichen, denn malerisch sind die Märkte nach wie vor. Gegen 9 Uhr etwa, wenn die zahlreichen organisierten Touren eintreffen, bleibt dem Lokalkolorit aber nur noch wenig Raum. Es heißt also, sehr früh aufstehen und den ersten Linienbus Nr. 78 um 5.20 Uhr nehmen, um

Die Qual der Wahl: frische Waren auf dem schwimmenden Markt Damnoen Saduak

vor dem größten Touristenansturm in Ruhe entlang der Marktkanäle umherschlendern zu können. Die Fahrt dauert etwa zwei Stunden, und von der Haltestelle aus sind es noch etwa 2 km zum Zentrum des Marktes, dem Talat Khlong Ton Khem, die man in einem Songthaew (Sammeltaxi) oder auch im Mietboot zurücklegen kann. Letzteres ist eindrucksvoller, und auch für die Besichtigung des Marktes zu empfehlen.

Der wichtigste und älteste Teil des Marktes wird auf dem Talat Khlong Ton Khem abgehalten; auf dem parallel verlaufenden Kanal Talat Khlong Hia Kui findet ein eher touristisch orientierter Markt statt. Er wird von Brücken überspannt, von deren Höhe sich das bunte und geschäftige Markttreiben überblicken lässt. An den Ufern werden zum größten Teil Souvenirs wie Fächer, Hüte und Gewürze verkauft.

KLEINE PAUSE

Herrlich erfrischend ist das Wasser einer **Kokosnuss** – suchen Sie sich eine aus und genießen Sie den Moment!

---

225 E4
www.floating-market-bangkok.com
tgl. 7–11 Uhr

Paddelboote 400 Baht/Std., Longtailboote 800–1000 Baht/Std.

㉒ Ayutthaya

Was?	Thailands alte Hauptstadt (nach Sukhothai und vor Bangkok)
Warum?	Über 500 Ruinen erinnern an die einstige Pracht der »Goldenen Stadt«, die UNESCO-Weltkulturerbe ist
Wie?	Mit Bus oder Bahn oder einer geführten Tour
Wie lange?	Mindestens einen Tag, am besten per Mietrad
Was noch?	Der in einen Feigenbaum eingewachsene Buddhakopf
Resümee	Bedauern darüber, dass von dieser einst wohl ganz einzigartigen Stadt nur Ruinen übrig geblieben sind

Die ehemalige Hauptstadt Siams, Ayutthaya, wurde 1350 gegründet und war einst die bedeutendste Metropole Asiens. 1431 besiegte Ayutthaya das Khmer-Großreich von Angkor und übernahm dessen Kultur. In ihrer Blütezeit im 17. Jh. hatte die Stadt eine Million Einwohner.

Für über 400 Jahre und 33 Könige war Ayutthaya Macht- und Kulturzentrum des siamesischen Reiches. Das eigentliche Stadtzentrum, auf drei Seiten von Flüssen gesichert, auf der vierten durch einen künstlichen Kanal, maß etwa 3 x 5 km und reichte schon Mitte des 16. Jhs. nicht mehr aus, alle Menschen und Bauwerke unterzubringen. So dehnte sich die Stadt mit dem Beinamen »Die Goldene« weit über ihre natürlichen Begrenzungen aus. Reisende und Europäische Gesandte schwärmten noch vor rund 250 Jahren von Ayutthaya als der schönsten Stadt der Welt. Geschmückt mit rund 400 Tempeln, 30 Festungen und drei Palästen gab es zur damaligen Zeit nichts Vergleichbares auf Erden, und vor den 94 Toren der mit mächtigen Wällen stark befestigten Stadt lagen damals noch Segelschiffe und Dschunken aus Europa, Asien und Arabien.

Ein kulturelles Kleinod – bis zur vollständigen Vernichtung durch die Burmesen im Jahre 1767. Die verwüstete Stadt wurde nie wieder aufgebaut, Generationen von Thais holten sich hier ihr Baumaterial, und erst 1956 begann man zögernd mit Restaurationsarbeiten. Noch heute stößt man auf stumme Zeugen vergangener Größe, und die zahllosen Ruinen, die seit 1991 als Historical Park Ayutthaya auf der Weltkulturerbeliste der UNESCO stehen, lassen erahnen, von welcher Pracht die Stadt einst gewesen sein muss. Das heutige Ayutthaya ist mit rund 52 000 Einwohnern zwar nicht mehr »golden«, aber dank der Flusslandschaften immer noch recht angenehm.

Rundgang durch Ayutthaya

Die Ruinenstätte wird von drei Flüssen begrenzt und grenzt an einen modernen Ortsteil von Ayutthaya. Vom Bahnhof geht man direkt über die Straßenkreuzung. Mit einer Fähre gelangt man über den Fluss, wendet sich in der Thanon Naresuan in die zweite Querstraße auf der linken Seite und erreicht den Wat Mahathat. Diese größte und bedeutendste Tempelanlage stammt aus dem 14. Jh. und umfasst einen Königstempel. Buddha-Statuen, die erst 1956 in den Ruinen gefunden wurden, befinden sich heute im Chao Sam Phraya National Museum (S. 86). Besonders beachtenswert ist das oft fotografierte Haupt einer Buddha-Statue, das von den Wurzeln eines Feigenbaumes umwachsen ist.

Der gegenüberliegende Wat Ratchaburana wurde 1424 an der Einäscherungsstätte zweier Könige errichtet, deren Asche in den Chedis verwahrt wurde. Stufen führen in eine Gruft mit verblassten Wandmalereien hinab. Folgt man der Straße weiter, gelangt man zum einen Kilometer entfernt liegenden Phra Mongkhon Bophit, in dem eine 13 m hohe,

Immer hübsch der Reihe nach: Buddhas am Wat Yai Chai Mongkol

Wat Phra Si Sanphet

Der Wat Phra Si Sanphet, auch Königstempel genannt, stammt in seinen Grundzügen aus dem 15. Jh. und wurde zunächst als Staatstempel von König Borommatrailokanat errichtet. Dessen Sohn Ramathibodi II. fügte zwei Chedis hinzu, in denen die Reliquien seines Vaters und seines Bruders ruhen sollten. Der dritte Chedi wurde nach Ramathibodis II. Tod errichtet, um wiederum dessen sterbliche Überreste aufzunehmen. Nach der Zerstörung durch die Burmesen blieben die Ruinen sich selbst überlassen, bis sie 1991 als Weltkulturerbe anerkannt wurden.

1 Den östlichen der drei großen Chedis ließ König Ramathibodi II. 1492 als Mausoleum für die Asche seines Vaters Borommatrailokanat errichten. Er überstand als Einziger die burmesische Invasion.

2 Hier ruhten die Überreste des älteren Bruders von Ramathibodi II.

3 Die Asche Ramathibodis II. wurde in diesem Chedi beigesetzt, den sein Sohn und Nachfolger König Borommaracha IV. im Jahr 1530 errichten ließ.

4 Die Gebäude zwischen den einzelnen Chedis waren vermutlich Bibliotheken *(mondhops)*.

5 Vor der Terrasse, etwa im Zentrum des Tempelbezirks sind noch Reste (Säulen und Mauern) des großen Viharn zu sehen, der einst eine 16 m hohe, vergoldete Buddha-Figur enthielt. Die Trümmer dieser Statue, von der die Burmesen den Goldüberzug ablösten, sind von König Rama I. im Wat Pho in Bangkok untergebracht worden.

Alle drei Chedis wurden von den plündernden Burmesen geöffnet und ausgeraubt, dabei entgingen ihnen allerdings Hunderte von kleinen Buddha-Statuetten aus Bronze, Kristallglas, Silber, Blei und Gold, die heute im Nationalmuseum von Bangkok ausgestellt sind. Weitere kleinere Buddha-Statuen wurden im Wat Buddhaisawan und im westlichen Viharn des Wat Pho (beide in Bangkok) aufgestellt.

vergoldete Buddha-Statue steht, die Rekonstruktion einer Statue aus dem 15. Jh. Die glänzende Vergoldung wurde 1992 erneuert. Noch heute wird die Andachtsstätte von zahlreichen thailändischen Gläubigen aufgesucht, die Lotusblüten, Weihrauchkerzen und Goldblättchen spenden.

Gegenüber liegt der Wat Phra Si Sanphet (S. 84), der zur Zeit der Gründung des Reiches als Königspalast errichtet wurde. Die Ruinen wurden zum Teil restauriert. Ein königlicher Tempel entstand 1448, dem später Chedis zur Verwahrung der Asche von Verstorbenen sowie königliche Säulenhallen hinzugefügt wurden.

In der Nähe liegt das Chao Sam Phraya National Museum, das mit Goldschätzen angefüllt ist. Am Ende der Straße beeindruckt auf der rechten Seite der Wat Lokayasutharam mit einer 37 m langen, ruhenden Buddha-Statue. Das Haupt der Statue ist auf Lotus gebettet.

Am friedlichen grünen Flussufer am Ortsrand steht der eindrucksvolle Wat Chai Watthanaram. Man gelangt dorthin, indem man vom Wat Lokayasutharam nach links in die Thanon Khlong Thaw und dann in die erste Abzweigung nach rechts, über die Brücke und nach links geht. In dem Tempel fanden einst königliche Einäscherungszeremonien statt. Er wurde im Khmer-Stil des Reiches Angkor errichtet. Der zentrale Turm (Prang) der Tempelanlage steht inmitten

Zeuge alter Pracht und Größe: Wat Chai Watthanaram

von vier kleineren Türmen, die wiederum von acht noch kleineren Türmen umgeben sind. Diese Anordnung symbolisierte in der Kosmologie der Khmer den Mittelpunkt des Universums.

Verwunschen: das von Wurzeln überwachsene Haupt einer Buddha-Statue

Abstecher nach Bang Pa-In

Ist Ihre Zeit auch noch so knapp bemessen, einen Abstecher zum rund 19 km von Ayutthaya entfernten Bang Pa-In dürfen Sie sich auf gar keinen Fall entgehen lassen, denn nicht ohne Grund klicken hier die Kameras tagtäglich im Akkord. Angeblich ist diese Sommerresidenz der thailändischen Könige gar die meistfotografierte Stätte Thailands nach dem Wat Phra Kaeo (S. 46)! Doch wie auch immer, ein architektonisches Kleinod ist die bereits aus dem 17. Jh. stammende und im 19. Jh. erweiterte Palastanlage definitiv, vereint sie doch auf kleinstem Raum ein faszinierendes Nebeneinander von in unterschiedlichsten Stilen errichteten Palästen – hier ein Holzpavillon im Thai-Stil, dort ein »italienisches« Schloss, da ein Rokoko-Pavillon neben einem Wassertempel im thailändisch-viktorianischen Mischstil.

Die ganze Anlage präsentiert sich als Märchen aus Farb- und Formharmonien. Krönendes Erlebnis eines Besuches ist die Tour »Back Roads to Bang Pa-In« von Ayutthaya Boat & Travel (http://ayutthaya-boat.com), bei der eine Strecke mit dem Fahrrad, eine mit dem Boot zurückgelegt wird.

KLEINE PAUSE

Zu beiden Seiten der Brücke Pridi Damrong stehen schwimmende Restaurants zur Auswahl. Für Fischgerichte empfiehlt sich das luftige, besonders abends überaus beliebte **Phae Krung Kao** (S. 96) auf der südlichen Seite der Brücke.

---

i

225 E4
Si Sanphet Rd.
03 524 60 76
www.ayutthaya.net

Chao Sam Phraya National Museum
Si Sanphet Rd.
Mi–So 9–16 Uhr
150 Baht

Bang Pa-In
225 E5 tgl. 8–16 Uhr
100 Baht; Tour »Back Roads to Bang Pa-In« 2250 Baht

Nach Lust und Laune!

23 Erawan National Park & Hellfire Pass

Das Highlight des Erawan National Park ist sein spektakulärer Wasserfall, der gar als Nationalheiligtum gilt. Die siebenstufige Kaskade bildet ebenso viele Wasserbecken, die zum Schwimmen verlocken. Ein 2 km langer Wanderweg führt zur dritten Stufe hinauf (und erfordert festes Schuhwerk). Vor allem an Wochenenden und Feiertagen ist der Park, der 65 km von Kanchanaburi entfernt liegt, ein beliebtes Ausflugsziel der Thais. Wer die Ruhe der Landschaft genießen möchte, sollte einen Ausflug unter der Woche planen.

18 km nordwestlich der Endstation der »Todesbahn« (S. 78) in Nam Tok liegt der stillgelegte Streckenabschnitt Hellfire Pass, der höchste von mehreren Bergpässen und der tückischste Teil der Bahnlinie. Seinen Namen erhielt der Pass von den Gefangenen, die sich bei Nacht im gespenstischen Licht der Fackeln durch die Felsen arbeiten mussten. An diesem Streckenabschnitt starben drei Viertel der Gefangenen.

Zum Gedenken an die Todesopfer wurde das Hellfire Pass Memorial Museum eingerichtet. Bei einer 90-minütigen Wanderung auf einem markierten Weg passiert man den Standort einer Brücke, die von den Gefangenen »Pack of Cards Bridge« genannt wurde, weil sie dreimal wie ein Kartenhaus einstürzte. In Nam Tok hält der Bus, der regelmäßig über den Hellfire Pass von Kanchanaburi nach Sang-

Abkühlung gefällig? Der Erawan Waterfall lockt zum Bad.

khlaburi fährt. Der letzte Bus zurück nach NamTok und Kanchanaburi kommt um ca. 16.30 Uhr.

Der Sai Yok National Park liegt nahe Nam Tok und besticht durch zwei große Wasserfälle, mehrere Kalksteinhöhlen, Teakwälder und Quellen. Zahlreiche Tierarten sind im Park beheimatet, darunter das kleinste Säugetier der Welt, eine Fledermaus.

Erawan National Park
225 D5 ☎ 034 57 42 22
www.thainationalparks.com
tgl. 8–16.30 Uhr 300 Baht

Hellfire Pass Memorial Museum
225 D5
Ausgangspunkt des Wanderweges
www.hellfirepass.com
tgl. 9–16 Uhr frei (Spenden willkommen)

Sai Yok National Park
225 D5 ☎ 03 468 60 24
www.thainationalparks.com
tgl. 8–16.30 Uhr 300 Baht

24 Nakhon Pathom

Der Hauptanziehungspunkt von Nakhon Pathom (56 km westlich von Bangkok) ist der Phra Pathom Chedi, der als das höchste buddhistische Bauwerk weltweit gilt und obendrein das älteste Thailands ist. Der 127 m hohe Bau aus dem 5. Jh. beherrscht die Landschaft. Eine kurze Besichtigung des golden funkelnden Bauwerks ist in der Regel in organisierten Touren enthalten, die, von Bangkok ausgehend, auch einen Besuch des schwimmenden

Himmelsstürmer: der Phra Pathom Chedi

Marktes von Damnoen Saduak (S. 80) und der Stadt Kanchanaburi (S. 77) beinhalten.

Nakhon Pathom, um etwa 40 v. Chr. gegründet, gilt als eine der ältesten Städte des Landes und wird als Ursprungsort des thailändischen Buddhismus angesehen. Sehenswert ist im Ort auch das beim Chedi gelegene Phra Pathom National Museum.

225 E4

Phra Pathom National Museum
Phra Pathom Chedi ☎ 03 424 25 00
Mi–So 9–16 Uhr 30 Baht

25 Lop Buri

Das rund 90 km nördlich von Ayutthaya gelegene Lop Buri (ca. 58 000 Einwohner) gilt als eines der ältesten Siedlungsgebiete Thailands und ist, wie zahlreiche Funde belegen, schon in der Jungsteinzeit bewohnt gewesen. Im 6. Jh. bildete die Stadt eines der bedeutendsten Zentren der Mon-Kultur, vom 11. bis zum 13. Jh. war sie eine Provinzhauptstadt der Khmer, und ab dem 17. Jh. wurde sie zur alternativen Hauptstadt des Ayutthaya-Reiches ausgebaut.

Zu besichtigen gibt es daher zahlreiche Zeugnisse dieser längst vergangenen Zeiten, vor allem Tempelanlagen, von denen der Wat Phra Si Ratana Mahathat mit seinem Prang aus dem 12. Jh. am bedeutendsten ist. Sehenswert ist auch das Narai National Museum, das in einem Palast untergebracht ist und eine Sammlung von Buddha-Statuen und Antiquitäten besitzt.

Beide Sehenswürdigkeiten sind vom Bahnhof und Busbahnhof aus bequem zu Fuß zu erreichen. Wenn Sie sich dafür entscheiden, werden Ihnen unterwegs garantiert ein paar der insgesamt rund 2000 bis 3000 Gibbons begegnen, die von der Stadt Besitz ergriffen haben und sich – seien Sie unbedingt wachsam – vor allem auch blitzschnell alles greifen, was greifbar ist: Also etwa Handy und Handtaschen, Brillen und so weiter. Dieses »Affentheater« hat dazu geführt, dass Lop Buri heute jede Menge Tagestouristen anzieht, vor allem auch Thailänder, die gerade an den Wochenenden herkommen und angesichts der aufmüpfigen, diebischen Affenhorden ins Staunen geraten.

225 E5 Tourist Information/ Naraimaharat Rd. ☎ 03 677 00 96

Narai National Museum
Sorasak Rd. Mi–So 8.30–16.30 Uhr ☎ 03 641 14 58 50 Baht

Wat Phra Si Ratana Mahathat
tgl. 7–17 Uhr 50 Baht

26 Kamphaeng Phet Historical Park

Im 13. Jh. gehörte Kamphaeng Phet zum Königreich Sukhothai und war ein bedeutendes Zentrum des Khmer-Reiches. Die aus dieser Ära erhaltenen Bauwerke zählen heute zum UNESCO-Weltkulturerbe.

Eine der hiesigen Hauptsehenswürdigkeiten ist der Wat Phra Kaeo mit seinen von der Witterung zerfurchten Buddha-Statuen – der ursprüngliche Standort des weltberühmten Smaragdbuddha, der heute im Wat Phra Kaeo von Bangkok (S. 46) steht. Einen Besuch wert sind auch der Wat Phra That und der Schrein San Phra Isuan.

Im Nationalmuseum, das auf drei Gebäude verteilt ist, sind hochinteressante archäologische Funde aus allen Landesteilen, besonders natürlich von den Ausgrabungsstätten in Kamphaeng Phet, zu besichtigen.

⊕222 B2

Kamphaeng Phet Historical Park
☎ 05 585 47 36 ◷ tgl. 9–17 Uhr
🎟 100 Baht

Nationalmuseum
☎ 05 5711 570 ◷ Mi–So 9–16 Uhr
🎟 100 Baht

27 Umphang

Das Dorf Umphang liegt an der Grenze zu Myanmar (Burma) in einer der regenwaldreichsten Regionen des Landes. Nicht allzu viele Besucher verirren sich auf dem sogenannten Sky Highway, der einer 165 km langen Berg-und-Tal-Fahrt gleicht, in diese Gegend. In dem Gebiet, das man im Rahmen von Trekking- und Raftingtouren erkunden kann, liegen hübsche Bergdörfer.

Im Dorf und in der Umgebung, die zum größten Teil von Karen (S. 35) bewohnt sind, können Sie Elefanten bei der Feldarbeit beobachten, doch vor allem anderen ist es natürlich der von der UNESCO als Weltnaturerbe geschützte Wasserfall Ti Lo Su (S. 92), um den sich hier alles dreht. Hin kommt man am besten mit einer kombinierten Rafting-/Trekkingtour auf dem Mae Klong, der als einer der schönsten Flüsse des Landes gilt.

Oft genug strömt er unter Vorhängen aus Lianen und meterlangen Bartflechten durch einen regelrechten Waldtunnel dahin, und den krönenden Abschluss dieser Traumtour bietet dann der Ti Lo Su, der nicht nur als der höchste, sondern auch als der schönste der Tausenden Wasserfälle des Landes gilt. Genießer dehnen das Erlebnis auf drei Tage aus und verbringen dann die erste Nacht bei heißen Quellen im Urwald und die zweite am Fuß des Falls, bevor sie ein Ritt auf Elefantenrücken in die Zivilisation zurückbringt.

Gleiten Sie sanft über das Wasser des Mae Klong und erleben Sie ein kleines Flussabenteuer!

Magischer Moment

Dschungelbuch

Zwar ist Chiang Mai die unangefochtene Trekking-Hochburg Thailands, doch landschaftlich und auch in Sachen Flora und Fauna wesentlich spannender ist das Gebiet um Umphang, das teils sogar von der UNESCO als Weltnaturerbe geführt wird. Bis zu sechs Tage lange Urwaldtreks entlang der Grenze zu Myanmar werden hier durchgeführt, doch das Highlight ist der Ti Lo Su (S. 91), bei dem es sich – 300 m breit und 400 m hoch – um nichts weniger als den höchsten, größten und schönsten aller Wasserfälle Thailands handelt.

Umphang Adventures, https://umphangadventures.com

Als beste Zeit für Rafting-Abenteuer gelten die Monate Oktober bis Januar/Februar. Die meisten Unterkünfte in Umphang und auch in Mae Sot bieten organisierte Raftingtouren an. Zwei renommierte Veranstalter sind Thailand Tours und Umphang Adventures (S. 92), die sich zudem auch schon für andere Erlebnistouren gut bewährt haben.

↝ 222 B2

Thailand Tours
☎ 085 094 34 44
🌐 www.thailandtours.travel

Umphang Adventures
🌐 https://umphangadventures.com

28 Phra Chedi Sam Ong (Myanmar)

Der 282 m hohe Drei-Pagoden-Pass (Phra Chedi Sam Ong) ist ein Kontrollpunkt an der Grenze zu Myanmar (Burma), der seinen Namen drei unscheinbaren kleinen Chedis verdankt, die im 18. Jh. zur Bekräftigung des Friedens zwischen Thailand und Myanmar errichtet wurden. Die Spannungen, die heute im Grenzland herrschen, rühren von Kämpfen zwischen dem Militär von Myanmar und Rebellen her. Als Vorsichtsmaßnahme der thailändischen Regierung wurde Touristen lange Zeit der Grenzübergang nach Myanmar verwehrt. Falls die Grenze offen ist, wird Besuchern heutzutage eine Fahrt über die Grenze in das burmesische Dorf Payathonzu gelegentlich gestattet (es ist aber auf jeden Fall ratsam, sich vorab über die aktuellen Verhältnisse zu erkundigen).

Auf dem Markt, der zu beiden Seiten der Grenze abgehalten wird, gibt es exotische Waren zu sehen und zu kaufen, darunter handbestickte Gewebe aus Indien, Edelsteine aus Kambodscha und Schnitzereien aus Indonesien.

↝ 222 A1

29 Sangkhla Buri

Die Stadt liegt 20 km vom Drei-Pagoden-Pass entfernt und bietet angenehme Übernachtungsmöglichkeiten. Die beiden Stadtteile von Sangkhla Buri liegen auf zwei Hügeln und sind durch eine recht spektakulär aussehende Bambus-Fußgängerbrücke miteinander verbunden. Im alten Stadtteil leben überwiegend Angehörige der Volksgruppen Mon und Karen (S. 35), das neue Viertel ist von Thais bewohnt.

Ein Highlight ist der Stausee Vajiralongkorn (früher Khao Laem), aus dem teils noch die Giebel überfluteter Häuser und Baumwipfel herausragen, und den man im Rahmen organisierter Boots- oder Kanutouren entdecken kann.

Beim Wat Wang Wiwekaram findet allmorgendlich ein Markt statt, auf dem Handwerkswaren aus Myanmar, China und Indien verkauft werden.

↝ 222 A1

Wohin zum … Übernachten?

Preise für ein Doppelzimmer pro Nacht:
€ unter 2000 Baht
€€ 2000 bis 5000 Baht
€€€ über 5000 Baht

KANCHANABURI

Felix River Kwai €–€€

Am Westufer des Flusses Kwai liegt das Luxushotel in einem tropischen Park in unmittelbarer Nähe der berühmten Brücke (S. 77). Die Gästezimmer sind stilvoll elegant, und es gibt zahlreiche Gemeinschaftsbereiche, darunter zwei Pools, Sauna, Fitnesszentrum und Tennisplätze; es werden auch Fahrräder ausgeliehen.
225 D4/5 9/1 Moo 3, Thamakhan
03 455 10 00 www.felixriverkwai.com

Kasem Island Resort €€

Das Resort befindet sich in wunderschöner Lage im Süden der Stadt auf einer Insel im Fluss Mae Klong (kostenloser Bootstransfer). In hübschen, klimatisierten Steinbungalows, die alle große Fensterfronten sowie Balkone zum Fluss haben, wohnt man in angenehmer Entfernung zur betriebsamen Stadt.
225 D4/5
Kasem Island, Chukadon Pier, River Kwai
081 499 49 41 über www.booking.com

River Kwai Hotel €–€€

Das beliebte Hotel befindet sich in zentraler Lage, dabei aber in einiger Entfernung vom Fluss. Alle Zimmer sind klimatisiert. Das JEATH War Museum (S. 79) und der Soldatenfriedhof der Alliierten (S. 79) liegen in der Nähe. Es gibt ein Café, eine Disko und einen Swimmingpool.
225 D4/5 284/3–16 Thanon Saengchuto
03 451 33 48 www.riverkwai.co.th

Royal River Kwai Resort & Spa €–€€

Mehr als 60 Zimmer in ruhiger, optisch sehr ansprechender Lage am Fluss. Der Garten ist herrlich angelegt, und die Flussufer-Terrasse des Royal Restaurant (tgl. 10–22

Abhängen am River Kwai

Uhr) ist wie geschaffen für ein romantisches Candlelight Dinner. Alle Zimmer verfügen über einen Balkon mit Flussblick. Das Spa ist im Vergleich zu den Preisen in Bangkok oder Chiang Mai günstig.
225 D4/5 88 Kanchaburi-Saiyok Rd.
03 467 06 21
https://royalriverkwairesort.com

U Inchantree Kanchanaburi €€

Ein charmantes Boutiquehotel am gegenüberliegenden Ufer vom Felix River Kwai. Die Zimmer liegen auf der schmalen Seite, sind aber komfortabel ausgestattet. Pluspunkte sind der kostenlose Fahrradverleih, der große Swimmingpool und der sehr gut ausgestattete Fitnessraum sowie das Restaurant Peppers mit Terrasse am Fluss.
225 D4/5 433 Mae Nam Khwae
03 452 15 84 www.uhotelsresorts.com

AYUTTHAYA

Baan Thai House €€

In dieser inmitten eines kleinen Tropenparks mitsamt Lotussee gelegenen Anlage stimmt einfach alles: die locker im gepflegten Grün verstreut liegenden Komfortvillen im Thai-Stil, das aufmerksame Personal, die Speisen der Thai-Küche, das Ausflugsangebot und nicht zuletzt der kostenlose Fahrradverleih. Man kann hier eigentlich nur begeistert sein!
225 E5 199/19 Moo 4, Tambol Pailing
08 04 37 45 55 www.baanthaihouse.com

Kantary Hotel €€

Ein neues Hochhaushotel mit hervorragender Ausstattung und freundlichem Personal, rund zehn Autominuten vom Stadtzentrum entfernt. Sogar die Studiozimmer sind

großzügig, die größeren Suiten mit einem oder zwei Schlafzimmern verfügen über Küche und Waschmaschine. Alle Zimmer haben Balkon. Ein Pool, eine Sauna und ein Fitnesszentrum vervollständigen den Komfort.
225 E5 168 Moo 1, Thanon Rojana
03 533 71 77
www.kantaryhotel-ayutthaya.com

Krungsri River €
Am östlichen Ende der Brücke Pridi Damrong liegt eines der besseren Hotels im Stadtzentrum mit Aussicht auf den Fluss Pa Sak. Das imposante Foyer lässt hohe Erwartungen aufkommen, die von den gemütlich-elegant eingerichteten Zimmern auch nicht enttäuscht werden. Ein schöner Swimmingpool gehört neben Fitnesscenter, Sauna, Bowlingbahn und Pub zu den Annehmlichkeiten des Hotels.
225 E5 27/2 Moo 11, Thanon Rotchana
03 524 43 33 www.krungsririver.com

SUKHOTHAI

Legendha Sukhothai Resort €€
Die direkt beim Historical Park gelegene Anlage entpuppt sich als Boutique-Resort inmitten eines idyllischen Tropengartens. Die 68 Gästezimmer befinden sich in traditionellen thailändischen Gartenbungalows um einen kleinen Pool. Das Büfettfrühstück ist über dem Durchschnitt und das Abendessen lecker und sättigend, wenn auch nicht extravagant.
222 B3 214 Moo 3 Muangkao, Muang
05 569 72 14 www.legendhasukhothai.com

Lotus Village €
Ein französisch-thailändisches Ehepaar betreibt dieses zauberhafte Resort-Hotel in der Nähe des zentralen Marktes von Sukhothai. Hier wohnen Sie in gemütlichen Holzbungalows mitten in einem schattigen Garten in der Nähe des Flusses Yom. Das Haupthaus, in dem das Frühstück serviert wird, ist mit Antiquitäten und Schnickschnack dekoriert, die von den Besitzern auf ihren weiten Reisen gesammelt wurden.
222 B3 170 Thanon Ratchathanee
081 533 62 88 auf Facebook

Sabaidee €
Das Sabaidee ist ein elegant eingerichtetes Gästehaus in guter Lage zwischen Busbahnhof und Stadtzentrum. Es bietet Bungalows mit Ventilator oder Klimaanlage oder Zimmer im Haupthaus mit Gemeinschaftsbad. Im tropischen Garten befindet sich außerdem ein Restaurant, ein Wäschereiservice und eine Fahrrad- und Motorradvermietung. Das Personal hilft gern bei der Organisation von Ausflügen in die Umgebung.
222 B3 81/7 M13 Charodwithithon Rd.
089 988 35 89 auf Facebook

Tharaburi Resort €€–€€€
Das in Old Sukhothai nahe beim Historical Park gelegene Tharaburi Resort ist ein echtes Boutiquehotel mit 13 Zimmern im feinsten Asian-Contemporary-Style und einem Haus im thailändischen Stil. Im liebevoll gestalteten Garten laden ein schönes Restaurant klassischer Thai-Küche sowie ein hübscher Swimmingpool ein, es werden Touren organisiert, Fahrräder verliehen, Kochkurse angeboten.
222 B3 321/3 Muang Kao Napoh Rd.
05 569 71 32 https://tharaburiresort.com

PHITSANULOK

Grand Riverside €
Das Beton-Exterieur des mehrgeschossigen Grand wirkt farblos, aber die Innenbereiche wurden unlängst komplett renoviert. Die Lage am Fluß direkt gegenüber dem Night Market ist top in Phitsanulok. Das Restaurant Riverview Terrace mit Tischen im Freien serviert leckere thailändische und europäische Gerichte. Das großzügige Frühstücksbuffet lässt keine Wünsche offen. Der kostenlose Flughafentransfer ist ein nettes Extra.
222 C3 59 Praroung Rd.
05 524 83 33 www.tgrhotel.com

Sappraiwan Elephant Resort €–€€
Das Hotel liegt idyllisch in einer malerischen Hügellandschaft 50 km nordöstlich von Phitsanulok, die geprägt ist von Wasserfällen, Flüssen und Regenwald. Alle Zimmer des Haupthauses blicken entweder auf den

Fluss oder einen tropischen Park und sind mit viel Holz recht gemütlich ausgestattet. Ebenso die schicken Chalets, die locker im Park verteilt stehen. Das angeschlossene Elephant Sanctuary hat einen außerordentlich guten Ruf, es werden verschiedene Programme von bis zu sechs Tagen Dauer angeboten, darunter auch ein Volunteer-Programm, in dem man u. a. lernt, Elefanten zu führen. Außerdem stehen Rafting-Touren im Angebot.
222 C3 1/79 Moo 2, Tambon Kaeng Sopha ☎ 05 529 32 93 www.sappraiwan.com

Topland Hotel & Convention Centre €–€€
Einem großen Shoppingkomplex angegliedertes Hochhaushotel mit gleich mehreren Restaurants, Swimmingpool (Dachterrasse), Bars und modern ausgestatteten Zimmern und Suiten, die insbesondere von den höchsten Stockwerken aus eine weite Panoramasicht über die Stadt bieten und trotz der relativ günstigen Preise mit dem Komfort eines Spitzenhotels aufwarten.
222 C3 68/33 Thanon Akathotsarod ☎ 05 524 78 00 www.toplandhotel.com

LOP BURI

Lopburi Inn Resort €
Besucher von Lop Buri bleiben selten über Nacht, und wenn, dann zumeist in diesem Resort, das als das beste vor Ort gilt, aber rund 9 km außerhalb des Stadtzentrums gelegen ist (Songthaew kostet 10 Baht). Die Zimmer sind mit thailändischem Kunsthandwerk und Textilien recht nett ausgestattet, zum Angebot gehören Sauna, Fitnesscenter und ein großer Swimmingpool (der aber nicht immer ganz sauber ist).
225 E5 144 Thanon Phahonyothin (gegenüber dem Lopburi Inn Plaza) ☎ 03 642 07 77 auf Facebook

Traditionelles thailändisches Restaurant in Kanchanaburi

Wohin zum … Essen und Trinken?

Preise für ein Hauptgericht ohne Getränke:

€	unter 300 Baht
€€	300 bis 600 Baht
€€€	über 600 Baht

KANCHANABURI TOWN

Blue Rice Restaurant €
Die Flussuferlage ist gerade für ein Sunset-Dinner fantastisch, die Thai-Küche sensationell gut (vor allem das Massaman-Curry ist eine wahre Geschmacksbombe!), und die Preise sind fast wie »geschenkt«. Wer einmal hier gegessen hat, wird wiederkommen und bestimmt auch den eintägigen Kochkurs belegen, der damit beginnt, dass frühmorgens erst einmal all die erforderlichen Zutaten auf dem Markt eingekauft werden.
225 D4/5
153/4 Moo 4 Sutjai Bridge
☎ 03 451 20 17
www.applenoikanchanaburi.com
tgl. 8–22 Uhr

Felix River Kwai €€
Dieses Hotel (S. 94) mit mehreren Restaurants ist ideal für ein Frühstück, Mittag- oder Abendessen. Angeboten werden asiatische und internationale Gerichte. Die Lage am Fluss ist ein schönes Extra.
225 D4/5 Kanchanburi
☎ 03 455 10 00 tgl. 11–22 Uhr

AYUTTHAYA

Phae Krung Kao €€
In diesem attraktiven Floßrestaurant auf dem Pa Sak kann man sich entspannen und geruhsam dem geschäftigen Treiben auf den Flüssen zusehen. Die Spezialität sind

Fischgerichte. Es genießt auch einen guten Ruf bei den Einheimischen.

225 E5
südl. der Brücke Pridi Damrong, Moo 2, Thanon U-Thong
088 649 13 47 tgl. 10–22 Uhr

SUKHOTHAI

The Dream Café €€
Das schönste Restaurant in Sukhothai. Es ist mit antikem Schnickschnack dekoriert, und die Tische in den Ecken sind durch holzverkleidete Wände abgetrennt. Serviert wird eine Mischung aus thailändischer und westlicher Küche.

222 B3 86/1 Thanon Singhawat
091 191 04 49
tgl. 17–23 Uhr

Poo Restaurant €
Thailändische Klassiker und innovative Interpretationen der würzigen Thai-Suppe Tom Yam mit Wodka werden hier angeboten. Das einfache Restaurant ist sehr sauber und bietet eine angenehme Atmosphäre. Vegetarische Versionen der Gerichte sind auf Anfrage erhältlich. Einfach toll: die Sahnedesserts.

222 B3 24/3 Thanon Jarot Withithong
93 197 40 70
tgl. 9–23 Uhr

Wohin zum ... Einkaufen?

AYUTTHAYA

Im **Bang Sai Royal Folk Arts and Crafts Centre** (59 Moo 4, Tambon Chang Yai, Tel. 03 536 62 52, Di–So 8.30–16.30 Uhr) werden Einheimische in traditionellen Kunsthandwerken ausgebildet. Es liegt 24 km südwestlich von Ayutthaya, aber die Tour dorthin lohnt sich.

Das Einkaufszentrum **Ayutthaya Park Shopping Mall** (126 Thanon Asia, www.ayutthayacitypark.com) liegt etwas außerhalb des Ortes und bietet mit seinen vielen Läden eine große Auswahl.

SUKHOTHAI

Die schon im 13. Jh. in der Gegend von Si Satchanalai (nördlich von Sukhothai) gebrannte **Sawankhalok-Keramik (Seladon)** wird heute noch hergestellt. In Geschäften in Si Satchanalai und Sukhothai findet man eine Vielfalt dieser Produkte.

Das **Sathorn Gold and Textile Museum** mit Shop (Hwy. 101, Si Satchanalai, www.sathorngoldtextilemuseum.com, tgl. 10–18.30 Uhr) verkauft hochwertigen Gold- und Silberschmuck und lokal hergestellte Textilien.

Wohin zum ... Ausgehen?

FESTE

Zu den Großereignissen gehört die **River-Kwai-Woche in Kanchanaburi** (Ende Nov./Anfang Dez.). Die berühmte Brücke (S. 77) wird dann zum Schauplatz zahlreicher Veranstaltungen, deren Höhepunkt eine Sound and Light Show ist. Das Lichterfest **Loi Krathong** in der Vollmondnacht im späten Oktober/Mitte November findet im Sukhothai Historical Park statt, wobei die alten Bauwerke eindrucksvoll beleuchtet werden (S. 75).

AKTIVITÄTEN

Safarine (www.safarine.com) bietet schon seit gut 25 Jahren Trekking-, Rafting- und Kajaktouren an; auch mehrtägige. **Good Times Travel** (63/1 Mae Nam Kwai Rd., www.good-times-travel.com) bietet ein- bis viertägige Touren.

NACHTLEBEN

Kanchanaburi lockt mit allerhand Bars, die meist am Flussufer liegen. **The Resort** (318/2 Thanon Mae Nam Khwae, tgl. ab 18.30 Uhr) ist eine exklusive Bar mit (Thai-)Livemusik an jedem Abend. Die **Chopper Bar** (69/1 Thanon Jarod Withee Thong, tgl. ab 10.30 Uhr) in **New Sukhothai** ist ein beliebter Treffpunkt mit Terrasse und Livemusik.

In Chiang Mai gibt es Kunsthandwerk in Hülle und Fülle – hier entstehen auch fragile Kostbarkeiten wie diese Schirme.

Der Norden

Die Kulturmetropole Chiang Mai setzt einen urbanen Kontrapunkt zur landschaftlichen Schönheit dieser vielfältigen Region.

Seite 98–121

Erste Orientierung

Nordthailand, im Osten und Nordosten von Laos und im Westen und Nordwesten von Myanmar begrenzt, ist eine Region von atemberaubender landschaftlicher Schönheit, in der sich über 2500 m hohe Gebirgsketten mit üppigen Tälern abwechseln. Auch kulturell hat die Gegend einiges zu bieten, vor allem in und um Chiang Mai. Die lange, wechselvolle Geschichte dieser »Perle des Nordens« findet in Hunderten Tempeln ihren Ausdruck.

Daneben ist Chiang Mai ein Shoppingparadies par excellence: Geschäfte und Märkte dieser am Fuß von Thailands höchstem Berg gelegenen Metropole quellen geradezu über von Souvenirs und Kunsthandwerk, das von Legionen geschickter Handwerker in der direkten Umgebung produziert wird. Nirgends ist der »Spirit of Buddha« stärker als hier – und doch prägt nicht nur Buddhas Geist die Menschen. In den schwer zugänglichen Bergregionen leben über eine halbe Million Angehörige verschiedener Bergstämme, die in den letzten hundert Jahren aus Tibet, Myanmar und Bangladesch, Laos, Südchina, Vietnam und Kambodscha eingewandert sind. Jeder einzelne dieser Hilltribes hat einen anderen ethnischen Ursprung und pflegt eine andere Kultur. So mancher baut sogar Opium an. Daher hat der nördlichste Landesteil seinen Namen – Opium-Dreieck –, und Trekkingtouren in das Grenzgebiet zu Myanmar und Laos sind eines der großen touristischen Highlights in dieser faszinierenden Region. Kein Wunder, hat sie doch ein außerordentlich angenehmes Klima! Selbst Frieren ist hier möglich, zumindest zwischen November und März.

TOP 10

❷ ★★ Chiang Mai

❸ ★★ Hilltribe Trekking

Nicht verpassen!

㉚ Mae Hong Son

Nach Lust und Laune!

31 Golden Triangle

32 Mae Salong

33 Chiang Rai

34 Lamphun

35 Doi Khun Tan National Park

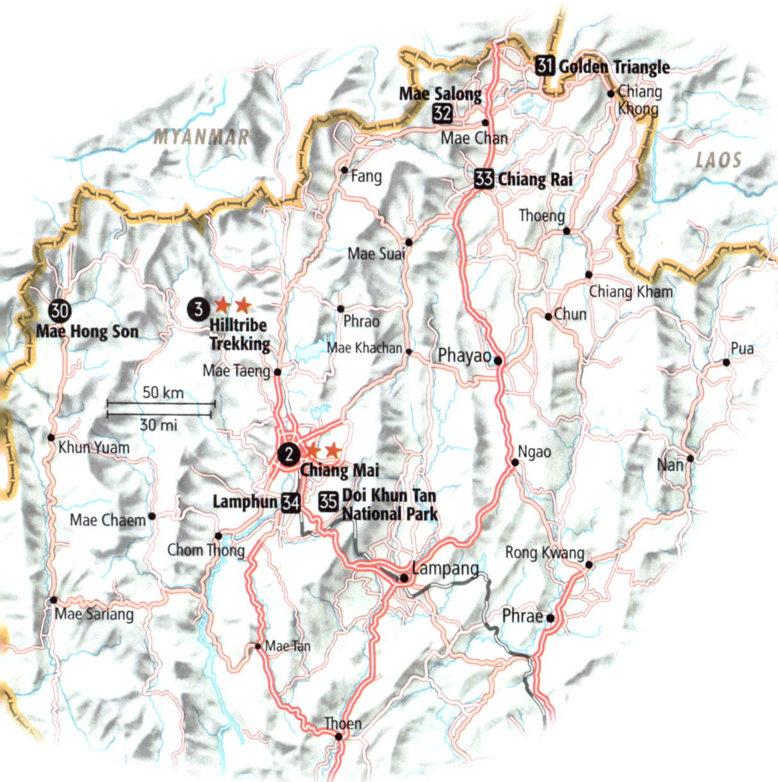

Mein Tag auf dem Shopping-Trail

Sie suchen etwas Asiatisches als Bereicherung für Ihr Zuhause oder Souvenirs für die Daheimgebliebenen? Dann begeben Sie sich auf den Shopping-Trail, denn nirgends sonst in Thailand wird so viel regionales Kunsthandwerk angeboten. Kaufrauschgarantie!

9 Uhr: Handicraft Highway

Offiziell trägt die Straße von ❷ ★★ Chiang Mai nach San Kamphaeng die Bezeichnung Highway 1006 – besser bekannt ist sie jedoch unter dem Namen Handicraft Highway. Und selbst wenn Sie nichts kaufen möchten, werden Sie an den in Hunderten, wenn nicht Tausenden Ausstellungsräumen prächtig in Szene gesetzten Seiden- und Lackarbeiten, Keramik- und Silberwaren, Lederarbeiten und Schirmen, Holzschnitzereien, Antiquitäten, Dekogegenständen und Kunstobjekten Ihre helle Freude haben. Sie können den Kunsthandwerkern, die hier wie am Fließband arbeiten, in unzähligen Werkstätten ein Weilchen auf die Finger schauen und so interessante Einblicke in die traditionellen Techniken gewinnen.

Am besten mieten Sie sich also in der Stadt einen Motorroller und folgen dem Straßenverlauf. Vier Stunden brauchen Sie mindestens, um sich einen ersten Überblick über all die Kostbarkeiten an der Strecke zu verschaffen. In San Kamphaeng stoßen Sie dann auf eine Fußgängerzone – und es lohnt sich auch, sich ins dortige »Foodie-Paradies« zu stürzen.

18 Uhr: König der Nachtmärkte

9 Uhr: Handicraft Highway

14 Uhr: Im Handicraft Village

Dekogegenstände besonders feiner Art für Ihr Zuhause finden Sie in Ban Tawai, dem Kunsthandwerkerdorf schlechthin. Lassen Sie sich von all der Pracht inspirieren, und zücken Sie das Portemonnaie – Sie können sich Ihre Schätze problemlos nach Hause schicken lassen.

14 Uhr: Im Handicraft Village

So üppig das Angebot ist, so vielfältig und unübersichtlich ist es auch. Suchen Sie nach einem bestimmten Kunsthandwerk? Dann führt kein Weg an Ban Tawai vorbei. Dieses Dorf ist auf Holzschnitzereien spezialisiert und steht im Ruf, das Handicraft Village Thailands schlechthin zu sein.

In rund einer halben Stunde ist es von San Kamphaeng aus mit dem Roller entlang des Highway 121 erreicht. Obwohl unterwegs zahlreiche Shops Woodcarving-Arbeiten anbieten, sollten Sie stracks durchfahren, denn was Sie in Ban Tawai in Sachen Holzschnitzkunst bekommen, ist unvergleichlich viel besser. Gerade die dreidimensionalen Arbeiten sind ganz und gar einzigartig, ebenso die Möbel, ob auf alt gemacht oder in modernem Design. Was auch immer Sie erwerben – Sie können es hier verpacken und verschicken lassen. Falls Ihnen der Magen knurrt: Etwas leckeres Thailändisches gibt's an jeder Ecke.

18 Uhr: König der Nachtmärkte

Rund 15 km sind es von hier über den Highway 108 nach Chiang Mai zurück. Am Ende der insgesamt ca. 60 km langen Tour stellen Sie den Roller ab, nehmen eine Dusche in Ihrer Unterkunft und machen sich auf den Weg zum berühmten Night

Thailand pur: Es ist herrlich, sich auf dem berühmten Night Bazaar Chiang Mais treiben zu lassen, ab und zu eine thailändische Spezialität zu kosten (links oben), das einzigartige Kunsthandwerk der Bergstämme zu bewundern (links unten) und sich mit Andenken wie etwa fein gearbeiteten Schirmen (oben) einzudecken.

Bazaar (S. 108). Er gilt als der König der Nachtmärkte in ganz Thailand, ist eine Haupttouristenattraktion der Stadt und erstreckt sich dicht mit Verkaufs- und Imbissständen sowie Restaurants bestückt entlang schmaler Trottoirs, von Plätzen und überdachten Hallen aufgelockert. Um sich mit Kunsthandwerk der Hilltribes einzudecken, aber auch mit Schmuck, Kleidung und Dekorationsobjekten, gibt es im ganzen Königreich wahrscheinlich keine günstigere Adresse, vorausgesetzt natürlich, dass Sie munter um den Preis feilschen und den erstgenannten um mindestens die Hälfte drücken. Lassen Sie sich vom Getümmel dieses Marktes mitreißen!

i

Rollerverleih

Roller bekommen Sie etwa bei Mr. Mechanic. Achten Sie stets auf die Versicherungsbedingungen, und führen Sie einen für die gewählte Fahrzeugklasse gültigen (internationalen) Führerschein mit. Es besteht Helmpflicht!

Mr. Mechanic
227 C2 ✉ 127/3 Th Moon Muang
☎ 093 304 51 50
www.chiangmai-motorcycle-rental.info

Ban Tawai
222 B4 www.ban-tawai.com
Mo–Sa 9.30–18 Uhr

❷ ★★ Chiang Mai

Was?	Thailands vielfältige Kulturhochburg
Warum?	Weil es im touristischen Zentrum des Nordens und dessen Umland viel zu sehen und zu erleben gibt
Wann?	Jederzeit
Wie lange?	Mindestens zwei bis drei Tage, gern länger
Was noch?	Fahrradfahren – so lässt sich die Altstadt mal anders besichtigen
Resümee	Überwältigende Impressionen und wahrscheinlich viel zu viel Kunsthandwerk im Gepäck

Man kennt Chiang Mai als Shoppingperle des Landes, die als »Rose des Nordens« gerühmte Metropole zu Füßen 1300 m hoher Bergzüge ist aber auch wegen des oft angenehm kühlen Bergklimas, der attraktiven Lage inmitten schöner Natur und wegen ihrer rund 300 Tempel ein Touristenmagnet.

Gegründet vor über 700 Jahren von König Mengrai, war Chiang Mai schon im 14. Jh. Hauptstadt eines autonomen Königreiches, das während seiner Blütezeit große Teile des heutigen Laos und Myanmar umfasste. Selbstbewusst versuchten seine Machthaber im 16. Jh. sogar, das Thai-Königreich Ayutthaya herauszufordern. Doch dieser Krieg zehrte das Land aus und ließ den Stern von Chiang Mai sinken, das 1556 von den Burmesen für 200 Jahre besetzt wurde. 1775 wurde es von Bangkok aus zurückerobert.

Golden funkelnder Wat

Dieser wechselhaften Geschichte verdankt die in einer fruchtbaren Talsohle gelegene Stadt eine vielgestaltige Architektur, am schönsten ausgeprägt in den rund 300 Tempeln. Man muss sie nicht alle gesehen haben, aber vier sollten Sie mindestens besuchen. Am besten beginnen Sie mit dem über 600 Jahre alten Wat Doi Suthep. Er ist der bedeutendste Tempel Nordthailands und das Wahrzeichen Chiang Mais, liegt rund 16 km westlich der Stadt auf rund 1000 m Höhe und präsentiert sich als goldener Chedi, von dem aus man über weite Teile des Nordens blickt.

Chiang Mais zahlreiche Sehenwürdigkeiten lassen sich bequem zu Fuß erreichen. Wer allerdings zum Wahrzeichen Doi Suthep (links) möchte, ist zumindest auf ein Tuk Tuk angewiesen.

Klassische Bau- und Handwerkskunst

Zurück im Tal lassen Sie sich am besten gleich zur Altstadt bringen, um die anderen drei unbedingt sehenswerten Tempel zu besuchen. Starten Sie dann am besten zu Fuß am schön rekonstruierten Tha Phae Gate, von wo aus es nur ein kurzes Wegstück zum an der Thanon Ratchdamnoen gelegenen Wat Phra Singh ist. Die vielen reich verzierten Gebäude und die weiten Grünflächen machen diesen Tempel zu einem der auffallendsten der Stadt. Besonders sehenswert ist die unübersehbare Handschriftenhalle, ganz aus altersdunklem Teakholz errichtet und über und über mit filigranen Schnitzarbeiten verziert. Sie repräsentiert die klassische thailändische Bau- und Handwerkskunst schlechthin und gilt zusammen mit der königlichen Umkleidehalle im Grand Palace von Bangkok (S. 48) und dem königlichen Pavillon in Bang Pa-In (S. 87) als eines der besterhaltenen Beispiele klassisch-thailändischer Architektur.

Der Wat Chedi Luang wird von den 60 m hohen Überresten eines Chedis überragt. Im Tempel wurde einst der Smaragd-Buddha aus dem Wat Phra Kaeo in Bangkok (S. 46) bewahrt. In der Stadtsäule (Lak Muang) verehrt man den Schutzgeist der Stadt.

Der Wat Chiang Man ist der älteste Tempel Chiang Mais. Im Viharn (rechts vom Haupteingang gelegen) befinden sich zwei bedeutende Buddha-Statuen aus Marmor und Quarz.

Bunte Märkte

Der Night Bazaar ist ein Einkaufsparadies voller Lack- und Silberarbeiten, Holzschnitzereien, Antiquitäten und Gewürze, neben denen man aber auch Imitate von Designerprodukten findet. Die Marktstände reihen sich an der Chang Khlan Road zwischen der Thanon Tha Phae und Si Don Chai aneinander. Der Markt wird gegen 18 Uhr geöffnet und schließt um 24 Uhr. Auf dem Warorot Market (zwei Blöcke nördlich) werden vor allem lokale Waren und Haushaltsgegenstände verkauft.

Auf den Spuren der Bergvölker

Im The Highland People Discovery Museum sind Ausstellungen über die Bergvölker und ihre Lebensformen, Religionen, Kulturen, Trachten und landwirtschaftlichen Techniken zu sehen. Allein die schöne Lage des dreistöckigen Pavillons in einem See am Rama IX Lanna Park (am nördlichen Stadtrand von Chiang Mai) macht das Museum zu einem lohnenden Ziel. Das kunsthandwerkliche Zentrum im Erdgeschoss des Museums ist ebenso sehenswert, auch wegen der vielen lokalen Kunstgegenstände und der zivilen Preise.

KLEINE PAUSE

Für gute nordthailändische Küche empfiehlt sich das Restaurant **Huen Phen** (S. 120) in der Thanon Ratchamankha.

Tourist Information (TAT)
225 B4
105/1 Thanon Chiang Mai-Lamphun, gegenüber der Brücke Lek
05 324 86 04
www.tourismthailand.org
tgl. 8.30–16.30 Uhr

Wat Doi Suthep
222 B4 Thanon Huay Kaew
tgl. 6–17 Uhr 50 Baht

Wat Phra Singh
227 B2 Thanon Ratchdamnoen
tgl. 6–20 Uhr 50 Baht

Wat Chedi Luang
227 B/C2 Thanon Phra Pokklao
6–22 Uhr 50 Baht

Wat Chiang Man
227 B/C1 Thanon Ratchaphakhinai tgl. 6–17 Uhr Spende erbeten

Night Bazaar Chiang Mai
227 D2 Thanon Chang Klan
tgl. 17–24 Uhr

Warorot Market
227 D2 Ecke Thanon Chang Moi und Thanon Praisani tgl. 5–18 Uhr

The Highland People Discovery Museum (Museum der Hochland-Ethnien)
222 B4
King Rama IX Park
05 321 08 72
Mo–Fr 8.30–12, 13–16 Uhr frei

3 ★★ Hilltribe Trekking

Was?	Mehrtägige geführte Wanderungen zu in den Bergen lebenden ethnischen Minderheiten
Warum?	Um Einblick ins Leben jener Volksgruppen zu bekommen
Wann?	Möglichst nicht, wenn es extrem heiß ist
Wie lange?	Ein- bis siebentägige Touren werden angeboten, drei Tage sollten es aber mindestens sein
Was noch?	Ein Gespür dafür bekommen, auf welche Weise der Tourismus die besuchte Region verändert
Resümee	Sehr gemischte Gefühle

Obwohl von der Regierung nicht geliebt, werden die im hohen Norden des Landes lebenden Bergvölker als die touristische Attraktion der Region schlechthin gepriesen – und im Rahmen von Trekkingtouren vermarktet.

Indem der Tourismus das Interesse an authentischen Erlebnissen bedient, trägt er dazu bei, dass neue Dörfer erschlossen werden. Da ist verantwortungsvolles Handeln gefragt, denn schlimmstenfalls kommen die Menschen als Gäste, benehmen sich jedoch wie Zoobesucher, indem sie mit Kameras in die Dörfer einfallen und Uhren, Bonbons und Baht verteilen – so werden die bestaunten Traditionen Stück für Stück untergraben. Dies zu beschränken, bedingt eine gehörige Portion »sanften Tourismus«, wie er z. B. von

Nicht immer nur zu Fuß: Manche Trekkingtouren beinhalten auch Floßfahrten, etwa auf dem Mae Nam Ping.

Thailand Ecotour angeboten wird. Fotografieren nur mit Erlaubnis, dezente Kleidung und der Verzicht auf Verhaltensweisen, die als unangemessen empfunden werden könnten, sollten da selbstverständlich sein.

Wer übrigens vor allem am eigentlichen Trekking, am Abenteuer in der Natur, interessiert ist und weniger an den Bergvölkern (S. 34) selbst, wird vom Hilltribe Trekking enttäuscht sein: Der lichte, meist sekundäre Monsunwald ist kein Dschungel, die Fauna macht sich rar, und die meisten Touren sind eher längere Spaziergänge als »Adventure Trips«.

Die Häuser des Bergvolks der Lahu sind auf Stelzen und überwiegend aus Bambus errichtet.

Ökologischer Tourismus

Schon seit über 40 Jahren sind Hilltribe-Trekkingtouren der Renner im Norden Thailands. Der Hauptausgangspunkt ist Chiang Mai, weshalb sich hier auch viele Agenturen finden, die Trekkingtouren aller Schwierigkeitsgrade und Längen mit und ohne tägliche Elefantenritte sowie mit oder ohne Floßtouren anbieten. Umweltbewusstsein darf man von diesen Veranstaltern jedoch nicht erwarten.

Wer Wert auf Nachhaltigkeit legt, ist gut beraten, mit Pooh Eco-Trekking auf Tour zu gehen. Und wer sicher sein möchte, dass auch die besuchten Bergvölker von dem Besuch profitieren, empfiehlt sich Thailand Eco Tour, eine Unterorganisation der bergvolkeigenen Mirror Foundation; deren Website (www.themirrorfoundation.org) präsentiert sich u. a. als virtuelles Museum und informiert zugleich.

KLEINE PAUSE

Auf der Trekkingtour ist für einfache Kost gesorgt. Es empfiehlt sich jedoch, selbst Proviant mitzubringen, etwa Obst.

Pooh Eco-Trekking
222 A/B 4/5
169 San Pu Loei, Do Saket
08 50 41 49 71
www.pooh-ecotrekking.com
Bietet auch Elefanten- und Survival- und Natur-Treks, Homestay-Aufenthalte in Hilltribe-Dörfern und ähnliche Abenteuer mehr.

Thailand Eco Tour
053 73 76 16
www.thailandecotour.org

Unterirdischer Fluss

Hier ein Rieseln, dort ein Krabbeln, irgendwo ein Flattern. Feuchtigkeit tropft von Stalaktiten, und langsam, ganz langsam zieht die sanfte Strömung das Bambusfloß ins schwarze Loch der Tham-Lot-Höhle hinein, die zu den beeindruckendsten Höhlensystemen Asiens zählt und Menschen der Urzeit als Begräbnisstätte diente. Wo der durch die Höhle fließende Fluss wieder austritt, klafft eine monumentale Grotte. Bei Sonnenuntergang schwärmen hier Myriaden Schwalben ein und Myriaden Fledermäuse aus – ein unvergessliches Erlebnis.
Tham-Lot-Tropfsteinhöhle, am Weg nach Pai bei Soppong, tgl. 8.30–17 Uhr

㉚ Mae Hong Son

Was?	Im äußersten Nordwesten gelegenes Tempelstädtchen
Warum?	Allein schon der bezaubernden Lage wegen
Wann?	Jederzeit
Wie lange?	Mindestens einen Tag
Resümee	Burmesisch inspirierte Tempelpracht – wie im Märchen

Die in einer grünen Talsohle inmitten von Reisfeldern und Wäldern gelegene »Stadt des Nebels« wurde um 1840 als Elefanten- und Holzfällercamp gegründet und fand erst Ende der 1960er durch eine Straßenverbindung den Anschluss ans 20. Jh. Nur 16 km sind es bis zur Grenze nach Myanmar. Diese Nähe zeigt sich überall in der Stadt, die mit vielen Kultursehenswürdigkeiten aufwartet.

Wunderschöne Tempel, herrlicher Blick

Ihre Tempel – es sind Dutzende – sind im verspielten burmesischen Stil gehalten, der seine schönste Ausprägung im Wat Chong Klang und im Wat Chong Kham findet. Beide sind mit filigranen Holzschnitzereien überzogen und schmücken mit ihren Türmen und Pagoden das Ufer des kleinen Sees Jong Kum, der mitten im Zentrum der Stadt in einem Park liegt.

Vom nahen Hausberg Doi Kong Mu haben Sie mit Abstand den schönsten Blick auf den Sonnenauf- und -untergang. Er schweift über die Stadt sowie die urwaldbedeckten Berge ringsum, und wenn der den Stadthügel schmückende Tempel Wat Doi Kong Mu vom roten Schein der Sonne auf das Herrlichste illuminiert wird, verlieren sich selbst unromantisch veranlagte Naturen im Staunen über die Schönheit der Welt.

Den überall in Mae Hong Son angebotenen Ausflug zu den »Langhalsfrauen« sollten Sie sich schenken: Diese Art der Zurschaustellung ist menschenverachtend.

Atemberaubendes Inland

Weitere Highlights der Stadt sind geführte Bootstouren auf dem Maenam Pai bis an die Grenze nach Myanmar. Erfrischung gefällig? Dann bietet sich eine Tour zum 27 km nördlich der Stadt gelegenen Wasserfall Nam Tok Pha Suea an, bei dem sich das Wasser des Maenam Nga Klang in ein schönes Badebassin ergießt (Juli–Nov.). Von dort sind es noch einmal rund 27 km auf sehr steiler Straße bis Mae Aw. Dieses Hill-

Der Wat Doi Kong Mu auf dem gleichnamigen Berg hüllt sich in Nebelschwaden.

tribe-Dorf breitet sich auf einem Hügel direkt oberhalb der Grenze zu Myanmar aus.

Und dann ist da natürlich die An- und Abreise über den Mae Hong Son Loop (S. 194) selbst, die gleich dutzendweise mit Natur- und Kulturschmankerln aufwartet. Insbesondere die Tham-Lot-Tropfsteinhöhle (S. 111) am spektakulären Weg von Chiang Mai ist einen Abstecher wert, wohingegen auf dem Highway 108 von Mae Hong Son zurück nach Chiang Mai der Weg selbst das Ziel ist: Wohl Tausende Kurven sind es, die hier zu nehmen sind. Und immer wieder kreuzen Arbeitselefanten und Wasserbüffel die teilweise durch dichtes Urwaldgrün führende Straße.

KLEINE PAUSE

Von der Restaurantterrasse **Golden Teak** (S. 120) des Hotels The Imperial Mae Hong Son Resort hat man einen wunderbaren Blick auf den großen Park. Im Restaurant **Bai Fern** (S. 120) werden schmackhafte Gerichte der chinesischen und thailändischen Küche serviert.

---

i

222 A5

Wat Chong Klang und Wat Chong Kham
Thanon Chamnansatit
tgl. 6–18 Uhr

Wat Doi Kong Mu
auf dem Doi Kong Mu
tgl. 6–18 Uhr

Mae Aw
222 nörd. A5

Nach Lust und Laune!

31 Golden Triangle

Das durch ein riesiges und täglich zigtausendfach abgelichtetes Tor gekennzeichnete Goldene Dreieck ist das Grenzgebiet des Dreiländerecks Thailand, Myanmar und Laos. Es umfasst den Zusammenfluss der Flüsse Mae Nam Ruak und Mekong.

Scharen von Touristen kommen jeden Tag in das Dorf Sop Ruak, in dem es folglich zahlreiche Souvenirstände und mehrere elegante Hotels gibt. Es war einstmals blühendes Zentrum des Opiumhandels und hat heute zwei Museen zum Thema: Das House of Opium Museum liegt im Zentrum, und die große Hall of Opium liegt gleich außerhalb, an der Straße nach Mae Sai, ein rund 35 km entferntes Städtchen, das nur durch einen schmalen Fluss von Myanmar getrennt und auch ein offizieller Grenzübergang ins Nachbarland ist.

Ein Aufstieg zum oberhalb von Sop Ruak gelegenen Bergtempel Wat Phra That Phu Khao wird mit einem schönen Rundblick über den Zusammenfluss des Maenam Ruak und Mekong sowie auf die Berge auf der Myanmar-Seite belohnt.

Auf dem Mekong kann man eine Bootsfahrt unternehmen und einen kurzen Blick auf Laos werfen. Auf burmesischer Seite sieht man das Golden Triangle Paradise Resort. Es gehörte Khun Sa, dem einstigen Chef der gegen die burmesische Zentralregierung kämpfenden Shan-Armee, die jahrzehntelang Drogenhandel und -produktion in der Region kontrollierte.

An Skippern herrscht am Dreiländereck kein Mangel, und im

Im äußersten Norden Thailands mündet der Fluss Ruak in den Mekong.

nahen Städtchen Chiang Saen werden Mekong-Flussfahrten bis nach Chiang Khong und nach Laos (Visumspflicht!) organisiert.

222 C5

House of Opium Museum
212 Moo 1, 30-km-Schild; südöstlich von Sop Ruak ☎ 053 78 40 60
tgl. 7–17 Uhr 100 Baht

Hall of Opium
Mu 1, Sop Ruak ☎ 053 78 44 44/6
auf Facebook
Di–So 8.30–15.30 Uhr 200 Baht

32 Mae Salong

Südchina in Thailand – hier ist es in Vollendung zu erleben, denn der auf einem 1350 m hohen Bergkamm gelegene Ort wird fast ausschließlich von Chinesen bewohnt. Die von den Thais Santi Khiri genannte Stadt (1400 Ew.) wurde in den späten 1950er-Jahren von Soldaten des 93. Kuomintang-Regiments gegründet, die vor Mao Tse-Tung aus China geflohen waren. In den ersten Jahren als »Grenzwächter« willkommen, begannen die Kuomintang-Chinesen schon bald, Opium anzupflanzen und kontrollierten schnell den gesamten Opium-Anbau im Goldenen Dreieck.

So blieb es bis gegen Anfang der 1990er-Jahre, und noch im März 1989 lieferte man sich ganz in der Nähe eine regelrechte Schlacht mit Verbänden der burmesischen Shan-Armee (S. 114), die im Opium- und Heroin-Geschäft ebenfalls mächtig mitmischte. Dann kam der Umschwung in Südostasien, Burma öffnete sich, ebenso China, das nur 150 km entfernt ist, und heute, so heißt es, floriert der Ort nur noch durch Handel. Und natürlich durch den Tourismus – insbesondere Chinesen reisen jährlich zu Zigtausenden an, um hier ein chinesisches Dorf zu sehen, wie man es heute in China kaum noch findet.

Mae Salong ist besonders: Umgangssprache ist Mandarin, Schutzgottheiten bewachen die mit chinesi-

Straßenmarkt in Mae Salong

schen Spezialitäten vollgestopften Läden, chinesische Tempel schmücken gepflegte Gärten, langbärtige Veteranen sitzen in Teestuben zusammen, und morgens kommen Angehörige der Bergstämme aus ihren Dörfern herauf. Dann mischen sich traditionell gekleidete Akhas und Karen, Shan, Lahu, Lisu und Meo unter die Chinesen.

Sehenswürdigkeiten im klassischen Sinn gibt es nicht, der schön gelegene Ort ist eine Attraktion für sich. Frühaufsteher besuchen den Morgenmarkt, Angehörige der

Bergvölker bieten Kunsthandwerk an. Die Sonnenauf- und -untergänge hier genießen Kultstatus.

222 C5 Markt 5.30–7/8 Uhr

33 Chiang Rai

Die rund 190 km nordwestlich von Chiang Mai am Ufer des Mae Nam Kok gelegene Stadt (ca. 80 000 Einwohner) gilt als Tor zum Opium-Dreieck und hat sich in den vergangenen Jahren zu einem touristischen Zentrum entwickelt. Das liegt nicht zuletzt an ihrer Lage am Ufer des Maenam Kok, der Chiang Rai mit dem Städtchen Thaton verbindet. Thaton ist von Chiang Mai aus schnell erreicht. Dort steigt man um in eines der Flussboote, die nach drei bis vier Stunden über den Maenam Kok das ca. 80 km entfernte Chiang Rai erreichen.

Da die Motoren oft unglaublich laut sind, lässt sich die teils noch sehr ursprüngliche Landschaft nur schwer würdigen. Wenn Sie die Zeit haben, lohnt es sich daher, die Strecke treibend auf einem Bambusfloß zurückzulegen, was in Thaton und Chiang Mai von zahlreichen Reisebüros angeboten wird. Der Trip dauert zwei bis drei Tage, unterwegs wird in am Fluss gelegenen Hilltribe-Dörfern übernachtet.

In Chiang Rai selbst gibt es einige schöne Tempel. Der Wat Phra That Doi Chom Thong ist vor allem wegen einer hölzernen Säule, Wohnsitz des Schutzgeistes der Stadt, einen Besuch wert. Ebenfalls sehenswert ist der weiße Wat Rong

Ganz in Weiß: Die Farbe des Wat Rong Khun soll Buddhas Reinheit symbolisieren.

Khun ein paar Kilometer von der Stadt entfernt. Kunsthandwerksläden, das Hilltribe Museum und ein Nachtmarkt sind weitere Sehenswürdigkeiten der Stadt, die hauptsächlich als Ausgangsort für Trekkingtouren dient.

222 B5 Motorboot ab Thaton tgl. zw. 6.25 und 14.25 Uhr, 385 Baht

Tourist Information (TAT)
B448/16 Thanon Singhaklai
053 74 46 74

Hill-Tribe Museum
620 Thanon Tanalai
053 74 00 88 www.pdacr.org
tgl. 8.30–17 Uhr 50 Baht

34 Lamphun

Die stille Stadt liegt am Fluss Kuang und ist ein schönes Ziel für einen Tagesausflug ab dem 26 km entfernten Chiang Mai. Lamphun war von 750 bis 1281 die Hauptstadt des Mon-Königreichs Haripunchai und weist noch heute zahlreiche Tempel aus jener Zeit auf.

Der Wat Phra That Haripunchai wurde vermutlich im 11. Jh. gegründet. Der 46 m hohe Chedi Suwan der Tempelanlage stammt aus dem 15. Jh. und ist vollständig vergoldet. Ein kleines Nationalmuseum beherbergt eine Sammlung religiöser Kunstgegenstände, darunter einige Buddhas.

Der Wat Chama Thewi (Wat Kukut) am anderen Ende der Stadt besitzt zwei der ältesten Chedis des Landes.

222 B4

Wat Phra That Haripunchai
Thanon Inthayongyot
tgl. 6–18 Uhr
50 Baht

Haripunchai Nationalmuseum
Thanon Inthayongyot
053 51 11 86 Mi–So 9–16 Uhr
100 Baht

Wat Chama Thewi
Thanon Chamadevi
tgl. 6–18 Uhr

35 Doi Khun Tan National Park

Der Nationalpark umfasst 255 km² Bambus-, Monsun- und Bergkiefernwälder. In seinen Grenzen liegt der 1373 m hohe Doi Khun Tan, der für seinen Reichtum an Wildblumen, vor allem Orchideen, berühmt ist. Obgleich der Park leicht von Chiang Mai aus zu erreichen ist, kommen im Vergleich zu anderen Naturschutzgebieten weniger Besucher; nur an Wochenenden und Feiertagen steigen die Zahlen.

Züge fahren von Chiang Mai zur Bahnstation des Nationalparks. Die Bahnlinie führt durch einen Tunnel, der mit 1362 m der längste des Landes ist. Wanderwege führen durch den Nationalpark und zum Gipfel. Gäste können hier in Bungalows und auf Campingplätzen übernachten.

222 B4
053 54 63 35
http://portal.dnp.go.th
100 Baht

Wohin zum ... Übernachten?

Preise für ein Doppelzimmer pro Nacht:

€ unter 2000 Baht

€€ 2000 bis 5000 Baht

€€€ über 5000 Baht

CHIANG MAI

Anantara Chiang Mai €€€

Das Hotel ist eine der ersten Adressen im Norden und liegt am Ufer des Mae Ping. Früher befand sich hier das britische Konsulat, dessen Hauptgebäude nun das Restaurant ist. Es gibt einen Pool und ein Spa. Die Zimmer sind mit Holzböden sowie Teak- und Rattanmöbeln ausgestattet. Perfekter Service.

227 D2 123 Charoen Prathet Rd.
053 25 33 33
www.anantara.com/th/chiang-mai

Four Seasons €€€

Das Resort liegt im Mae Sa Valley und ist von einem 8 ha großen Park umgeben. Große Bungalows sowie drei- und vierstöckige Villen mit prunkvollen Suiten liegen auf dem Gelände. Zu den Suiten gehören jeweils ein Pool oder ein Penthouse. In den Villen sind Haushälter/innen anwesend.

227 nörd. B1
Mae Rim–Samoeng Old Rd.
053 29 81 81 www.fourseasons.com

Lai Thai Guesthouse €

Nahe der Stadtmauer gelegenes Guesthouse mit über 100 klimatisierten Zimmern in drei Kategorien, wobei die »Luxury Rooms« den besten Gegenwert bieten. Sie sind mit Bambus verkleidet, haben Holzböden und moderne Ausstattung. Ein einfaches Restaurant (mit guten Thai-Gerichten ab 150 Baht) sowie ein Pool gehören dazu.

227 C2 111/4–5 Thanon Kotchasan
090 053 11 15 auf Facebook

Rimping Village €€

Das ruhige Resort bietet De-luxe-Zimmer, die ihren Preis wert sind. Sie verfügen über eine hübsche Terrasse. Es liegt zentral und bietet kostenlose Abholung vom Flughafen und hervorragenden, freundlichen Service.

227 D2 13/1 Soi 2, Chiangmai-Lamphun Rd., Thanon Wat Gate
05 324 39 15 www.rimpingvillage.com

River View Lodge €–€€

Abseits der Hauptgeschäftsstraße am Fluss im Zentrum und doch relativ ruhig gelegenes Mittelklassehotel. Die komfortablen Zimmer sind im Lanna-Stil gestaltet: Wandbehänge, niedrige Rattantische und Lampions aus Holz oder Papier. 15 der 35 Zimmer haben einen Balkon mit Flussblick. Das Hotel liegt nicht allzu weit vom Nachtmarkt (S. 108) entfernt und hat u. a. einen Garten und einen Pool.

227 D2 25 Thanon Charoen Prathet
053 27 11 09 www.riverviewlodgch.com

Tamarind Village €€€

Im Zentrum der Altstadt zwischen Tempeln gelegen, vom Verkehrslärm durch Büsche und Bambus geschützt, ist diese u-förmig um einen 200 Jahre alten Tamarind-Baum errichtete Anlage eine elegante Oase der Ruhe. Durch die weiß getünchten Korridore, die auch den Pool umschließen, ergibt sich ein fast klösterliches Flair. Die Zimmer sind komfortabel mit Teakholzmöbeln und Antiquitäten ausgestattet. Eine schicke Spa-Abteilung, eine Kochschule und ein Restaurant mit klassischer Thai-Küche runden das Angebot ab.

227 C2 50-1 Ratchadamnoen Rd.
053 41 88 96 www.tamarindvillage.com

MAE HONG SON

The Imperial Mae Hong Son Resort €–€€

In Hanglage inmitten eines tropischen Parks am südlichen Stadtrand befindet sich dieses mehrstöckige Resort, das unvergleichliche Ruhe bietet. Die rund hundert Zimmer sind nordthailändisch mit burmesischem Einschlag gestaltet und haben trotz der günstigen Preise gehobenen Mittelklassekomfort. Die Restaurantterrasse (S. 120) gewährt Blick auf den Park und einen kleinen Fluss, der Pool wird von Teakbäumen beschattet.

222 A5 149 Moo 8, Tambon Pang Moo
053 68 44 44
www.imperialmaehongson.com

GOLDEN TRIANGLE/SOP RUAK

Anantara Golden Triangle €€€
Romantisch: Das luxuriöse Resort liegt am Zusammenfluss von Mekong und Ruak inmitten des Länderdreiecks von Thailand, Laos und Myanmar. Das Hotel im klassischen nordthailändischen Stil mit modernem Design ist von Bambuswäldern und einer 160 ha großen Parkanlage umgeben. Alle Zimmer gewähren einen großartigen Blick nach Laos und Burma. Es gibt Angebote für Mountainbike-Touren und Langbootfahrten auf dem Mekong.
222 C5 229 Moo 1, Chiang Saen, Chiang Rai 053 78 40 84
www.anantara.com

CHIANG RAI

Dusit Island Resort Chiang Rai €€€
Mit fünf Sternen gilt dieses Resort, obwohl etwas unpersönlich, als bestes Hotel in Chiang Rai. Es liegt auf einer Insel im Fluss am Stadtrand. Von den meisten Zimmern, die es in mehreren Komfortstufen gibt, genießt man tolle Blicke auf das Grün des Hotelparks.
222 B5 1129 Thanon Kraisorasit
053 60 79 99 www.dusit.com

Golden Triangle Inn €
Das im Tempelstil errichtete Hotel liegt in der Nähe des Stadtzentrums an einer verkehrsreichen Straße, weshalb manche der hellen und mit Klimaanlage und Kühlschrank ausgestatteten Zimmer viel Lärm abbekommen. Ein auf Touren spezialisiertes Reisebüro ist angeschlossen. Mit Fahrradverleih.
222 B5 590 Thanon Phaholyothin
053 71 13 39 auf Facebook

The Legend Chiang Rai Boutique River Resort & Spa €€–€€€
Die Lage des Vier-Sterne-Hauses am Ufer des Mae Kok ist ideal, denn nur wenige Minuten vom Stadtzentrum entfernt, wohnt man hier in großer Ruhe mit teils malerischer Aussicht. Die 78 Studios und Villen sind locker im Grün des Hotelparks verteilt und mit Holz aus der Region und Backsteinen sowie weiß verputzten Wänden im Lanna-Stil gebaut. Die Farben ergänzen die

Paradiesische Anlagen des The Legend Chiang Rai Boutique River Resort & Spa

eleganten Möbel perfekt. Die Badezimmer punkten mit großer Freiluftdusche.
222 B5 124/15 Moo 21 Thanon Kohloy
053 91 04 00
www.thelegend-chiangrai.com

Wohin zum … Essen und Trinken?

Preise für ein Hauptgericht ohne Getränke:

€	unter 300 Baht
€€	300 bis 600 Baht
€€€	über 600 Baht

CHIANG MAI

B Samcook Home16 €€–€€€
Die wechselnden Menus dieses sympathisch eingerichteten Restaurants punkten mit Thai-Rezepten, originell fusioniert mit vietnamesischen, japanischen und chinesischen Einflüssen; die Zutaten sind teils organisch.
227 nahe C1 5 Kampangdin Rd. Soi 3
091 854 53 91
www.facebook.com/thebfamilycnx
Di–So ab 11 Uhr

Café Soi €€–€€€
Soi bedeutet »Straße«, und so hat sich das schicke Café Soi kulinarisch ganz auf Thailands

berühmtes »Streetfood« spezialisiert. Essen wie auf einem Nachtmarkt also, allerdings viel feiner, wenn auch wesentlich teurer.
227 D1 D2 Hotel, 100 Changklan Rd.
053 99 99 99 tgl. 18–22 Uhr

Hinlay Curry House €–€€
Currys aus aller Welt werden in diesem hervorragenden Restaurant serviert, das etwas schwer zu finden ist (nehmen Sie ein Taxi). Es hat einen hübschen Garten am Flussufer.
227 D2 8/1 Na Wa Gate Soi 1
080 898 45 66 Do–Di 9.30–18 Uhr

Huen Phen €€
Gute nordthailändische Gerichte werden abends auf der Dachterrasse des Haupthauses und tagsüber in einem Holzhaus auf der Rückseite serviert. Zu den Spezialitäten gehören u. a. Schweinehackfleisch mit Tomaten und Chili sowie Aeb Pla (Fisch im Bananenblatt).
227 B2 117/1 Thanon Ratchamankha
053 28 11 00 www.baanhuenphen.com
tgl. 9–14, 18–22 Uhr

Le Coq d'Or €€€
In diesem feinen Restaurant können Sie in einem Speisezimmer im englischen Landhausstil oder im tropischen Wintergarten essen. Es serviert bereits seit fast 50 Jahren französische Küche. Es gibt auch bezahlbare Delikatessen wie Trüffelsuppe. Täglich außer sonntags wird Livemusik gespielt.
227 nahe D3 11 Soi 2, Koh Klang Rd.
053 14 15 55
www.lecoqdorrestaurant.com
tgl. 18–22 Uhr

Grünes Thai Curry ist ein Gericht der klassischen thailändischen Küche.

Old Chiang Mai Cultural Centre €€
Das mehrere Teakhäuser umfassende Kulturzentrum serviert beim Khantoke Dinner Traditionelles zu klassischer Thai-Musik mit Tanz. Dabei werden die Speisen auf einem niedrigen Tabletttisch (Khantoke) serviert. Auch das Auge isst hier mit!
227 B3 185/3 Thanon Wualai
053 20 29 93/5
https://oldchiangmai.com
tgl. 10–22 Uhr 690 Baht

MAE HONG SON

Bai Fern €€–€€€
In einem alten Holzhaus werden thailändische und chinesische Gerichte serviert. Freundliche Atmosphäre, schönes Ambiente. Das Restaurant, eines der besten hier, hat eine stimmungsvoll von Kerzen erleuchtete Terrasse.
222 A5 87 Thanon Khunlum Praphat
053 61 13 74
tgl. 11–14 und 17–21 Uhr

Golden Teak Restaurant €€
Das Restaurant gehört zum Hotelkomplex Imperial Resort (S. 118). Auf der Speisekarte stehen auch thailändische Gerichte – aber wenn Sie sich nach europäischem Essen sehnen, sind Sie hier genau richtig.
222 A5 149 Moo 8, Tambon Pang Moo
053 84 44 44
tgl. 6–24 Uhr

GOLDEN TRIANGLE/SOP RUAK

Border View €€
Die thailändischen, chinesischen oder internationalen Gerichte können Sie auf der Terrasse einnehmen – da herrscht eine viel schönere Atmosphäre als im eigentlichen Restaurant, das sehr groß ist.
222 C5
222 Golden Triangle Resort, Chiang Saen
05 378 40 01
www.imperialgoldentriangleresort.com
tgl. 6–22 Uhr

CHIANG RAI

Aye's Restaurant €–€€
Gegenüber dem Nachtmarkt und mit Sitzplätzen im Freien: Das Aye's ist ein Ort mit Atmosphäre und perfekt, um das Getümmel zu beobachten. Es gibt Thailändisches, vor allem aber (teure) internationale Klassiker.
222 B5 · 879/170 Thanon Phaholyothin
053 75 25 34 · tgl. 11–22 Uhr

Chivit Thamma Da €–€€
Kolonialstil-Café am Fluss mit schattigen Plätzen auf Terrassen. Es gibt Kuchen, Kaffees, Nordthailändisches und Internationales.
Mit Zutaten aus der Region.
222 B5 · 179 Soi 3, Rimkok
081 984 29 25 · www.chivitthammada.com
tgl. 8–21 Uhr

LAMPANG

Riverside Bar/Restaurant €
Das Lokal direkt am Fluss ist nicht nur der Aussicht, sondern auch der authentischen Thai-Gerichte wegen erste Wahl in Lampang. Fast allabendlich gibt es Livemusik thailändischer Bands, an den Wochenendabenden kann es hoch her gehen.
222 B4 · 328 Thanon Tipchang
05 422 18 61 · tgl. 13–22 Uhr

Wohin zum … Einkaufen?

CHIANG MAI

Der **Night Bazaar** (S. 108) ist ein Shopping-Mekka, der **Walking Street Market** (Thanon Ratchadamnoen, Sa 17–24 Uhr) eines für Kunst und Handwerk. Außerhalb der Stadt empfehlen sich die **Straße nach Sankhamphaeng** und Ban Tawai (S. 104).

Der **Warorot Market** (S. 108) ist der örtliche Hauptmarkt. Dort gibt es Lebensmittel aus der Region, Obst und Importiertes.

Die besten Kaufhäuser der Stadt sind **Central Airport Plaza** (Ecke Mahidol/Hang Dong Rd., www.centralplaza.co.th) und **Kad Suan Kaew Shopping Centre** (99/4 Moo 2, Thanon Huay Keo); beide sind tgl. 11–20 Uhr geöffnet.

Wohin zum … Ausgehen?

NACHTLEBEN IN CHIANG MAI

Der **North Gate Jazz Co-Op** (95/1–2 Sri Phum Rd., Di–Sa ab 19.30 Uhr) bietet Live-Jazz sowie -Blues lokaler Gruppen. In der **@ Living Room Bar** (Somphet Gold Place, 70/20 Chaiyaphum Rd., Tel. 087 579 33 01) legen DJs an den meisten Abenden werktags ab 21 Uhr (am Wochenende bis 5 oder 6 Uhr morgens) sanfte Musik für ein gemischtes Publikum auf.

Eine Show im Las-Vegas-Stil mit Travestie gefällig? Dann lohnt sich das **Miracle Cabaret** (177 Thanon Changpueak, auf Facebook; tgl. ab 20.30 Uhr, 800 Baht).

KURSE IN CHIANG MAI

Bei der **Chiang Mai Thai Cookery School** (47/2 Thanon Moon Muang, Tel. 053 20 63 88, auf Facebook) lernen Sie, sich im Warenangebot eines Marktes zurechtzufinden und Thai-Rezepte nachzukochen.

Wer sich Thailand sprachlich oder spirituell annähern möchte, kann dies bei der **AUA Language School** (24 Thanon Ratchdamnoen, www.auathailand.org/en/chiang-mai) bzw. dem **Northern Insight Meditation Centre** (Wat Ram Poeng, Thanon Canal, www.watrampoeng.com) tun.

ELEFANTEN KENNENLERNEN

Das Öko-Camp von **Elephant Special Tours** (mit eigenen Bungalows; 47/3 Moo 5, Mae Sapok T. Mae Win, A. Mae Wang, Chiang Mai, Tel. 086 1 93 03 77, in Deutschland Tel. 0228 40 97 19 58, www.elephant-tours.de) befindet sich in der Nähe von Chiang Mai und steht unter Leitung des deutschen Tierpflegers Bodo Förster. Schon Kids ab drei Jahren können mitmachen, Familien ab vier Personen werden von einem eigenen Trainer betreut.

Nach all dem Badespaß haben Sie Lust auf ein Urwaldabenteuer? Der Khao Yai National Park bietet die perfekte Kulisse für Ihre Entdeckungstour.

Ostküste

Die Inseln der östlichen Golfküste sind ein Kaleidoskop der Meeresexotik, doch auch jenseits der Strände wartet eine magische Welt.

Seite 122–141

Erste Orientierung

Die Ostküste zwischen Bangkok und der kambodschanischen Grenze wird als Riviera Thailands umworben. Wer ein breites Unterhaltungs- und Sportangebot genießen möchte, kommt vor allem im ganz und gar urbanen Ferienzentrum Pattaya voll auf seine Kosten. Im Hinterland sorgen Touristenattraktionen sowie Nationalparks für Abwechslung, während die vorgelagerten Inseln von exotischer Schönheit sind.

Insbesondere auf der direkt an der Grenze zum Nachbarland gelegenen und größtenteils unter Naturschutz stehenden Resort-Insel Ko Chang, wo Palmen weiße Strände säumen und bunte Korallenriffe locken, wird so manch einer sein Urlaubsparadies entdecken. Aber auch das nahe Ko Samet entspricht dem Klischeebild vom Tropentraum ziemlich genau. Dazu in starkem Kontrast dann Pattaya, eines der größten Ferienzentren Asiens schlechthin, das mit seinem ausufernden Nachtleben ein wenig an Las Vegas erinnern kann und in Sachen Besucherzahlen in Thailand nur noch von Phuket übertroffen wird. Im Binnenland verborgen liegen Chanthaburi, die Hauptstadt des Edelsteinhandels im Königreich, sowie der Khao Yai National Park, der, zugleich ältester und zweitgrößter Nationalpark Thailands, als Naturerbe auf der World Heritage List der UNESCO steht und ein Wanderparadies mit ausgezeichneten Wegen für all jene ist, die Thailands eindrucksvolle Flora und Fauna hautnah erleben möchten.

Nicht verpassen!

36 Ko Chang

37 Ko Samet

Nach Lust und Laune!

38 Chanthaburi

39 Pattaya

40 Ko Si Chang

41 Khao Yai National Park

Mein Tag im Wald

Sie haben noch nie den Ruf von Gibbons im Morgengrauen vernommen oder mitten im Nebel den Tag begrüßt? Wild lebenden Elefanten auf den Rüssel, Baumriesen in die Krone geschaut? In der Dschungelbuchwelt des Khao Yai National Park können Sie das bei einer Wildlife-Tour endlich nachholen.

8 Uhr: Fernglas nicht vergessen!

Die leichte Regenjacke ist im Daypack verstaut, das Fernglas und die Kamera sind griffbereit. Und die Ersatzbatterie, das Kleingeld? – Ja: alles dabei. Ein letzter Blick auf die Uhr, und da biegt er auch schon um die Ecke, der Pick-up von Tontan Travel (S. 129), der Sie von Ihrer Unterkunft in Pak Chong abholt.

Nur rund 30 Min. später wird der Eingang zum 41 Khao Yai National Park passiert. Dann nimmt der Urwald den Pick-up auf. Langsam geht es für etwa zwei Stunden auf Wildlife Spotting, hinein ins blaugrün schimmernde Dämmerlicht dieses knapp saarlandgroßen Refugiums, das eine der letzten Zufluchtsstätten in Thailand für wild lebende Elefanten und Gibbons, Leoparden und Bären ist – um nur einige der rund fünf dutzend Säugetierarten zu nennen, die in den ausgedehnten Regen- und Nebelwäldern dieser wundervollen Welt ein Zuhause haben.

10.30 Uhr: Wasser marsch!

So geht es entlang der einzigen Straße, die diesen »Jurassic Park« erschließt, noch eine Zeit lang auf Tiersuche weiter. Doch je wärmer es wird, desto weniger Wildlife ist zu sehen, weshalb es

18 Uhr: Night Safari

8 Uhr: Fernglas nicht vergessen!

13 Uhr: Noch ein Wasserfall

15.30 Uhr: Zu den Rüsseltieren

10.30 Uhr: Wasser marsch!

Dieser Tag steht ganz und gar im Zeichen der Natur. Entdecken Sie die facettenreiche Tier- und Pflanzenwelt des Nationalparks Khao Yai und machen Sie sich auf fantastische Begegnungen gefasst!

nun an der Zeit ist, den Wasserfall Haew Narok zu besuchen, wohin ein knapp 1 km langer Waldtrail führt. Über eine Hängebrücke hinweg zieht dieser sich durch Urwald und Bambushaine hindurch zu dem mit Abstand höchsten und eindrucksvollsten Wasserfall des Schutzgebiets. Er ergießt sich aus einer Höhe von rund 150 m über drei Kaskaden in einen Urwaldkessel von berückender Schönheit. Farbige Schmetterlinge tanzen in der gischtgesättigten Luft, bunte Pilze wuchern im nassen Grün, und auf dem Boden kreucht und fleucht es vor lauter Insekten.

13 Uhr: Noch ein Wasserfall

Nach einem Lunch geht es weiter zum »nur« etwa 20 m hohen Wasserfall Haew Suwat, der wahrscheinlich der bekannteste und meistbetrachtete Asiens ist. Warum, wollen Sie wissen? Weil sich kein Geringerer als Leonardo DiCaprio für die Dreharbeiten an »The Beach« mit einem legendären Sprung in das Felsbassin zu Füßen des Falls gestürzt hat. Es ihm gleich zu tun, ist leider verboten, wie auch das Schwimmen im Naturpool untersagt ist.

15.30 Uhr: Zu den Rüsseltieren

Eine Stunde lang geht es nun mit dem Pick-up weiter zu mehreren Salz-Leckstellen auf Elefantensuche. Dann liegt ein Berg voraus, ganz weiß und grün von Kalk und Moos. Wo der Weg endet, klafft das tropfsteinbehangene Grottentor der

Augen auf! Der Wald steckt voller farbenfroher, majestätischer und niedlicher Bewohner. Bei Ihrer Tour gehen Sie gemeinsam mit den Guides auf die Suche nach ihnen. Und wenn dann eins der Tiere zu sehen ist, vergessen Sie vor lauter ehrfürchtigem Staunen nicht, den Moment mit der Kamera für die Ewigkeit festzuhalten!

Höhle Khao Luk Chang, aus der zur Dämmerzeit Myriaden von Fledermäusen ausschwärmen, um sich auf Futtersuche zu begeben. Ein Anblick, der Sie in ehrfürchtiges Staunen versetzen wird!

18 Uhr: Night Safari

Kaum zu glauben, wie schnell der Tag verflogen ist! Wenig später geht die Sonne unter. Nach dem Abendessen geht es mit dem Pickup noch einmal und für etwa zwei Stunden auf Wildlife-Spotting. Die Chance, während dieser Night Safari Elefanten sowie Rehe, Stachel- oder Wildschweine und Wildrinder zu sehen, ist jetzt besonders groß. Wenn Sie dann gegen 20.30 Uhr wieder zu Ihrer Unterkunft zurückgebracht werden, sind Sie garantiert um zahlreiche Tierbilder reicher. Und um Eindrücke, die zu den unvergesslichsten Erlebnissen Ihrer Reise gehören werden.

Tontan Travel
☎ 08 10 63 97 82
🌐 www.tontantravel.com

㊱ Ko Chang

Was?	Thailands zweitgrößte Insel
Warum?	Allein schon, weil die Strände die schönsten und weißesten im ganzen Golf von Thailand sind
Wann?	Möglichst nicht zwischen Mai und Oktober, da es dann tagelang wie aus Eimern schütten kann
Wie lange?	So lange Sie es im »Strandparadies« aushalten
Resümee	Entspannung pur

Noch ein echtes Stück authentisches Thailand genießen, ein bisschen wie Robinson leben und dabei nicht auf Komfort verzichten: Diese drei Vorzüge vereint die mit Puderzuckerstränden reich gesegnete Insel Ko Chang, deren wildes und stark gebirgiges Innere auch heute noch zum größten Teil von primärem Regenwald bedeckt ist.

»Wenn es ein Paradies auf Erden gibt, dann liegt es hier«, sagen die Prospekte und haben damit ausnahmsweise Recht, denn obwohl das direkt an der kambodschanischen Grenze gelegene Ko Chang mit 217 km² die zweitgrößte Insel Thailands nach Phuket ist, konnte es sich lange eine gewisse Unberührtheit bewahren und wurde in Globetrotter-Kreisen unlängst noch als Geheimtipp gehandelt. Doch damit ist es nun vorbei, insbesondere die atemberaubend schöne Westküste wurde in ein Resort-Refugium verwandelt. Aber nach wie vor wird das zusammen mit seinen 51 Nachbarinseln als Marine National Park geschützte Ko Chang von einer Wildheit umweht, die die Ferienzentren im Süden des Landes längst verloren haben.

Am weißen Strand

Der Hat Sai Khao ist der schönste Strand der Insel, mit Abstand auch ihr lebhaftester und teuerster, weil derjenige mit der größten Edelresort-Dichte östlich von Pattaya. Zum Sonnen, Baden und Schwimmen ist es hier schlicht perfekt, doch Hauptanziehungspunkt für Naturfreunde ist der ursprüngliche Regenwald, der strandeinwärts ein Meer aus Grüntönen bildet und den man im Rahmen von geführten

Wanderungen entdecken kann. Die meisten Resorts am Strand haben entsprechende Touren im Programm. Auch an Angel-, Schnorchel- und Tauchausflügen herrscht kein Mangel.

Paradies unter Palmen – wie wär's mit einem kleinen Strandspaziergang?

Noch mehr Naturschönheiten

Ein weiterer Abstecher sollte den nur wenige Fahrminuten entfernten Strand Hat Khlong Phrao zum Ziel haben. Er ist weniger erschlossen und ruhiger und nur einen Katzensprung vom Wasserfall Khlong Phu entfernt, der aus etwa 30 m Höhe in die Tiefe eines Badepools gischtet.

Etwa 2 km weiter südlich laden die Muschel- und Korallenbänke des Schmalstrandes von Hat Kai Bae zum Schnorcheln ein, aber wesentlich bessere Bedingungen bieten die Malediven-Inseln Ko Mak, Ko Kham und Ko Khut, die ebenfalls zum Archipel von Ko Chang gehören und sich als gepflegte Resortinseln präsentieren, die längst rund ums Jahr von Fährbooten vom Festland bedient werden. Hier sind herrliche Riffs zu bestaunen. Alles, was man zum Abtauchen benötigt, kann man z. B. bei BB Divers ausleihen, die auch Kurse und Tauchgänge anbieten.

KLEINE PAUSE

In den **Resorts am Hat Sai Khao** gibt es Restaurants mit thailändischer und europäischer Küche. Viele bieten abendliche Strandbarbecues an. Tagsüber servieren Strandlokale Fisch, Pizza, Thai-Speisen und Getränke.

---

224 A1

BB Divers
www.bbdivers-koh-chang.com

㊲ Ko Samet

Was?	Bangkoknahe Badeinsel
Warum?	14 Sandbuchten sprechen für sich
Wann?	Nicht am Wochenende, wenn halb Bangkok anreist
Wie lange?	Ein, zwei Tage
Was noch?	Der Multi-Kulti-»Ballermann« Pattaya ist nur einen Katzensprung entfernt
Resümee	Wenn das mal keinen Sonnenbrand gibt – gut eincremen!

Gerade mal 13 km² Fläche umfasst das hügelige Inselchen und mit der schneeweißen, von Palmen gefassten Ostküste entspricht es stark dem Klischeebild vom Tropentraum. Doch Bangkok ist nah, und nicht nur an den Wochenenden fallen Tausende Besucher ein.

Die Fähre zwischen Ban Phe und der Insel pendelt entsprechend zwischen 8 und 18 Uhr ständig hin und her, und geht man nach der 6 km langen Passage an Land, sind 200 Baht Eintritt zu zahlen, da Ko Samet als Marine National Park ausgewiesen ist. Dennoch wurden der touristischen Erschließung keine ausreichenden Grenzen gesetzt, und so herrlich die Strände auch sind, so lieblos wirken viele Resorts und so dicht gedrängt stehen oft die Bungalows, für die obendrein nicht selten Fantasiepreise verlangt werden.

In den Bäumen an der Ostküste leben zahlreiche Schmetterlinge.

Am Hauptstrand

Je weiter südlich, desto einsamer die Strände, und da der rund einen Kilometer lange und 30 m breite Hauptstrand Hat Sai Kaew ganz im Norden liegt, ist er stets von Sonnenanbetern überfüllt, zwischen denen Händler Fruchtkörbe balancieren oder Tabletts voller Modeschmuck anpreisen. An den Wochenenden gesellen sich picknickende Ausflügler aus der Metropole dazu, und nahezu allabendlich machen Strandpartys von sich hören, während tagsüber die Jetskis übers Wasser hämmern.

Die fliegenden Händler haben allerhand im Angebot, was einen Strandtag versüßt.

Strände rundherum

Die Bucht des Hat Sai Kaew wird durch einen Felsvorsprung vom kleineren, südlich gelegenen Strand Ao Hin Kok getrennt. Am Ufer steht die Figurengruppe »Prinz und Meerjungfrau« – Gestalten aus einer Liebesdichtung von Sunthon Phu (1786–1855), dem bedeutendsten Dichter Thailands.

Südlich von Ao Hin Kok erstrecken sich entlang der östlichen Küste kleinere und selten besuchte Strändc, an denen man entspannt hausgemachte Thai-Gerichte genießen kann. Am nächstfolgenden Hauptstrand, Ao Wong Duan, herrscht geschäftiges Treiben: Urlauber, für neue Erfahrungen offen, lassen sich Zöpfchen flechten oder Tätowierungen mit Henna aufbringen, während andere sich im Jetskiing versuchen.

Der abgelegenste Strand, Ao Kiu ganz im Süden, bietet noch ein wenig Einsamkeit und Ruhe, obwohl hier inzwischen das exklusivste Resort der Insel steht.

Der einzige Strand im Westen ist Ao Prao (»Paradiesbucht«). Der Rest der Westküste ist mehr oder minder unzugänglich. Ao Prao ist nicht so gut besucht wie die östlichen Strände, hat aber einige Bungalows und Restaurants sowie ein schönes großes Resort, das den gleichen Namen trägt.

Sonnenuntergang über dem Golf von Siam

Kreuz und quer über die Insel

Von der nordöstlichen Spitze des Hat Sai Kaew können Sie zu einer langen Wanderung entlang der Küste starten, über Felsen klettern, auf sandigen Pfaden durch den Wald wandern und an Stränden und stillen Buchten entlangspazieren. Vom Hat Sai Kaew sind es drei Kilometer bis Ao Thian (»Kerzenlichtbucht«). Der entlegene und ruhige Ort ist ein schönes Wanderziel. Sie dürfen auch andere Wege einschlagen, denn es ist kaum möglich, sich zu verlaufen. Früher oder später kommen Sie immer zum Meer. Wenn man sich von Ao Thian oder Ao Wong Duan in westliche Richtung aufmacht, erreicht man eine windzerzauste Küste. Folgt man dem Wanderweg zur östlichen Küste zurück, verändert sich die Szenerie, und man kann Schmetterlinge von der Größe kleiner Vögel sehen.

KLEINE PAUSE

Das wahrscheinlich beste Restaurant der Insel ist das **Chill Out Café** (S. 140), das thailändische Klassiker, Meeresfrüchte und Gerichte mit internationaler Note serviert.

---

i

225 F3

Tourist Information Rayong
☎ 0 38 65 54 20
www.kosamet.net/deutsch

Mu Ko Samet National Park
☎ 038 65 30 34
www.facebook.com/sametnationalpark
200 Bt

Nach Lust und Laune!

38 Chanthaburi

Chanthaburi, etwa 300 km östlich von Bangkok gelegen, ist »der« Ort in Thailand, um echte Saphire und Rubine zu kaufen. Die kostbaren Steine kommen in der Regel aus den grenznahen Minen von Bo Rai, wo sie im Übertagebau gefördert und auf dem täglichen Juwelen-Markt gleich verkauft werden – in Rohform. Geschliffen werden sie dann in Chanthaburi. Und nahezu jede dritte Familie in der Stadt ist irgendwie am Edelstein-Geschäft beteiligt.

Generell gilt, dass hier die Steine bis zu 50 Prozent billiger sind als in Bangkok. Wer die Bearbeitung der Preziosen beobachten oder Edelsteine erstehen will, lose oder gefasst, sollte die Thanon Si Chan entlangschlendern, die auch unter dem Namen »Gem Street« bekannt ist.

Eine weitere Sehenswürdigkeit ist die katholische Kathedrale Notre Dame (vom Busbahnhof gelangt man über die Thanon Saritdidet zum Ufer des Flusses Chanthaburi, dessen Lauf man nach rechts bis zu einer Fußgängerbrücke folgt). Sie wurde 1880 im Stil französischer Kirchenbauten von den Franzosen errichtet, die Truppen und Missionare im Ort stationiert hatten.

✈ 224 A1

Tourist Information (TAT)
✉ 153/4 Sukhumvit Rd.
☎ 038 65 54 20

39 Pattaya

Es gibt sonst keinen anderen Ort in Thailand (neben Bangkok), der schon so lange am internationalen Tourismus partizipiert, denn schon

Seit vielen Jahren quirliger Hotspot für Touristen: Pattaya

in den frühen 1960er-Jahren, als Thailand während des Vietnamkrieges den USA als »Flugzeugträger« diente, wurden in ständigem Pendelverkehr vom Kampf Erholung suchende GIs zum »kuren und huren« nach Pattaya geflogen. Damit setzte für den bis dahin so beschaulichen Fischerort eine sprunghafte Entwicklung ein, die vorwiegend von männlichen Touristen aller Nationen getragen wurde.

Diese Zeiten haben sich längst geändert, da die Stadtväter jahrelang keine Mühen gescheut haben, Pattaya in einen »Premium-Touristenspot« zu verwandeln. Der zweifelhafte Ruf dieses eher hektischen und sehr urbanen Großstadt-Ferienzentrums aber ist geblieben, auch wenn hier heute eine dichte Sammlung touristischer Attraktionen gerade Familien ansprechen will. Dennoch, wem der Sinn nach einem Badeparadies steht, sollte die von Hochhäusern gesäumten Strände Pattayas hinter sich lassen und Richtung Südosten fahren.

Kulturelles Highlight von Stadt und Ostküste ist das bereits seit rund 30 Jahren im Bau befindliche Sanctuary of the Truth, bei dem es sich, mit 105 m Höhe und 100 m Kantenlänge, um nichts weniger als das größte je aus Holz errichtete Bauwerk der Welt handelt! Der Anblick des an der Küste aufragenden und mit zahllosen Skulpturen und Schnitzereien versehenen »Heiligtums der Wahrheit« ist absolut einzigartig – so wie sich auch Pattayas zweite Großartigkeit nur mit dem Superlativ beschreiben lässt: Das Aquarium Underwater World, eines der größten in Asien schlechthin, beeindruckt u. a. mit einem mehr als 100 m langen Acrylglastunnel, in dem man die mehr als 2500 hier gehaltenen Meerestiere aus nächster Nähe betrachten kann.

225 E/F4

Tourist Information (TAT)
✉ 609 Thanon Thamnak 10, Chaihat, Pattaya ☎ 038 427667
🌐 www.pattaya.de

Sanctuary of the Truth
✉ Thanon Naklua 🌐 https://sanctuaryoftruthmuseum.com
🕐 tgl. 8–18 Uhr 🎟 500 Baht

Underwater World
✉ Thanon Sukhumvit
🌐 www.underwaterworldpattaya.com 🕐 tgl. 9–18 Uhr 🎟 500 Baht

40 Ko Si Chang

Von Bangkok kann man per Bus und Fähre in zwei Stunden nach Ko Si Chang reisen. Fähren verkehren stündlich ab Si Racha. Die Insel ist kein stiller Rückzugsort (vor allem nicht an Wochenenden/Feiertagen), aber im Vergleich mit anderen Ferieninseln weniger kommerziell.

Der Wimanmek-Palast (S. 57), einstige Sommerresidenz Ramas V., wurde im 19. Jh. auf Ko Si Chang errichtet und 1910 nach Bangkok verlegt. Einige Gebäude sind aber an ihrem ursprünglichen Standort geblieben und werden heute zum Teil

Wenn der Gibbon ruft

Wenn Sie sich den Khao Yai National Park (S. 138) im Hinterland der Ostküste vornehmen, werden Sie vor allem eins erleben: unberührte Wildnis! Bereits 1961 als erster thailändischer Nationalpark deklariert und 2005 zum UNESCO-Weltnaturerbe erklärt, bildet er für viele Tierarten eines der letzten Refugien. Auch Gibbons sind in diesem ausgedehnten und von zahlreichen Wanderwegen durchzogenen Urwald zu Hause, und wer je von ihrem geradezu magisch tönenden Ruf im Morgengrauen geweckt wurde, wird diesen Morgen wohl sein Leben lang nicht mehr vergessen!

restauriert. Der Hauptstrand Hat Sai Kao ist sandig und zum Schwimmen geeignet; die übrigen Strände sind zumeist steinig. An der westlichen Küste steht der Tempel Tham Chakraprong auf einer Klippe. Wer den Aufstieg bewältigt, kann einen prachtvollen Weitblick genießen. Der nahe Strand Hat Khao Khat ist ein hervorragender Aussichtspunkt.

225 E4

41 Khao Yai National Park

Der mit 2168 km^2 zweitgrößte und gleichzeitig älteste Nationalpark Thailands ist eines der bedeutendsten Naturschutzgebiete des Landes und Weltnaturerbe. Dutzende Naturhighlights, allen voran bis über 80 m hohe Wasserfälle, sind entlang markierter Wanderwege zu bestaunen, eine Landschaft, in der u. a. Bären und Leoparden, Elefanten und möglicherweise auch Tiger ein Refugium gefunden haben.

Sie sollten ein oder zwei Nächte hier einplanen – Unterkünfte kann man bei der Parkverwaltung buchen, doch sind die privaten Lodges an der Straße von Pak Chong zum Eingang des Parks die bessere Alternative. Man wird abgeholt, und alle Lodges bieten Tagesausflüge an, etwa zur Beobachtung von Weißhandgibbons.

Weitere Highlights sind Ausflüge zu den Höhlen bei Sonnenuntergang, um den Flug Tausender Vögel zu ihren nächtlichen Futter- und Jagdgründen zu beobachten, und Nachtsafaris mit Taschenlampen in offenen Fahrzeugen, bei denen Sie das Wildleben nach Einbruch der Dunkelheit entdecken können. Während der Monsunregenzeit (S. 208) kann der Park zeitweise schließen.

Auf in den Urlwald! Der Khao Yai National Park lockt mit seiner unberührten Wildnis.

Wohin zum ... Übernachten?

Preise für ein Doppelzimmer pro Nacht:

€	unter 2000 Baht
€€	2000 bis 5000 Baht
€€€	über 5000 Baht

KO CHANG

Cookies Hotel €–€€

Die Straße teilt den Hotelkomplex in zwei Teile, und mit Abstand am schönsten wohnt man natürlich auf der Strandseite, wo auch der große Swimmingpool zu Bade lädt, der direkt an den Strand angrenzt. Das zweigeschossige Haus selbst ist zwar etwas in die Jahre gekommen und in Sachen Luxus nicht mit den Top-Resorts der Insel vergleichbar, aber dafür ist die Lage absolut top, und das bei günstigen Preisen und ausreichend Komfort.

224 A1 Hat Sai Khao
081 861 42 27 über www.booking.com

Plaloma Cliff Resort €–€€

Ganz am Südende des Strandes gelegenes Resort unter Schweizer Leitung und mit praktisch eingerichteten, großen Zimmern und Bungalows in vier Komfortstufen (alle mit Klimaanlage). Pool, Seafood-Restaurant über dem Strand und gemütliche Bar.

224 A1 1 1/2 Moo 4, Hat Sai Khao
03 955 11 19 auf Facebook

Sylvan Koh Chang €€–€€€

Das an einen Urwaldhang angrenzende und in einer Gartenanlage errichtete Resort deckt mit seinen Bungalows das gesamte Spektrum zwischen schlichtem Komfort und überaus luxuriös ab.

224 A1 Hat Kai Bae
03 955 28 88
https://sylvankohchang.com

KO SAMET

Samet Ville Resort €–€€

Alle Bungalows des Resorts überblicken die schöne Bucht von Ao Wai. Mit 69 Zimmern und 44 Cottages in mehreren Komfortklassen eine der größten Anlagen der Insel.

225 F3 88/1 Moo 4, Ao Wai
081 949 53 94 www.sametvilleresort.com

Vongdeuan Resort €€

Das Hotel an der Bucht von Ao Wong Duan bietet im zweigeschossigen Haupthaus angenehme Steinbungalows; alle Wohneinheiten sind mit Klimaanlage und großen Balkonen/Terrassen ausgestattet. Angeschlossen sind u. a. ein großer Swimmingpool sowie ein Restaurant, das direkt an den sehr schönen Strand angrenzt.

225 F3 Ao Wong Duan
091 234 77 70 www.vrsamed.com

PATTAYA

Grand Jomtien Palace €€

Wie die meisten gehobenen Unterkünfte in Pattaya ist auch dieses Hotel groß und protzig, strahlt aber eine freundliche Atmosphäre aus. Am Strand von Jomtien liegt es in angenehmer Entfernung zum Nachtleben der Stadt und eignet sich daher gut für Familien. Angegliedert sind einige Restaurants, die sich aber hauptsächlich an chinesische Touristen wenden, die hier, wie mittlerweile überall in Pattaya, das Gros der Gäste ausmachen.

225 E/F4 356/1 Thanon Jomtien Beach
03 823 14 07
http://grandjomtienpalace.co.th

Royal Cliff Beach Resort €€–€€€

Das Resort, das zu den ältesten und besten Hotels von Pattaya gehört, besteht eigentlich aus vier Hotels. Das Royal Cliff Beach Hotel mit 545 Zimmern ist vornehmlich am Pauschaltourismus orientiert. Das preisgünstige Hotel Royal Cliff Terrace hat eine familiäre Atmosphäre. Das Hotel Royal Cliff Grand richtet sich an Geschäftsreisende, und das Royal Wing schließlich bietet den reinsten Luxus. Es gibt u. a. acht exzellente Restaurants, drei Swimmingpools und Tennisplätze.

225 E/F4 353 Thanon Phra Tamnuk
03 825 04 21
www.royalcliffbeach.com

Wohin zum ...
Essen und Trinken?

Preise für ein Hauptgericht ohne Getränke:
€ unter 300 Baht
€€ 300 bis 600 Baht
€€€ über 600 Baht

KO CHANG

Phu Talay Seafood €

An Edelrestaurants herrscht kein Mangel. Wer aber Authentisches zu normalen Preisen sucht, findet es in diesem schlichten Open-Air-Lokal, idyllisch am Kanal gelegen.
224 A1 4/2 Moo 4, Ao Khlong Phrao
03 955 13 00 auf Facebook
tgl. 10–22 Uhr

KO SAMET

Chill Out Café €€€

Ein Tisch an der Beach im Sand, großes Seafoodbuffet mit allem was das Meer bietet , daneben Sushi, großartige Dessertkreationen, schön angerichtet in einer wunderschönen, relaxten Atmosphäre. Top Service! Um 20.30 Uhr eine Feuerschau, die wirklich sehenswert ist. Das Ganze aber auch zu einem entsprechenden Preis. Zu beachten: Auf die angegebenen Preise lommen noch 17% an Service und VAT drauf. So schlägt ein solcher Abend mit Wein und Kaffee mit über 200 US$ zu Buche.
225 F3 19/21 Moo 4, Kai Bae Beach
39 60 97 19
www.thechillresort.com
tgl. 7–23 Uhr

Meeresfrüchte locken ins Lobster Pot.

PATTAYA

Lobster Pot €–€€€

In diesem alteingesessenen Fischrestaurant auf einem Pier mit Blick auf die Bucht von Pattaya werden schon seit über 30 Jahren die besten Meeresfrüchte der Stadt serviert. Die Atmosphäre ist freundlich und die Speisekarte mit über 150 Gerichten extrem umfangreich, beispielsweise werden hier hervorragende Hummer (100 g ab 280 Baht), aber auch zarte Steaks, Ofenkartoffeln und besonders empfehlenswerte Thai-Klassiker angeboten.
225 E/F4
288 Walking St., South Pattaya
03 842 60 83
auf Facebook tgl. 10–2 Uhr

Pattaya Bistro €–€€€

Wenn Sie sich nach einer Käseplatte sehnen oder echtem Schweizer Raclette, nach Züricher Geschnetzeltem oder Fondue gibt es im Bereich der Ostküste Thailands keine bessere Adresse als diese. Das Essen ist fantastisch und wird stets frisch zubereitet, die Service ist erste Klasse, das Ambiente familiär und gemütlich, und die Preise sind für das, was geboten wird, ganz und gar fair.
225 E/F4 Soi 13/1 Soi Yamato
03 871 03 55
www.thebistro.ch
tgl. 10–23 Uhr

Ruen Thai €€–€€€

Im südlichen Stadtzentrum liegen mehrere Holzpavillons, umgeben von Springbrunnen, Wasserfällen und Fischteichen. Abends ab 19.30 Uhr werden thailändische Tänze aufgeführt. Die Thai-Gerichte sind von hoher Qualität. Alle Klassiker stehen zur Wahl, beispielsweise Hühnerfleisch mit Cashewnüssen und getrockneten Paprikaschoten sowie scharf gewürzte Garnelensuppe *(tom yam gung)*. Es gibt hier auch Einrichtungen für Kinder.
225 E/F4
485/3 Thanon Pattaya 2nd Rd.
093 928 91 62
www.ruenthairestaurant.com
tgl. 11–22 Uhr

Wohin zum ... Einkaufen?

NORDPATTAYA

Im Central Festival Centre (Pattaya 2nd Rd., www.central.co.th) gibt es Hunderte ansprechender Geschäfte, darunter sehr gute Kunsthandwerksläden. In der größten Einkaufspassage der Stadt, The Royal Garden Shopping Plaza (www.royalgardenplaza.co.th), findet man eine Drogerie der britischen Boots-Kette und im obersten Stockwerk einen Ableger des amerikanischen Museums Ripley's Believe It Or Not! (s. rechts).

SÜDPATTAYA

Die Südstadt ist der Haupteinkaufsbezirk mit zahlreichen Fachgeschäften, in denen Kunsthandwerk, Seide, Schmuck und Edelsteine angeboten werden. Exquisite Holzschnitzereien sind in der Luukmai Gallery (234/4 Walking Street, www.pattayacity.com/luukmai) zu kaufen. Tom's Gems (239/2 Moo 5, Tel. 03 8 42 28 11) besteht seit 1975 und fertigt kunstvolle Schmuckstücke auf Bestellung an. Hervorragende Lederwaren bekommen Sie beim Pattaya Shoes Department Store (109/19 M10 Thanon Phatumnak, Tel. 03 8 42 39 19), wo viel mehr angeboten wird als nur gute Schuhe.

In Pattaya bieten zahlreiche Porträtmaler ihre Dienste an, und auf Portraits hat sich auch die NL Gallery (593 South Pattaya Rd., www.pattayacity.com/nlgallery) spezialisiert. Die Reproduktionen von Fotos sind ausgesprochen gut, Portraits kosten ab 75 US$ (Größe 30 x 40 cm).

Glitzer und Glamour regieren im Alcazar.

Wohin zum ... Ausgehen?

NACHTLEBEN

Das Nachtleben von Ko Chang und Ko Samet ist eingeschränkt, aber beide haben einige einfache Strandbars, die bis zum frühen Morgen geöffnet sind.

Mit Aberhunderten Bierbars ist Pattaya die Hauptstadt des nächtlichen Vergnügens. MIXX Nightlife (Walking Street, auf Facebook, tgl. 22–4 Uhr) bietet den Crystal Palace mit House und Trance und den Rouge Club im Loungestil mit Hip-Hop.

Cabaretshow von Weltruf bietet Alcazar (78/14 Moo 9, Pattaya 2nd Rd., www.alcazarthailand.com).

FÜR DIE GANZE FAMILIE

In der Gokart-Bahn von Pattaya (248/2 Thanon Thepprasit, https://easykart.net) kann man einen vergnüglichen Nachmittag verbringen. Es gibt Fahrzeuge für Kinder und Erwachsene. Das Tuxedo Illusion Hall (149 Soi 2, Thanon Pattaya Soi 2, Tel. 03 848 88 80, www.facebook.com/IllusionHall) ist eine traditionelle Magieshow im Thai-Stil.

Jomtien Beach ist reich an Wassersportangeboten wie Banana Boats, Jet Skis und Parasailing.

Kuriositäten gibt's im Museum Ripley's Believe It Or Not! (218 Royal Garden Plaza, https://ripleysthailand.com; der Eintritt beträgt allerdings ab 700 Baht).

WILDLIFE TOUREN

Im Khao Yai National Park dreht sich (fast) alles um Wildlife-Touren. Und in Pak Chong finden sich dutzende Anbieter. Einer der renommiertesten ist Tontan Travel (www.tontantravel.com).

Ko Nang Yuan, die kleine Nachbarinsel von Ko Tao, besteht aus drei Inseln, die über Sandbänke miteinander verbunden sind und von zahlreichen Tagestouristen besucht werden.

Am Golf von Thailand

Sonne, Strand und Spaß – diese Wünsche bedienen das königliche Seebad Hua Hin und die berühmten Inseln der südlichen Golfküste.

Seite 142–165

Erste Orientierung

Entspannte Badewonnen, Partys und Taucherglück bilden die Touristenmagnete der Golfinseln Ko Samui, Ko Phangan und Ko Tao, während Natur und Kultur wunderbar vereint den besonderen Reiz der Golfküste ausmachen, die sich von Bangkok bis hinunter zur Grenze nach Malaysia über eine Länge von fast 1000 km hinzieht.

Da hier einige der größten Flüsse Thailands münden, wird die Golfküste von weiten Schwemmlandebenen im Saum oft kilometerlanger Strände gebildet. Mal sind sie umkränzt von Mangrovenwäldern oder bizarren Kalksteinformationen, mal von sanft geschwungenen Hügeln. Das urwaldgrüne Hinterland steigt rasch bis zum 1800 m hoch aufragenden Zentralgebirge hin an. In touristischer Hinsicht geht es hier noch relativ ruhig zu, und lediglich im Umfeld von Hua Hin sind mehrere urbane Ferienzentren entstanden. Schon seit den 1930er-Jahren dient dieses Seebad dem König und seiner Familie als Feriendomizil und genießt heute mit kilometerlangen Stränden international hohes Ansehen.

Weiter südlich hätten zahlreiche Küstenabschnitte das Potenzial, mit Hua Hin zu konkurrieren, doch die Infrastruktur ist nicht sehr weit entwickelt, weil das Gros aller Urlauber das Inseltrio Ko Samui, Ko Phangan und Ko Tao aufsucht, das in der Welt des internationalen Tourismus schon seit Jahrzehnten einen herausragenden Ruf genießt – und entsprechend seit Jahrzehnten von der Welt besucht wird. Doch auch wer friedvolle Ruhe erleben und neue Energie tanken will, wird fündig, und so ist es keine Prospektlüge sondern Werbewahrheit, dass die drei Inseln, die zwischen 35 und 70 km weit draußen im Golf von Thailand liegen und von glasklarem Wasser umspült werden, einzigartige Fleckchen Erde sind.

TOP 10

8 ★★ Ko Samui, Ko Phangan & Ko Tao

Nicht verpassen!

42 Hua Hin

43 Khao Sam Roi Yot National Park

Nach Lust und Laune!

44 Phetchaburi

45 Nakhon Si Thammarat

46 Thale Noi

47 Songkhla

Mein Tag am Meer

Es ist einer dieser typischen Morgen auf Ko Samui. Der Himmel ist dunkelblau, eine sanfte Brise streichelt Ihre Haut, das Meer glitzert. Der perfekte Tag, um noch mehr Strände kennenzulernen! Auf geht's zu einer Inselumrundung!

8 Uhr: Die Nacht vertreiben

Doch erst mal raus aus dem Bungalow am Chaweng Beach und direkt ins spiegelglatte Meer! Es ist herrlich, auf so tropische Weise die letzte Nachtschwere zu vertreiben. Erfrischt geht es mit dem tags zuvor gemieteten Roller auf der Insel-Ringstraße von ❽ ★★ Ko Samui (S. 150) nach links und dann geradeaus.

9.30 Uhr: Frühstück am Strand

Schon nach wenigen Minuten Fahrt muss der Roller arbeiten – die Straße steigt an. Tolle Panoramen bieten sich. Wenn der Magen knurrt, frühstücken Sie im am Weg gelegenen Radiance Restaurant (S. 149) nahe dem Lamai Beach ganz entspannt mit den Zehen im Sand.

11 Uhr: Baden, shoppen, staunen

Rund 10 km sind Sie bis hierhin gefahren, nur ein paar Minuten noch, dann ist das Zentrum der ca. 5 km langen Sandsichel des Lamai Beach erreicht, die sich in Goldgelb vom türkisfarbenen Meer absetzt. Palmen bilden ihren Saum, zum Baden ist es hier ideal. Und wenn Sie ein fesches Kleid oder ausgefallene Beachware suchen, kommen Sie an der Beachroad voll auf Ihre Kosten.

13 Uhr: Erfrischung am Dschungelrand

11 Uhr: Baden, shoppen, staunen

Rund 1 km weiter weist ein Schild mit Aufschrift »Overlap Stone« inseleinwärts, und wo die Piste endet, genießen Sie aus 150 m Höhe ein atemberaubendes Panorama über den Inselsüden hinweg und auf einen gewaltigen Felsbrocken, der fast schwerelos über dem Abhang ruht.

13 Uhr: Erfrischung am Dschungelrand

Rund 30 Rollerminuten sind es von hier aus zum nicht sehr attraktiven Insel-Hauptdorf Nathon. Ein Stopp lohnt kaum, sehr wohl aber beim unterwegs ausgeschilderten Wasserfall Nam Tok Ta Muang 1, der mit einer Fallhöhe von etwa 20 m recht eindrucksvoll und mit seinem Naturbecken auch perfekt für ein Bad geeignet ist.

Das erfrischt viel mehr als ein Sprung ins Meer beim 11 km hinter Nathon gelegenen Mae Nam Beach, der doch recht schmal und eher grobsandig ist, ähnlich wie die angrenzenden Strände von Bo Phut und Big Buddha.

14 Uhr: Das Beste zum Schluss

Aber sie leiten zum 4 km entfernten Choeng Mon Beach über, der sich feinsandig und so weiß wie Schnee entlang einer perfekt geformten Halbmondbucht zu einem vorgelagerten Inselchen hinzieht – exotischer geht es nicht, und hier müssen Sie einfach noch einmal in die Fluten steigen, bevor es zum nur wenige Fahrminuten entfernten Chaweng-Strand zurückgeht, den Sie nach insgesamt rund 50 km wieder erreichen.

Mehr Meer: Ob die klaren Fluten am Chaweng Beach (ganz links oben), die Brandung am Lamai Beach (links) oder das kühle Nass am Choeng Mon Beach (links unten), ewig lockt der Ozean. Von Strand zu Strand geht es mit dem Roller (ganz links unten). Für weitere Erfrischung sorgen der Nam Tok Ta Muang 1 (rechts) oder ein Drink im Tree Tops (oben).

18 Uhr: Entspannt genießen

Nach einer Dusche ist es auch schon wieder Zeit, an den Strand zu gehen: um sich im Tree Tops in einem zuvor reservierten Séparée hoch über dem Boden zu einem klirrend-kalten Sundowner niederzulassen und dann zuzuschauen, wie sich zum Sonnenuntergang ein derart intensives, warmgelbes Licht ausbreitet, wie Sie es ähnlich bisher wahrscheinlich noch nie gesehen haben. Dazu passen dann die Weltklasse-Schlemmereien, die in diesem Spitzenrestaurant auf den Tisch kommen.

Motorroller
Rollen können Sie bei den meisten Resorts auf der Insel mieten. Achten Sie stets auf die Versicherungsbedingungen, und führen Sie einen für die gewählte Fahrzeugklasse gültigen (internationalen) Führerschein mit. Es besteht Helmpflicht!

Radiance Restaurant
✉ 171/2 Moo 4, Lamai Beach
☎ 077 23 08 55
🕐 tgl. 7–22 Uhr

Tree Tops (Chaweng Beach)
✉ 92/1 Moo 2, Anantara Lawana Ko Samui Resort, Chaweng, Bophut
☎ 66 77 96 03 33
🕐 tgl. 18–22 Uhr

❽ ★★ Ko Samui, Ko Phangan & Ko Tao

Was?	Die Trauminseln schlechthin
Warum?	Weil die Badewanne Südostasiens für jeden etwas bietet
Wann?	Feierlustige reisen zu Vollmond an
Wie lange?	Solange Sie mögen
Was noch?	Eine Bootstour in den Ang Thong Marine National Park ist ein Muss
Resümee	Entschleunigung pur

Unter den über 80 Inseln des Archipels gibt es drei, über die man auf der ganzen Welt sehnsuchtsvoll spricht: Ko Samui ist eine internationale Ferieninsel, Ko Phangan punktet mit seinen Vollmondpartys, und Ko Tao ist ein Paradies für Taucher.

Ko Samui – für jeden der richtige Strand

Es heißt, dass auf Ko Samui mehr Kokospalmen pro Quadratmeter wachsen als irgendwo sonst auf der Welt. Unbestritten ist, dass die internationale Strandszene der Insel weltbekannt ist, und heute sind es schon über 1,5 Millionen Besucher jährlich, die den Weg auf diese tropische Insel finden, die drittgrößte des Königreichs und diejenige mit den meisten Stränden obendrein. Mehr als zwei Dutzend werden gezählt, und als schönster gilt die rund 6 km lange Feinsandsichel des Chaweng Beach, der sich als Multi-Kulti-Babylon präsentiert und rund um die Uhr traumhaft ist – wenn man Trubel mag.

Nachtaktives Jungvolk bevorzugt jedoch den etwa 5 km langen Strand von Lamai, der sich südlich anschließt. Nördlich erstreckt sich mit dem rund 1 km messenden Choeng Mon der vielleicht malerischste Inselstrand, während die Nordküste mit den flach abfallenden Stränden Big Buddha, Bophut und Maenam von Familien geschätzt wird.

Ko Phangan – Party, Party, Party

Ko Samuis Nachbarinsel ist mit rund 170 km² Fläche die fünftgrößte Insel Thailands, dabei stark gebirgig, großteils

mit Urwald bewachsen und, wie Ko Samui, mit Stränden überreich gesegnet: Addiert man die Länge aller 15 Hauptstrände, ergibt sich die imposante Zahl von rund 18 km.

Blau- und Grüntöne, so weit das Auge reicht: Wer im herrlichen Ang Thong Marine National Park Urlaubsbilder knipst, dem ist der Neid der Daheimgebliebenen sicher …

In den 1980er-Jahren war Ko Phangan das Mekka der durch Südostasien reisenden Globetrotter, und spätestens seit die berühmt-berüchtigten Full Moon Partys ihren Anfang nahmen, verzeichnet der Tourismus enorme Wachstumsraten. Vor allem bei jungen Individualreisenden ist Ko Phangan Kult, denn noch immer sind die allmonatlichen Vollmondpartys die weltweit größten Dance-and-Music-Beach-Happenings überhaupt. Aber auch die Neumond- und Halbmondpartys haben es in sich, und in Spitzenzeiten werden mehr als 30 000 Raver gezählt, die sich zum Beat trommelfellzerreißender Soundysteme die Nacht um die Ohren tanzen.

Schauplatz dieses Mega-Events ist der im Südosten der Insel gelegene Hat Rin Nok, der sich als weißer Feinsandstreifen auf etwa 500 m Länge am Saum eines Palmenhains zwischen Felsen spannt. Hier herrscht stets drangvolle Enge, egal zu welcher Mondphase. Und wer zwar feiern, aber sich dennoch nicht wie eine Sardine in der Dose fühlen möchte, sollte woanders wohnen und nur zu den Partys anreisen, was von allen Stränden der Insel aus problemlos möglich ist.

Am einfachsten ist das natürlich vom angrenzenden und schon wesentlich ruhigeren und auch günstigeren Hat Rin Noi aus.

Wer eher Ruhe sucht, findet sie am ganz im Nordosten gelegenen Doppelstrand von Thong Naay Paan, der eine kesselförmige Bucht von traumhaftem Gepräge bildet, von Klippen und Urwaldhügeln umkränzt. Zum Baden und Schnorcheln ist der Strand hervorragend geeignet, es ist ruhig, aber nicht einsam.

Ko Tao – faszinierend unter wie über Wasser

Die nur rund 21 km² große »Schildkröteninsel« trägt im Prospekt den Übernamen »Ko Tauch« – und der ist Programm, denn im glasklaren Meer rings umher locken über 30 Divespots der Weltklasse. Entsprechend gibt es nirgends sonst in Asien eine vergleichbare Tauchzentrendichte, und kein Inselstrand ist hier ohne.

Das Gewimmel unter Wasser lässt sich hervorragend von Ko Tao aus erleben.

Der Hat Sai Ree, mit 1,7 km der längste Strand der Insel und auch ihr schönster, schließt sich nördlich an das Hauptdorf Mae Hat an, wo die Fähren anlanden. Dutzende Resorts aller Klassen bieten sich an, aber auch an der Mango Bay im Norden, der Hin Wong und der Thanot Bay im Osten, der Thian Og Bay und der Chalok Ban Kao Bay im Süden finden Taucher alles, was sie suchen mögen.

Doch Achtung: Wer nicht taucht, kann zwischen Dezember und Februar sowie im Juli und August durchaus Schwierigkeiten haben, eine Unterkunft auf Ko Tao zu bekommen, da dann Taucher bevorzugt werden!

i

225 E1
www.kosamui.de, www.phangan.info
www.koh-tao.de

Tauchschule Big Blue
Big Blue Resort, 17/18 Moo 1, Ko Tao
077 45 64 15
www.bigbluediving.com
Unterkünfte in allen Preisklassen

Scuba Shack
Sairee Beach, Ko Tao
077 45 61 00
www.scubashackkohtao.com

❹❷ Hua Hin

Was?	Königliches Seebad
Warum?	Weil Sie hier Sonne, Strand und Spaß genießen, ohne auf die Annehmlichkeiten eines urbanen Zentrums zu verzichten
Wann?	Nicht im Oktober, März und April, wenn Thailand Ferien hat
Was noch?	Im nahen Phetchaburi können Sie gut und gerne einen Tempeltag verbringen
Resümee	Hier geht es um Lebenslust

Hua Hin gilt als das älteste und königlichste Seebad des Landes, denn schon seit den 1930er-Jahren pflegt hier die Königsfamilie Urlaub zu machen. In urbanem Ambiente finden sich luxuriöse Resorts, edle Restaurants, Nachtlokale und ein umfassendes Aktivitätenangebot.

Im Jahre 1926 gefiel es seiner Majestät König Rama VII., sich rund 185 km südlich von Bangkok einen Sommerpalast an den kilometerlangen Strand eines unbedeutenden Fischerdorfs setzen zu lassen. Seitdem dient der Palast den thailändischen Königen und ihren Familien als Residenz, und wo der König Urlaub macht, da will auch die thailändische Oberschicht hin. Während andere Ferienziele Thailands eher auf Ausländer zugeschnitten sind, ist Hua Hin traditionell ein Urlaubsort für Thais. Erst seit den 1980er-Jahren

Damit auch im Urlaub die Kultur nicht zu kurz kommt: In Hua Hin werden stimmungsvolle Feste gefeiert.

entwickelte sich der heute rund 66 000 Einwohner große Badeort zu einem internationalen Ferienzentrum, das neben Sandstränden das Erlebnis einer typisch-thailändischen Stadt mit Tempeln, Märkten und buntem Treiben bietet.

Architektonische Highlights

Herausragende Sehenswürdigkeiten gibt es nicht, aber ein Blick auf die Hua Hin Railway Station, in den frühen 1920er-Jahren erbaut, lohnt sich, weil sie ein Paradebeispiel für klassische Thai-Architektur darstellt. Knapp 2 km nördlich vom Zentrum liegt der 1926 im spanischen Stil errichtete Sommerpalast Klai Klangwon am Meer. Falls niemand von der Königsfamilie anwesend ist, kann man dort Einblicke in die königliche Wohnkultur nehmen. Der Name der schmucken Residenz bedeutet »fern der Sorgen«, was ihren Erbauer, Rama VII., jedoch nicht vor schlechten Nachrichten bewahren sollte: Während eines Aufenthalts im Palast erfuhr er von dem Militärputsch, der 1932 das Ende der absoluten Monarchie einleitete. Auch ein Besuch des 2 km weiter nördlich gelegenen und ganz aus Teak gefertigten Palastes Phra Ratchaniwet Mrigadayavan empfiehlt sich – er ist ein weiteres Beispiel für die klassische Palastarchitektur.

Hier wartet es sich schön: Hua Hins Bahnhofsgebäude ist so ganz anders als die Bahnhöfe in Europa …

Einen Vorschlag für eine Autotour ab Hua Hin finden Sie auf S. 201.

KLEINE PAUSE

Frische Meeresfrüchte kann man u. a. im **Saeng Thai** (S. 163) und in der **Brasserie de Paris** (S. 162) genießen.

---

i

225 E3

Tourist Information (TAT)
119–120 Thanon Phetkasem
03 251 38 38 www.hua-hin.de
tgl. 8.30–16.30 Uhr

Hua Hin Railway Station
Thanon Liap Thang Rot Fai

Phra Ratchawang Klai Klangwon
Thanon Phetkasem
zurzeit geschl.

Phra Ratchaniwet Mrigadayavan
03 242 85 06
www.tourismthailand.org
tgl. 8.30–16 Uhr
50 Baht

Vipassana: Zehn Tage schweigen

Um 4 Uhr ertönt das tiefe »Om« des Tempelgongs. Dann heißt es aufstehen und bis 21 Uhr im Sitzen, Stehen und Gehen die Entwicklung von Einsicht üben, einzig durch die Betrachtung des eigenen Körpers. Einatmen. Ausatmen. Mehr nicht. Schwierig? Ja. Aber wenn Sie aus dem Retreat zurückkehren in die »normale« Welt, werden Sie sich wundern, wie wenig Ihnen Smartphone, Instagram, Facebook & Co. zu sagen haben.

Wat Suan Mok, Chaya, Surat Thani, www.suanmokkh-idh.org, zehntägige Retreats beginnen an jedem Monatsersten

43 Khao Sam Roi Yot National Park

Was?	Thailands ältestes Küstenschutzgebiet
Warum?	Weil der »Berg der 300 Gipfel« verschiedene wundervolle Landschaften umfasst und Hobby-Ornithologen glücklich macht
Wann?	Zwischen September und November sowie im März bzw. April, wenn die Zugvögel hier einen Zwischenstopp einlegen
Wie lange?	Einen ganzen Tag
Was noch?	Am nördlichen Parkrand lockt ein 5 km langer Sandstrand, der schönste weit und breit
Resümee	Vogelfotos, Panoramen und ggf. ein paar Mückenstiche

Das einsame Naturschutzgebiet an der Küste besteht aus Marschen, Mangroven und Schlickflächen. Menschenleere, goldgelbe Strände werden von Kiefernwäldern begrenzt, und nur ein paar Fischerfamilien leben im Nationalpark, dessen Name »Berg mit 300 Gipfeln« bedeutet. Und so erheben sich hier denn auch schroffe Karstfelsen bis zu einer Höhe von 650 m. Mehrere Hundert Wasser- und Zugvogelarten, darunter Reiher und Adler, sind neben Reptilien und Säugetieren, etwa Makaken und Großwild, im Naturpark beheimatet. Ein Fernglas sollte griffbereit sein.

Ein Brillenlangur auf Beobachtungsposten

Der Nationalpark liegt 60 km südlich von Hua Hin (S. 153) und ist ein gutes Ziel für einen Tagesausflug. Zur Anreise empfiehlt sich statt öffentlicher Verkehrsmittel ein Mietwagen bzw. -moped, mit dem Sie auch durch das Schutzgebiet fahren (die Hauptsehenswürdigkeiten liegen weit voneinander entfernt) und einer Rundschleife folgen können, die von Hua Hin ausgeht und Sie an einem Tag zu den Hauptattraktionen führt (S. 201).

Märchenhaft: Königlicher Pavillon in der Höhle Phraya Nakhon

Naturwonnen

Der Hat Laem Sala ist ein schmaler Strand mit Besucherzentrum, Bungalows und Campingplatz. Er ist nur per Boot vom östlich des Dorfes Bang Pu gelegenen Strand oder auf einer 30-minütigen Wanderung zu erreichen. Vom Hat Laem Sala kommt man in 30 Minuten zum königlichen Pavillon Tham Phraya Nakhon, der einst zu Ehren Ramas V. errichtet wurde. Am Südrand des Gebietes findet man die Parkzentrale, von wo aus Wanderwege durch das von zahlreichen Affenarten bevölkerte Refugium führen, so auch auf den 157 m hohen Gipfel Khao Daeng. Am besten sollte man ihn kurz vor Sonnenaufgang besuchen, wenn das Licht am schönsten ist und die Tiere, vor allem die Vögel, ringsum erwachen.

Einen Vorschlag für eine Autotour von Hua Hin durch den Nationalpark finden Sie auf S. 201.

KLEINE PAUSE

Das Strandrestaurant am **Hat Sam Phraya** ist empfehlenswert. Es werden hauptsächlich Fischgerichte angeboten.

---

225 E3

Khao Sam Roi Yot Visitor Center
Rte 4020

032 82 15 68
www.thainationalparks.com
tgl. 8–16.30 Uhr
200 Baht, Guide: 200 Baht

Nach Lust und Laune!

44 Phetchaburi

In der Stadt, die vom Fluss Phet durchflossen wird, haben verschiedene Kulturepochen Spuren hinterlassen. Im 7. Jh. gehörte sie zum Reich der Mon, ab dem 11. Jh. zum Khmer-Reich, im 17. Jh. wurde sie zu einer Handelsstadt. Heute ist Phetchaburi das Zentrum einer Zuckerindustrie, die ihre Rohstoffe von den Palmenplantagen rundum bezieht. Ein Tagesausflug von Hua Hin (S. 153) oder Bangkok hierher lohnt sich.

Der restaurierte Wat Yai Suwannaram aus dem 17. Jh. am nordöstlichen Stadtrand weist verschiedene Buddha-Figuren, eine Ordinationshalle (Bot) mit interessanten Wandmalereien und eine auf Pfählen ruhende Bibliothek auf. Der bedeutendste Tempel aber ist der Wat Mahathat, dessen Buddha-Reliquien vom König gespendet wurden. Eine Seilbahn führt zum Hügel Khao Wang hinauf. Auf der Anhöhe ließ König Rama IV. im 19. Jh. den prächtigen Sommerpalast Phra Nakhon Khiri errichten. Heute birgt er ein Museum. Ebenfalls am westlichen Stadtrand liegen zwei Tempelhöhlen, Khao Banda-It und Khao Luang.

225 E4

Tourist Information (TAT)
500/51 Petchkasem Rd.
032 47 10 05
www.phetchaburi.eu

Wat Yai Suwannaram
Thanon Phongsuriya
tgl. Bot 7–18, Salah 8–18 Uhr
Eintritt frei

Wat Mahathat
Thanon Damnoen Kasem
tgl. 8–18 Uhr Eintritt frei

Phra Nakhon Khiri
tgl. 8.30–16 Uhr 150 Baht
Bahn zum Khao Wang 50 Baht

Tham Khao Luang
Mo–Fr 8–16, Sa/So 8–17 Uhr

Prachtvoller Palast: Phra Nakhon Khiri

45 Nakhon Si Thammarat

Nakhon Si Thammarat war über die Jahrhunderte das kulturelle und religiöse Zentrum des Großraums. Heute gilt es als Tor zum muslimischen Süden Thailands, der seit rund einem Jahrzehnt unter gewalttätigen Ausschreitungen zu leiden hat, weshalb das Auswärtige Amt davon abrät, die Region zu besuchen. »Nakhon Si« selbst aber gilt als sicher und gehört mit seinen zahlreichen Zeitzeugen zum Pflichtprogramm jedes Kulturreisenden. Insbesondere der

Wat Phra Mahathat, größter und heiligster Tempel des Südens, sowie das Nationalmuseum lohnen einen Besuch; herausragend ist auch das Suchart House, in dem das Vermächtnis von Suchart Subsin, dem berühmten Hersteller von Schattenspielfiguren, ausgestellt ist.

Auch als Souvenirs sind die aus Büffel- oder Kuhleder gefertigten Figuren beliebt, doch das Schattenspiel selbst, eine Tradition des tiefen Südens, wird nur noch zu besonderen Anlässen aufgeführt.

226 C3

Tourist Information (TAT)
Sanam Na Muang
07 534 65 15/6 tgl. 9–16.30 Uhr

Nationalmuseum
Thanon Ratchadamnoen
07 534 10 75 Mi–So 9–16 Uhr
150 Baht

Suchart House
10/18 Thanon Si Thammasok, Soi 3
07 534 63 94 tgl. 9.30–16.30 Uhr
frei

Wat Phra Mahathat
Thanon Ratchadamnoen frei

46 Thale Noi

Das Vogelschutzgebiet Thale Noi (»Kleiner See«) umfasst eine Seenlandschaft von 28 km² Fläche, die in einen insgesamt 450 km² großen Nationalpark eingebettet ist und als eines der letzten intakten Süßwasserfeuchtgebiet-Ökosysteme des Landes gilt. Der See selbst misst rund 5 x 6 km bei einer durchschnittlichen Wassertiefe von 1,2 m. Zwischen Januar und April ist er von einem Wasserpflanzen-Teppich bedeckt, in dem Millionen Lotusblüten leuchten. In dem Schutzgebiet machen bis zu 100 000 Brut- und Zugvögel aus insgesamt 187 Arten zwischen Oktober und April Station und lassen bei Sonnenaufgang lautstark von sich hören.

Am besten erlebt man Letzteres im Rahmen von organisierten Bootstouren. Es gibt auch Unterkünfte und ein Restaurant mit Infozentrum. Als Ausgangspunkt für einen Besuch bieten sich Phatthalung und Songkhla an.

226 C2

Thale Noi Waterfowl Reserve
Phatthalung 07 468 52 30
tgl. 8.30–16.30 Uhr

47 Songkhla

Wie Nakhon Si Thammarat (S. 158) so hat auch die Provinzmetropole Songkhla (ca. 75 000 Einw.) immer wieder unter gewalttätigen Auseinandersetzungen zu leiden. Die Stadt mit den vielen historischen Bauten liegt nahe der Grenze zu Malaysia auf einer Landzunge zwischen dem Golf von Thailand und dem See Thale Sap Songkhla, Thailands größtem Binnensee. Ist die Situation entspannt, kann sich ein Besuch lohnen.

226 C2

Tourist Information (TAT)
1/1 Niphatuthit 3 Rd.
07 423 10 55

Wohin zum ... Übernachten?

Preise für ein Doppelzimmer pro Nacht:
€ unter 2000 Baht
€€ 2000 bis 5000 Baht
€€€ über 5000 Baht

HUA HIN

Anantara Resort and Spa €€€
In diesem palastartigen Resort verschmelzen die landestypische Architektur, gepflegte Parks und moderner Komfort zu einem harmonischen Ganzen. Alle Zimmer sind mit Rattan- und Teakmöbeln ausgestattet und haben Terrassen mit Meerblick. Das Restaurant Baan Thalia bietet entsprechend ausgewogene Speisen an.
✈ 225 E3 ✉ 43/1 Phetkasem Beach Rd.
☎ 032 52 02 50 🌐 www.anantara.com

Centara Grand Beach Resort & Villas €€€
Das herrschaftliche Hotel mit Kolonialflair wurde 1923 eröffnet. In dem liebevoll restaurierten Haus mit hohen Decken und geschnitzten Balustraden sind die 1920er noch lebendig. Es gibt drei Pools, einen Krocket- und mehrere Tennisplätze sowie einen märchenhaften Tierfigurengarten. Die exzellenten Restaurants sind ebenfalls berühmt. Die uneinsehbaren Spa- und Pool-Villen sind ideal für die romantische Auszeit.
✈ 225 E3 ✉ 1 Thanon Damnoen Kasem
☎ 032 51 20 21
🌐 www.centarahotelsresorts.com

Chiva-Som €€€
Das Chiva Som (»Oase des Lebens«) ist ein ganzheitliches Gesundheitsresort. Es bietet eine Palette von rund 150 Behandlungen. Der an den Strand grenzende Park ist 3 ha groß; die Pools sind auch ein wohltuender Anblick. 57 Luxuszimmer und -suiten stehen zur Verfügung.
✈ 225 E3 ✉ 73/4 Thanon Phetkasem
☎ 032 53 65 36 🌐 www.chivasom.com

Long Beach Inn €–€€
Das freundliche Strandhotel liegt zwischen Hua Hin und dem Khao Sam Roi Yot National Park nahe Pranburi. Die eher einfachen Zimmer bieten, was man für diesen Preis erwarten kann, aber die Lage und die unglaublich hilfsbereiten holländischen/thailändischen Eigentümer machen das mehr als wett. Sie organisieren gern Touren. Familien sind willkommen; es gibt einen kleinen Pool.
✈ 225 E3 ✉ 223/4 Moo 4, Sam Roi Yot National Park, Prachuab Kirikhan
☎ 086 064 58 41
🌐 www.longbeach-thailand.com

Sea Harmony Eco Lodge €–€€
Ruhiges und strandnahes B & B-Haus der Spitzenklasse, das vom Öko-Gedanken getragen wird, mit sieben stylischen Zimmern, edlem Aufenthaltsraum, Garten und Organic Café. Man kommt und bleibt.
✈ 225 E3
✉ 8/10 Takiab 6 Takiab Village, Hua Hin
☎ 08 51 09 26 80
🌐 www.seaharmonyhuahin.com

Veranda Lodge €€
Die Veranda Lodge ist ein Boutiquehotel mit einem Dutzend Zimmern und sechs Suiten. Die Ausstattung ist mit der von Luxushotels vergleichbar. Die Zimmer sind klimatisiert. Ein Gourmet-Restaurant serviert Meeresfrüchte und authentische thailändische Küche. In dem duftenden tropischen Garten zum Strand hin liegt ein kleiner Pool.
✈ 225 E3 ✉ 113 Soi Hua Hin 67
☎ 032 53 36 78 🌐 www.verandalodge.com

KHAO SAM ROI YOT PARK

Dolphin Bay Resort €–€€
Das familienfreundliche Resort bietet die komfortabelsten Unterkünfte in größtmöglicher Nähe zum Nationalpark. Es liegt 35 km südlich von Hua Hin an der hübschen Bucht Phu Noi. 24 Bungalows, 22 Zimmer mit Balkon und sechs Villen stehen zur Verfügung. Es gibt zwei Pools und eine schöne Aussicht aufs Meer. Alle Zimmer bieten Klimaanlage, Satellitenfernsehen und eine Minibar.
✈ 225 E3 ✉ 227 Moo 4, Phu Noi Beach
☎ 03 282 51 90
🌐 www.dolphinbayresort.com

KO SAMUI / KO PHANGAN

Coral Cliff €€

Zwischen den Stränden Chaweng und Lamai liegt die Bungalowanlage von Kokospalmen umgeben an einer kleinen Bucht, die für Schnorchelausflüge gut geeignet ist; es gibt mehrere Korallenriffe zu entdecken. Die landestypisch gestalteten Bungalows mit Holzböden bieten einen weiten Meerblick.

225 E1
210 Coral Cove Beach, Lamai, Ko Samui
077 44 85 00
www.coralcliffbeachresort.com

Kamalaya €€€

Das Kamalaya ist eine der gesundheitsbewusstesten und attraktivsten Unterkünfte auf Ko Samui. Das Resort ist um eine Höhle angelegt, die früher von buddhistischen Mönchen zur Meditation genutzt wurde. Im Zentrum liegen das Wellness Sanctuary und das Holistic Spa, die ganzheitliche Medizin und Therapien für Körper und Geist anbieten. Die Unterkünfte liegen in einem Garten in balinesischem Stil, von dem ein Weg bis zum Strand führt. Mit Café und Restaurant.

Im Garten des Kamalaya

225 E1
102/9 Moo 3, Laem Set Rd., Ko Samui
077 42 98 00 https://kamalaya.com

Natural Wing Resort €–€€

Am Hat Bang Po im Nordwesten von Ko Samui schmiegen sich mehrere Villen an eine Anhöhe. Unterkünfte in Baumhäusern stehen ebenfalls zur Verfügung. Ein Spa und ein Restaurant mit Speisen der thailändischen, europäischen, vietnamesischen und japanischen Küche vervollständigen den Komfort des exzellenten Resorts.

225 E1 11/5 Moo 6, Hat Bang Po, Ko Samui
077 60 21 11 https://naturalwing.com

The Sarann €€€

Neben Entspannung bietet diese Strandvilla einen Luxus und eine Intimität, die sich angenehm vom Trubel des nahen Chaweng abheben. Die Zimmer haben Massivholzböden und sind klimatisiert. Ganzheitliche Behandlungen können Sie im Spa genießen. Außerdem stehen ein Infinity-Pool, ein Fitnessraum und eine Bibliothek sowie ein Internetraum zur Verfügung. Gute thailändische und westliche Küche im Restaurant Wild Ginger am Strand.

225 E1 95–96 Moo 3, Chaweng Noi Beach, Ko Samui
077 44 85 40 www.thesarann.com

Sea Scene Resort €–€€

Tolles Preis-Leistungs-Verhältnis auf Ko Phangan: Die 22 Bungalows dieser Anlage sind alle klimatisiert und mit großen Terrassen ausgestattet. Sie liegen entweder direkt am Strand oder in der zweiten Reihe dahinter, so sie nicht Gartenblick bieten. Die Lage ist herrlich ruhig (es gibt einen privaten Strand). Vom Restaurant aus hat man eine wunderbare Aussicht, und die günstigen Cocktails sind ein zusätzlicher Bonus.

225 E1 Aow Plaay Leam, Ko Phangan
077 37 75 16 www.seascene.com

PHETCHABURI

2 N Guesthouse €

Land und Leute besser verstehen – das ist die Leitidee des Guesthouse unter Leitung von Nisa und Nit (»2 N«), zwei Schwestern, die früher als Guides gearbeitet haben. Man erhält ausführliche Infos über die Sehenswürdigkeiten und das Kulturleben. So kann man Thailand von innen kennenlernen, ohne

dabei auf Privatsphäre verzichten zu müssen: Das Gästehaus im Thaistil steht separat in einem gepflegten Garten außerhalb des Stadtzentrums und bietet sechs komfortable Doppelzimmer, die alle mit einer separaten Terrasse ausgestattet sind. Im Preis inklusive sind das köstliche Frühstück, die Abholung am Bahnhof von Phetchaburi sowie gepflegte Fahrräder. Eine der besten Homestay-Adressen im Süden!
225 E4 98/3 Moo 2 Bankum, Muang District, Phetchaburi 08 18 17 11 34
www.2nguesthouse.blogspot.com

Regent Chalet €€–€€€
Das große Resort liegt wenige Kilometer südlich von Cha-am an der Straße nach Hua Hin. Ein gepflegter, 16 ha großer Park umgibt das Anwesen, dessen 559 Zimmer sich auf die drei Hotels Regent Cha-am, Regency Wing und Regent Villas verteilen. Ein ruhiger Strand liegt vor der Hotelanlage. Alle Zimmer bieten Ausblick auf einen von drei Pools, den Park oder das Meer. Zu den Einrichtungen der großen Anlage gehören außerdem ein Fitnessraum, Sauna, Squashräume, Tennisplätze und ein Jacuzzi.
225 E4
849/21 Thanon Phetkasem, Cha-am
032 45 12 40
https://regent-chaam.com

Wohin zum … Essen und Trinken?

Preise für ein Hauptgericht ohne Getränke:

€	unter 300 Baht
€€	300 bis 600 Baht
€€€	über 600 Baht

HUA HIN

Brasserie de Paris €€–€€€
Das exzellente französische Restaurant hat eine Terrasse mit Blick aufs Meer und die Fischereiflotte des Ortes. Meeresfrüchte sind die Spezialität des Hauses; empfehlenswert sind neben anderen klassisch französischen Hauptgerichten, Desserts und Appetithappen die Jakobsmuscheln Coquille Saint-Jacques. Die französische Leitung garantiert das hohe Niveau. Angeboten wird auch eine gute Auswahl französischer Weine.
225 E3 3 Thanon Naresdamri
09 90 02 72 35 www.brasseriedeparis.net
tgl. 10.30–22 Uhr

Let's Sea €€–€€€
Das Let's Sea ist ein schickes Al-Fresco-Resort am Meer. Es liegt an einem schönen Abschnitt der Golfküste und ist perfekt für

Inspiriert von der Hua Hin Railway Station der 1920er-Jahre: das Railway Restaurant im Centara

dieses informelle Strandlokal, das eine Mischung aus thailändischer und internationaler Küche serviert. Das Dekor ist mondän mit modernem Touch. Das Essen ist weder schlecht noch herausragend, aber die Lage macht dieses Haus zu etwas Besonderem.
225 E3 83/188 Soi Huathanon 23, Thanon Takiab 066 32 900 800 www.letussea.com tgl. 18–23 Uhr

Railway Restaurant €€€
Vor einigen Jahren wurde das Railway Hotel (heute Centara; S. 160) aufwendig restauriert; dabei entstand das prachtvolle Railway Restaurant. Es ist im Stil des Bahnhofs von Hua Hin mit alten Bahnhofsuhren und anderen Erinnerungsstücken dekoriert. Neben Thai-Klassikern wird ein vielfältiges internationales Spezialitätenbüfett geboten.
225 E3 Centara Grand Beach Resort, 1 Thanon Damnoen Kasem
032 51 20 21 www.centarahotelsresorts.com tgl. 6.30–23 Uhr

Saeng Thai Seafood €€
Die Fischereiflotte von Hua Hin entlädt ihre tägliche Fracht direkt am Pier vor dem beliebten Fischrestaurant, dem ältesten Restaurant der Stadt. Viele Einheimische zählen zu den Gästen. Auf die Frische der Ware, die die Anziehungskraft des großen Restaurants unter freiem Himmel ausmacht, ist ebenso Verlass wie auf die freundliche Bedienung.
225 E3 Thanon Naresdamri (am Pier)
032 53 03 43 tgl. 10–22 Uhr

KO SAMUI

Fishhouse €€€
Fine Dining in traumhafter Lage in schick-eleganten Räumlichkeiten zwischen Meer und Swimmingpool. Ob Service, Dekor oder Architektur – hier ist alles vom Feinsten, was sich natürlich auch in den Preisen der asiatisch-mediterranen Küche widerspiegelt.
225 E1 10/79 Moo 5, Chopeng Mon
077 95 15 00 auf Facebook
tgl. 12–22 Uhr

Food Lab €– €€
Von außen ist dieses kleine, authentisch italienische Restaurant eher unscheinbar, doch innen ist es nett und gemütlich, und vor allem anderen sonst sind die Gerichte in jeder Hinsicht einfach perfekt. Hier wird mit Liebe gekocht, das kann man schmecken, und dafür zahlt man auch gerne ein wenig mehr als sonst üblich.
225 E1 139/10 Moo 4, Lamai Beach, Tambon Bophut
098 72 63 85 tgl. 17–22 Uhr

Galanga €€
Eine schmackhaftere Thai-Küche als in diesem nett eingerichteten Restaurant wird man am Chaweng nicht finden. Da die Speisen auch auf das Herrlichste dekoriert sind, isst hier auch das Auge mit. Der Service könnte nicht besser sein, die Preise sind etwas höher als üblich, aber keinesfalls überzogen.
225 E1 Chaweng Beach Rd.
077 96 32 13 tgl. 11–23 Uhr

Happy Elephant €€
Die Ahnung von Gemütlichkeit und Freundlichkeit, die der Name verspricht, bestätigt sich im Restaurant. Es liegt beim Bophut Beach und bietet Thai-Spezialitäten. Fisch und Meeresfrüchte überwiegen, aber auch Pizza, Pasta und Burger werden angeboten.
225 E1 78/1 Moo 1, Bophut Beach
077 42 72 22 www.facebook.com/HappyElephantRestaurant tgl. 11–22 Uhr

Krua Thai €
Luftiges Restaurant in zentrale Lage an der Durchgangsstraße mit leckeren Gerichten einer authentischen Thai-Küche sowie auch einem großen Angebot an internationalen Gerichten. Supernetter Service, alles gepflegt und appetitlich, entsprechend populär.
225 E1 24/205, Moo 5, Hat Choeng Mon
77 24 70 97 auf Facebook
tgl. 11–23 Uhr

Nahm Restaurant & Bar €€
Die schöne Lage direkt am Strand ist nur ein Grund für einen Besuch dieses Restaurants. Der Gastgeber und das Personal sind aufmerksam und freundlich, die Auswahl an Wein sowie Drinks ist enorm, und die Gerichte der thailändischen sowie internatio-

nalen Küche sind sehr schmackhaft. Dazu entspannte Musik im Hintergrund, so kann man die Seele baumeln lassen.
✢ 225 E1 ✉ 16/9 Moo 5, Bophut Beach
☎ 063 198 87 78 ⊕ www.facebook.com/nahmsamui ● Mi–Mo 11 Uhr bis spät

Radiance Restaurant Beach Club €–€€
Locker und lässig speist man in diesem Strandrestaurant, dessen Speisekarte mehr als hundert Köstlichkeiten auflistet, darunter etwa 20 vegetarische Gerichte und rund zwei Dutzend Salate, aber kein Fleisch. Auch für gesundes Frühstück ist gesorgt.
✢ 225 E1 ✉ The Spa Resort, 71/7 Moo 3, zw. Chaweng und Lamai
☎ 077 25 66 15 ● tgl. 7–22 Uhr

Sala-Thai €€
Die Restaurantauswahl am Hat Lamai ist üppig, das Preisniveau moderat. Es zählt zu den empfehlenswerten Restaurants. Die Speisen sind thailändisch und international. Zu den Spezialitäten des Hauses gehören Hühnerfleisch in Kokosmilch und gegrillte Garnelen.
✢ 225 E1 ✉ 124/115 Moo 3, Lamai Beach Rd. (gegenüber Full Moon Bar)
☎ 081 968 14 45 ⊕ auf Facebook
● tgl. 12.30–22 Uhr

Supattra Thai Dining €€€
Thailändische Küche auf Top-Sterne-Niveau, zubereitet von Supattra, einer schlicht göttlichen Köchin, die diesen Gourmet-Tempel mit Thomas betreibt, einem gebürtigen Österreicher. Auch der Service ist ganz und gar perfekt, ebenso ist es das Ambiente. Und erstaunlich ist eigentlich nur, dass der Guide Michelin noch nicht auf dieses Highlight-Restaurant aufmerksam geworden ist.
✢ 225 E1 ✉ 32/6 Moo 4, Bophut Beach
☎ 093 282 87 77 ⊕ www.supattrathaidining.com ● Di–Sa 18–22 Uhr

Tree Tops €€€
»Sky dining«, so lautet das Motto des Lokals, in dem man hoch über dem Boden in ebenso edlen wie romantischen Séparées diniert. Vor solcher Kulisse in solch vollendeter Lokalität hat man wohl noch nie gespeist! Hier ist alles superlativ. Nirgendwo sonst auf der Insel umfasst die Speisekarte derart ausgesuchte Weltklasse-Schlemmereien. Unsere Empfehlung: »Candlelight Degustation«, sechs sensationelle Gänge mit perfekt abgestimmten exklusiven Weinen.
✢ 225 E1 ✉ Anantara Lawana Resort, 92/1 Moo 2, Chaweng Beach ☎ 077 96 03 33
● tgl. 18–22 Uhr

PHETCHABURI

Rabieng Rim Nam €
Man tritt ein in dieses Teakhaus am Ufer des Phetchaburi und wird sofort begeistert sein von den geradezu »antiken« Räumlichkeiten und dem Ausblick auf den Fluss. Dann blättert man durch die opulente Speisekarte, kostet eines der über hundert Thai-Gerichte und möchte am liebsten immer wiederkommen.
✢ 225 E4 ✉ 1 Thanon Cheesra-In, Phetchaburi ☎ 032 42 57 07 ● tgl. 9–23 Uhr

NAKHON SI THAMMARAT

Bovorn Bazaar €
Im Bovorn-Bazaar-Shopping-Komplex lohnt es sich, nach einem der unzähligen beliebten Imbisse, Cafés oder Restaurants Ausschau zu halten, die gute lokale Gerichte servieren. Besonders erwähnenswert ist Khrua Nakhon. Der Basar ist auch der ideale Ort für ein leckeres thailändisches Frühstück, einen Kaffee (besonders gut bei Hao Coffee), einen Drink oder Snack.
✢ 226 C3 ✉ 1180/807 Bovorn Bazaar, Thanon Ratchadamnoen ● tgl. 9–19.30 Uhr

SONGKHLA

Naiwan €€
Der Fang des Tages wird hier am Strand von Samila serviert. Hummer, Tintenfisch, Riesengarnelen und Muscheln werden nach südthailändischer Art fantasievoll zubereitet. Der Tintenfischkaviar in Zitronensauce ist eine echte Spezialität der Region. Aber auch der Wolfsbarsch und die gegrillten Garnelen sind herrlich frisch und lecker.
✢ 226 C2 ✉ 8/13-16 Rachadamnoen Rd., Muang Songkhla ☎ 074 31 12 95
● tgl. 10–22 Uhr

Wohin zum … Einkaufen?

HUA HIN

Hua Hin hat einen lebendigen Nachtmarkt, auf dem eine große Auswahl lokaler Handwerkskunst angeboten wird. Eine gute Auswahl von Boutiquen finden Sie am Thanon Naret Damri. Market Village ist ein moderner Shopping-Komplex mit Kinos, Bowlingbahn, Restaurants und Marken-Shops.

KO SAMUI

Auf Ko Samui, Schwerpunkt Chaweng, ist die Auswahl gigantisch, insbesondere an Schmuckläden bzw. vor allem »fliegenden« Schmuckhändlern, die allerdings dafür bekannt sind, vor allem »Edelsteine« aus Glas anzubieten. Wer sich nicht auskennt, sollte hier lieber nicht kaufen oder die Nature Art Gallery (200 Chaweng Beach Rd., Tel. 077 42 25 94, tgl. ab 10 Uhr) besuchen, wo man auch nach eigenen Vorlagen anfertigen lassen und dem Goldschmied auf die Finger schauen kann.

Eine gute Adresse für Badebekleidung: Amazonas Beach Wear (Chaweng Beach Rd., Tel. 088 684 60 80). Der beste Schneider ist Timmy's Tailors (Chaweng Beach Rd., am Mercure Tana Hotel, www.timmystailor.com, mit Abholdienst). Ein Kleid oder Anzug wird innerhalb von 24 Stunden fertiggestellt.

Ob Kosmetik und Gewürze, Öle, Nahrungsmittel, Kaffee und Tee – im bestens bestückten Samui Health Shop (Lamai Beach, Tel. 086 909 03 73, www.samuihealthshop.com, tgl. 10–19 Uhr) finden Sie alles.

In der Central Shopping Arcade in Chaweng Beach finden Sie eine Vielzahl von Geschäften, die alles von Kunst und Kunsthandwerk bis zu Designerkleidung anbieten.

Wohin zum … Ausgehen?

NACHTLEBEN

Das Nachtleben an der Golfküste konzentriert sich auf Ko Samui und Ko Phangan. In Hua Hin gibt's etliche Bierkneipen (zwischen Thanon Naretdamri und Thanon Phunsuk).

KO SAMUI

Im Green Mango Club (Soi Green Mango, Chaweng Beach, www.thegreenmangoclub.com) wird es erst nach Mitternacht richtig lebendig. Henry Africa's auf der Soi Green Mango (Moo 2, tgl. 18–3 Uhr) am selben Strand hat eine witzige Atmosphäre und zählt zu den beliebtesten Bars. Die populärste Beach Bar am Chaweng ist der Ark Beach Club (Tel. 077 41 33 33, www.ark-bar.com, tgl. ab von 9 Uhr bis spät nachts), dessen 150 m lange Strandfront schon mal von 2000 Leuten betanzt wird.

Die in den Fels gehauene bzw. integrierte Samui Rock Bar (Hin Ta/Hin Yai Rock Sones, Lamai Beach, www.samuirockbar.com, tgl. 11–2 Uhr) ist mit Abstand die urigste und coolste (Reggae-)Nachtadresse der Insel. Atmo, Ambiente und Beach-Location sind einfach traumhaft.

KO PHANGAN

Die Vollmondpartys am Hat Rin (S. 151) sind mit bis zu 20 000 Besuchern die größten Beach-Happenings der Welt, und auch zu Halb- und Neumond gibt es Partys (https://fullmoonparty-thailand.com, https://phanganist.com).

Filmreif: Das Wasser in der Maya Bay schimmert türkisblau, Boote schaukeln sanft in den Wellen, und die Kulisse bilden bizarre Kalksteinformationen.

An der Andamanensee

Hier trifft der Indische Ozean mit Dutzenden traumhaften Inseln und bunt belebten Korallenriffen auf fast 900 km Tropenküste.

Seite 166–187

Erste Orientierung

Die Seele baumeln lassen, neue Energie tanken, das kann man wohl nirgends sonst in Thailand so gut wie an der Andamanensee zwischen der Grenze zu Myanmar im Norden und der Grenze zu Malaysia im Süden, wo der Indische Ozean zwischen den wunderschönen Inselchen und den spektakulären Korallenriffen in Blautönen leuchtet.

In dieser »Badewanne Südostasiens« kann jeder nach seiner Fasson glücklich werden, denn Robinsoninseln und durchgestylte Ferienzentren bilden nur die Pole des variantenreichen Angebots in einem oftmals von bizarren Kalksteinformationen geprägten Landschaftsbild. Teils ragen die Karstfelsen als »Südseeinseln« aus den Fluten des Meeres, teils bilden sie die Küste selbst, die mal schroff abfällt, mal in kleine, mal in große Sandbuchten, mal in lange Strände ausläuft.

Bekanntestes, doch wahrhaftig nicht schönstes Ziel an dieser Küste ist die Ferieninsel Ko Phuket, die vor dem atemberaubenden Felskessel von Ao Phang Nga liegt, übersät mit Aberhunderten skurril geformten Kalksteininseln, von denen Ko Phi Phi – eine der schönsten Inseln weltweit – nur die bekannteste ist. Im Osten wird diese Bucht von der Küstenlinie bei Krabi begrenzt, die als Inbegriff einer majestätischen tropischen Landschaft gilt, wohingegen es sich bei dem nahen Khao Sok National Park um nichts weniger als eines der ältesten Ökosysteme auf Erden handelt.

TOP 10

5 ★★ Krabi

6 ★★ Khao Sok National Park

9 ★★ Ao Phang Nga

10 ★★ Ko Phi Phi

Nach Lust und Laune!

48 Khao Lak, Ko Similan & Ko Surin

49 Ko Phuket

50 Ko Jum

51 Ko Lanta Yai

52 Ko Hai, Ko Kradan & Ko Muk

53 Ko Tarutao & Ko Lipe

Mein Tag auf »Südseeinseln«

Organisierte Touren sind eigentlich nicht Ihr Fall? Für die überall auf Ko Lanta angebotene Four-Islands-Tour lohnt es sich, eine Ausnahme zu machen. Der Tagesausflug führt ins Paradies – und günstiger können Sie die südlich von Ko Lanta gelegenen Trauminseln nicht erreichen.

8 Uhr: Durch Stelzwurzelwelten ins Paradies

Los geht's gegen 8 Uhr, wenn Sie an Ihrer Unterkunft abgeholt und zum Pier beim Insel-Hauptdorf Ban Saladan auf 51 Ko Lanta Yai gebracht werden, das teils auf Pfählen im Wasser steht. Sobald alle Teilnehmer an Bord des Ausflugsboots sind, heißt es »Leinen los!«. Die Fahrt verläuft hinter Ko Lanta entlang durch einen Mangrovenkanal, wo winzige Fische glitzernden Wolken gleich im flachen Wasser vorbeihuschen. Algen, Schwämme und Seeanemonen wogen im Gezeitenstrom, und im Geflecht der grauen, mit Muscheln und Seepocken besetzten Stelzwurzeln turnen Makaken auf Krabbensuche herum.

10.30 Uhr: Ein spektakuläres Naturwunder

Dann öffnet sich der Kanal in eine weite Bucht, von urwaldgrünen Bergen umrahmt, in der nach etwa 1,5 Stunden am Bootssteg von 52 Ko Hai für ein paar Minuten angelegt wird, um Gäste aus- bzw. zusteigen zu lassen. Am Nachmittag ist diese autofreie Resort-Insel erneut Ziel, aber nun geht es erst einmal zur gegenüberliegenden Insel 52 Ko Muk hinüber, vor deren steil aufragender Felsküste der Anker geworfen wird.

8 Uhr: Durch Stelzwurzelwelten ins Paradies

17 Uhr: Willkommen zurück!

14 Uhr: Süßes Nichtstun

11.30 Uhr: Zum Abtauchen fast zu schön

10.30 Uhr: Ein spektakuläres Naturwunder

Wenn die Motoren verstummen, hört man das Wasser dumpf gegen das Holz des Bootsrumpfs schlagen – eine Inseltour in der Andamanensee ist wie ein Ausflug in eine andere Welt. Vor Ko Muk geht es dann vom Boot ins Wasser und hinein in die Smaragdhöhle (rechts).

Hier wartet ein kleines Abenteuer, denn direkt voraus klafft eine stockdunkle, maximal 8 m breite Höhle, in die es nun in einer Art Polonaise schwimmend hinein- und für rund zehn Minuten hindurchgeht. Das mag ein wenig unheimlich sein, aber das Ziel – die »Smaragdhöhle« bzw. eher -Lagune Tham Morakot – ist das kurze Unbehagen wert: Sie hat noch jedem die Sprache verschlagen.

11.30 Uhr: Zum Abtauchen fast zu schön

Der Anker wird gelichtet. Während der nun folgenden etwa halbstündigen Fahrt genießen Sie an Bord das mittägliche Büfett. Dann werden Sie mit Tauchermasken und -flossen ausgestattet, und schon ist 52 Ko Kradan erreicht, das mit seinem geschwungenen Strand vor dem türkisfarben schimmernden Meer vielleicht am stärksten dem Klischeebild vom Tropentraum entspricht. Wie eine Hommage an die Südsee wirkt es – über Wasser sowieso, aber auch unter Wasser, wo Hunderte Meter lange Korallenriffe parallel zur Küste verlaufen.

14 Uhr: Süßes Nichtstun

Hier können Sie nun knapp zwei Stunden lang mit dem Kopf im Wasser staunen, die Insel

Unwirklich schön: Dem klaren Nass vor Ko Kradan kann kaum jemand widerstehen (oben). Anschließend geht es zurück nach Ko Lanta, wo die Boote am Pier von Ban Saladan (links) wieder anlegen.

erkunden oder ein Resort besuchen, bevor die Rückfahrt nach 52 Ko Hai angetreten wird. Dort ist rund eine Stunde Aufenthalt vorgesehen, und wenn Sie sich das Paradies als eine Idylle aus weißen Sandstränden an einer smaragdfarbenen korallenreichen Meeresbucht vorstellen, dann haben Sie es hier gefunden. Die mit Urwald bewachsene Insel wird von etwa einem Dutzend Resorts dominiert, die sich ihre Exklusivität entsprechend bezahlen lassen.

17 Uhr: Willkommen zurück!

Um 15.30 Uhr ruft das Horn zum Aufbruch, und vom Sonnendeck aus können Sie nun noch einmal eine Fahrt durch den Mangrovenkanal zurück nach 51 Ko Lanta genießen. Gegen 17 Uhr gehen Sie dort in Ban Saladan wieder an Land, von wo aus Sie zu Ihrer Unterkunft zurückgebracht werden. Bei einem kühlen Getränk lässt es sich dort noch ein wenig von Ihrem Tag in der »Südsee« träumen.

i

Touren zu den Inseln
Auf Ko Lanta werden ähnliche Touren vielerorts angeboten. Einer der Veranstalter:

Koh Lanta Tours
226 B2 ✉ 673/2 Moo 3 Saladan, Ko Lanta
☎ 065 506 08 55
https://koh-lanta-tours.com

❺ ★★ Krabi

Was?	Ein einzigartig schönes Fleckchen Erde
Warum?	Tropische Landschaft wie aus dem Reisekatalog
Wann?	Der Besuchermassen wegen nicht über den Jahreswechsel
Wie lange?	Möglichst so lange Sie können
Was noch?	Take-off zum Insel-Hopping in der paradiesischen südlichen Andamanensee
Resümee	Gleich noch mal hin! Und noch mal ... und noch mal

Bizarr geformte Berge gelten im Allgemeinen als schöne Berge, und diejenigen, die man in der Provinz Krabi zu sehen bekommt, sind bizarrer, als man sich vorstellen kann. Aber auch Urwälder und Mangrovensümpfe, Wasserfälle, Thermalquellen sowie Höhlenlabyrinthe und Meditationsklöster sind hier zu finden. Ob Sie Faulenzen im Sinn oder eine aktive Ader haben, ob es Luxus ist, den Sie suchen, oder Palmwedel-Romantik: Krabi kann alle Ansprüche erfüllen.

Krabi ist nicht nur der Name der Provinz, sondern bezeichnet auch die meernah am Krabi-Fluss gelegene Provinzmetropole, die sich als charmantes und nur etwa 30 000 Einwohner großes Städtchen entpuppt. Einen Gang entlang der Flusspromenade zum abendlichen Night Market sollte sich niemand entgehen lassen, der auf kulinarische Entdeckungsreise gehen möchte. Krabi ist nämlich auch eine kleine Gastronomie-Metropole, und der Leckereien, die in den Garküchen des Night Markets vor sich hin brutzeln, kann man als Genießer schon mal »wok und weg« sein.

Touristisches Highlight der Stadt aber ist der 7 km außerhalb gelegene Wat Tham Sua im Nordosten von Krabi (Songthaew kostet 50 Baht). Bei diesem »Tigerhöhlentempel« handelt es sich um eines der berühmtesten Meditationsklöster des Südens; rund 250 Mönche und Nonnen pflegen hier ein buddhagefälliges Leben in kleinen Meditationshöhlen und -Hütten rings um die namensgebende Tigerhöhle, in der die Haupthalle des Klosters prunkt. Ein Pfad führt von hier aus durch einen üppigen Urwald, doch Höhepunkt im Sinne des Wortes ist der Aufstieg über eine

1237 Stufen zählende und nahezu vertikale Treppe zum Gipfel eines rund 300 m hohen Kalksteinfelsens, wo ein Fußabdruck Buddhas zu betrachten ist, vor allem aber ein Rundumpanorama, wie man es im Süden kaum ein zweites Mal genießen kann.

Die Besteigung des Klosterberges, wo der Wat Tham Sua steht, lohnt sich wegen des erhabenen Ausblicks.

Klischee auf den ersten Blick

Hauptattraktion von Krabi sind die Strände, und touristisches Zentrum an der Küste ist die von Krabi Town rund 17 km entfernte Bucht Ao Nang am gleichnamigen Strand. Auf den ersten Blick kommt er dem gängigen Klischee vom Traumstrand zwar nahe, doch ist zu viel gebaut worden, herrscht zu viel Verkehr auf der direkt an den Strand grenzenden Straße, und auch der Strand selbst, grobkörnig und recht steil abfallend, macht weniger her, als die bunten Prospekte versprechen. Auch der östlich angrenzende Feinsandbogen des in Kiefern gefassten, aber extrem gezeitenabhängigen Hat Noppharat Thara ist eher enttäuschend, und lediglich, dass er als Teil eines Naturschutzgebietes relativ unverbaut ist, kann gefallen.

Paradiesische Strände

Südlich von Ao Nang aber, und nur im Rahmen einer Bootsfahrt erreichbar (200 Baht, nach 18 Uhr 250 Baht), erstrecken sich Strände, die an Exotik kaum noch zu überbieten sind und die den Ruf von Krabi als Strandsensation des Südens eigentlich begründet haben. Die Boote gehen in der seichten Bucht des etwa 700 m langen West Railay Beach vor Anker, und angesichts der makellos schneeweißen Sandfläche kann es einem schon mal die Sprache verschlagen.

Hoch hinaus geht es für Kletterer aus aller Welt an den Felswänden von Krabi.

Eingerahmt wird der Strand von Felsen, die ein beliebtes Klettergebiet abgeben. Linker Hand und nur durch ein Felskap getrennt, lädt der mehrere hundert Meter lange und auf drei Seiten in monumentale Kalksteinformationen gefasste Tonsai Beach zum Staunen ein, und hält man sich rechts, ist es nur ein Katzensprung zur Ao Phra Nang.

Die Bucht weist zwei vorgelagerte Felsfinger auf, hat einen Palmensaum im Rücken und wird im südlichen Abschnitt, wo ein fast 100 m hoher Kalksteingipfel aufragt, von gigantischen Stalaktiten beschattet, unter denen sich das schwarze Grottentor der (als heilig verehrten) Ao-Phra-Nang-Höhle öffnet.

Von hier aus ist es nicht weit bis zum gen Nordosten ausgerichteten East Railay Beach, der mit Mangroven bestanden und kaum zum Baden geeignet ist, aber mehrere wunderschön am angrenzenden Hang gelegene Resorts hat, die teils eine grandiose Aussicht bieten.

KLEINE PAUSE

Der **Night Market** in Krabi Town erwacht Abend für Abend ab 18 Uhr, wenn die Essensstände und Tische am Fluss aufgebaut werden.

---

i

226 B3

Tourist Information (TAT)
292 Maharat Rd.
075 61 28 11
www.krabi-tourism.com

Night Market
Thanon Khong Kha · tgl. 18–22 Uhr

Wat Tham Sua
Krabi Noi, A. Mueang Krabi
840 68 46 64 · tgl. 6–18 Uhr

❻ ★★ Khao Sok National Park

Was?	Das größte zusammenhängende Urwaldgebiet des Landes
Warum?	Die »Dschungelbuch«-Welt rings um den malerischen See dieses Schutzgebietes hat wohl asienweit kein Pendant
Wann?	Möglichst nicht während der Regenzeit
Wie lange?	Für das Landschaftserlebnis mindestens zwei, drei Tage
Was noch?	Eine Nacht im Baum- oder Floßhaus – hier ist sie möglich
Resümee	Unvergessliche Erinnerungen an »Jurassic Park«

Das Naturschutzgebiet umfasst eines der ältesten Ökosysteme der Erde. Nebelverhüllte Karstfelsen ragen aus dem Dschungel empor, der von Flüssen durchzogen ist. Elefanten, Bären und Tiger leben verborgen in den Wäldern, doch Affen, Echsen, Wildschweine und Rotwild sichtet man häufig. Die Rufe der Gibbons dringen vom Dach des Dschungels herab, das Zirpen der Zikaden ist überall zu hören.

Bleibende Eindrücke gewinnt man, indem man sich dem Naturerlebnis überlässt. Mehrere Wanderwege führen vom Besucherzentrum zu Wasserfällen, über Luftwurzeln hinweg, an Schirmpalmen und Bambusstämmen vorüber, die kirchturmhoch in den grünen Blatthimmel ragen. Die Großsäugetiere sind eher scheu, Schmetterlinge, Libellen und, aber nur im Januar und Februar und nur mit etwas Glück,

Die Besichtigung des Khao Sok National Park startet meist mit einer Bootstour durch die beeindruckende Kulisse aus Kalksteinfelsen.

Magischer Moment

Die Seele baumeln lassen

Sanft schaukelt die Hängematte, eine Brise lässt die Blätter rascheln, Zikaden zirpen. Die Gedanken ziehen lassen, abgleiten in einen Traum. Kann es etwas Schöneres geben? Auf Ko Siboya abseits touristischer Pfade finden Sie zurück zum Ursprünglichen. Das Fährboot bringt Sie von Laem Hin dorthin, wo es nur eine einzige nennenswerte Bungalowanlage gibt – und es ist schon so manchem schwer gefallen, wieder zu gehen. *Siboya Bungalows, Tel. 08 19 79 33 44, www.siboyabungalows.com*

die Rafflesia, die größte und schwerste Blume der Welt, werden Sie aber zu Gesicht bekommen.

Die Übernachtungsmöglichkeiten im Park bestehen aus Bungalows und Tree Tops (Baumhäuser), meist romantisch am Flussufer gelegen. Englischsprachige Guide leiten die Tages- oder Nachtsafaris. Programme werden nach Wunsch organisiert, z. B. Elefantenreiten oder »Tubing«. Toll ist eine Übernachttour über den Stausee mit Höhlenbesichtigung.

KLEINE PAUSE

Alle privaten Lodges haben **Restaurants.** Sie müssen nicht dort wohnen, um etwas zu sich zu nehmen.

i

226 A3
40 km östl. von Takua Pa
077 39 51 54
www.thainationalparks.com, Übernachtungsmöglichkeiten unter: http://portal.dnp.go.th
Besucherzentrum tgl. 8–18 Uhr
200 Baht

9 ★★ Ao Phang Nga

Was?	400 km^2 großer Meereskessel
Warum?	Weil man dieser mit bizarr geformten Felsen gespickten Bucht für die filmreife Kulisse am liebsten einen Oskar verleihen würde
Wann?	Wenn möglich nicht zwischen Dezember und März – es sei denn, Sie haben ein ausgesprochen geselliges Wesen
Wie lange?	Einen Tag
Resümee	Was für eine Wasser-Wunder-Welt!

Die James-Bond-Insel Ko Phing Kan mit der markanten Felsnadel ist eine beliebte Kulisse für Erinnerungsfotos.

Die weltberühmte Bucht von Ao Phang Nga spannt sich als ein über 400 km^2 großer Kessel zwischen Phuket und Krabi in die Andamanensee. Aberhunderte urwaldgrüne Inselberge, von Sandstränden umkränzt, erheben sich aus dem blaugrün schimmernden Meer. Einen Bootsausflug in diesem Nationalpark darf man sich nicht entgehen lassen!

Ein besonders eindrückliches Erlebnis ist es, die Bucht im Rahmen einer ein- bis dreitägigen Seekajaktour zu bereisen (S. 191).

Im Longtail-Boot übers Meer

Ausgangspunkt für Touren durch das Naturschutzgebiet ist der Busbahnhof der Stadt Phang Nga. Der etablierte Veranstalter Sayan Tour bietet einen freundlichen und effizienten Service. Halbtagesausflüge zu ausgewählten Inseln und Höhlen beginnen morgens oder nachmittags; auf einem ganztägigen Ausflug gibt es mehr zu sehen, und im Programm ist eine Badepause enthalten. Eine Tour mit Übernachtung verbindet das Programm eines Halbtagesausflugs mit einem Aufenthalt in einer schlichten Unterkunft im muslimischen Pfahlbaudorf auf Ko Panyi und einem abendlichen Fischessen – mit Einblicken in die Lebensweise der Dorfgemeinschaft, wenn Sie mögen.

Fragil und doch beständig: das charmante schwimmende Dorf von Ko Panyi

Zu Besuch auf Ko Panyi

Das muslimische Dorf auf der Panyi-Insel hat etwa 1800 Einwohner. Am schönsten ist es hier am Abend, wenn die Fischrestaurants und Souvenirläden schließen. Durchwandern Sie das Labyrinth aus korrodiertem Eisen und modrigem Holz, in dem sich die Menschen mit schlafwandlerischer Sicherheit bewegen, ohne ins Wasser zu fallen. Fünfmal am Tag beten die muslimischen Einwohner in der grüngoldenen Moschee.

Bizarre Formen, fantasievolle Namen

Von Phang Nga ist es nur eine 9 km kurze Fahrt zum Pier, von wo bunte Langboote an mangrovenbewachsenen Ufern vorbei durch das stille grüne Wasser gleiten. Am Rand der Bucht liegen zahlreiche Inselberge, deren Namen sich von ihrer Form her ableiten: »Insel des kleinen Hundes« oder »Kröteninsel«. Auch die Tropfsteingrotte Tham Lod wird angesteuert sowie die Felsenhöhle Khao Khien, deren Malereien teils 3000 Jahre alt sein sollen. Die Tour endet mit Ko Phing Kan, der James-Bond-Insel mit dem weißen Strand.

KLEINE PAUSE

Zum Programm einer Tagestour durch das Naturschutzgebiet gehört ein Mittagessen in einem der **Fischrestaurants.** Wer möchte, kann sogar über Nacht bleiben.

---

i

226 A3

Sayan Tour
✉ 209 Phang Nga Bus Terminal, Phang Nga
☎ 076 43 03 48
www.sayantour.com
Nationalpark 300 Baht, Tour halber Tag/ganzer Tag/inklusive Übernachtung 950/1250/2200 Baht

⑩ ★★ Ko Phi Phi

Was?	Traum- und Partyinsel
Warum?	Weil das zu den schönsten Inseln der Welt zählende Eiland der Shooting-Star in Südthailand schlechthin ist
Wann?	Wann immer Sie die Nacht zum Tag machen möchten
Wie lange?	Wenn schon, denn schon: Einen Tag und eine Nacht werden Sie bleiben wollen
Resümee	»Südsee«-Fotomotive und vielleicht ein heftiger Kater

Wer sich das Paradies als eine Idylle aus weißen Feinsandstränden an smaragdfarbenen, von urwaldgrünen Kalksteinfelsen überragten Buchten vorstellt, der kann es auf dieser nur 35 km² großen Doppelinsel finden. Sie besteht aus dem unbewohnten Phi Phi Ley (7 km²) und dem 28 km² messenden Phi Phi Don. Ko Phi Phi stand im Thriller »The Beach – Der Strand« mit Leonardo DiCaprio in der Hauptrolle im Rampenlicht und wird entsprechend viel besucht.

Schon die Bootsfahrt nach Ko Phi Phi ist ein einmaliges Erlebnis, erst recht eine Bootstour um die Inseln herum, geht es doch vorbei an lauter faszinierenden Felsskulpturen, von Höhlenlabyrinthen durchbohrt und von Vögeln und Fleder-

Absolut filmreif: Die Kalksteinfelsen von Ko Phi Phi Ley rahmen die Maya Bay ein, ein prototypisches Sehnsuchtsziel.

Ob die Affen am Monkey Beach von Ko Phi Phi Don wohl gern als Fotomodelle posieren?

mäusen bewohnt. Ko Phi Phi von außen, vom Meer aus betrachtet, ist atemberaubend, und man versteht leicht, warum die Insel zu den schönsten auf Erden zählt.

Das zweite Gesicht

Geht man aber an der sichelförmigen Tonsai Bay von Phi Phi Don an Land, verschiebt sich das Bild, denn vor lauter Booten ist der angrenzende Haupt- und Vorzeigestrand der Insel kaum auszumachen. Dahinter erstreckt sich mit The Village das touristische Zentrum, das vom verheerenden Tsunami vom 26. Dezember 2004 zwar vollkommen zerstört, aber längst wieder aufgebaut wurde – wenn man das Ergebnis nicht als »verbaut« bezeichnen möchte. Die Preise sind horrend, und das Nachtleben könnte heißer und lauter nicht sein, weshalb an Naturerlebnissen Interessierte eher die Strände an der langen Ostseite der Insel besuchen sollten.

KLEINE PAUSE

Die **Chao Koh Phi Phi Lodge** (53 Moo 7) steht unter derselben Leitung wie die beliebte **Carlito's Bar** (S. 191) und hat ein hervorragendes Restaurant (reichhaltiges Frühstücksangebot) mit Blick auf den zentralen Strand von Tonsai Village. Den Abend kann man bei einem Cocktail genießen, während am Strand von Tonsai Village die Lichter angehen.

---

i 226 A/B2
https://phi-phi.com
www.phiphitravelandtours.com

Nach Lust und Laune!

48 Khao Lak, Ko Similan & Ko Surin

Nördlich von Phuket erstrecken sich einige der längsten Sandstrände Thailands, und beim (Pauschal-)-Ferienzentrum Khao Lak – vom Tsunami 2004 zerstört, aber längst wieder aufgebaut – ziehen sie sich fast 40 km am Ozean entlang. Vor allem ältere Urlauber und Familien mit Kindern wissen das zu schätzen, aber auch Taucher, denn Khao Lak ist Ausgangspunkt für Boots-, Schnorchel- und Tauchtouren zu den Nationalpark-Archipelen Similan (neun Inseln) und Surin (fünf Inseln), deren bunte Korallenriffe zu den besten Tauchrevieren Asiens zählen.

Bei den Nationalparkzentren beider Inselgruppen finden sich Unterkünfte und Restaurants, und wer die Qual der Wahl hat, sollte sich vielleicht für Surin entscheiden, das Standort von Thailands erstem Unterwasser-Naturlehrpfad ist. Veranstalter solcher Touren finden sich in Khao Lak zuhauf, empfehlenswert ist u. a. das deutschsprachige Wetzone Divers. Zum Angebot gehören Überfahrt, Unterkunft mit Vollpension und Ausrüstung.

226 A3-A4
www.khaolak.de, https://similan-islands.com, www.thainationalparks.com

Wetzone Divers
33/5 Moo 7, Khao Lak
085 780 85 65
www.wetzonedivers.com

49 Ko Phuket

Um 900 n. Chr. diente die Insel indischen und arabischen Seefahrern als Ankerplatz. Heute ist die »Perle der Andamanensee« für ihre exquisite Gastronomie, Wassersportmöglichkeiten und Tauchgründe berühmt.

Die Soi Romanee war einst die Rotlichtgasse von Phuket Town, heute ist sie ein Foto-Hotspot.

Die mit 576 km² größte Insel Thailands ist zugleich die wohlhabendste Region des Landes. Alles hat Format: die geschwungenen Strände, die Luxushotels und die hohen Berge. Das Zentrum des Tourismus ist der Strand Ao Patong, der auch Sitz der meisten Tauchschulen, Geschäfte und Lokale ist. Der Küstenbereich ist Phukets größte Unterhaltungsmeile.

An den Nachbarstränden Ao Karon und Ao Kata geht es ruhiger zu. Hier, wie überall auf der Insel, sind die Strände von Bettenburgen geprägt. Die Preise wuchern entsprechend: Phuket ist, auch nach europäischen Maßstäben, kein Billigziel. Es vereint mit seinen schönen, aber zugebauten Stränden nun all das, was man sich unter einem »Tropenparadies« nicht vorstellt.

Hauptstadt der Insel und der gleichnamigen Provinz ist die rund 92 000 Einwohner beherbergende Phuket Town, in der nur die Altstadt interessant ist. Hier finden sich mehrere Straßenzüge – allen voran die Thanon Dibuk und die Thanon Thalang – mit Häusern und Villen im sino-portugiesischen Stil. Sie zeigen den Einfluss der chinesischstämmigen Bevölkerung, denn lange vor dem Tourismus herrschte hier dank der Kautschukplantagen, Perlenzuchtfarmen und Zinnminen schon relativ großer Wohlstand.

↠ 226 A2/3
🌐 www.thailandsun.com/phuket, www.phuket.com

50 Ko Jum

Die lang gestreckte, auch als »Ko Phu« bekannte Insel liegt am Südrand der Ao Phang Nga und ist mit dem täglich zwischen Krabi Town und Ko Lanta verkehrenden Fährboot innerhalb einer Stunde erreichbar. Im Norden steigt sie auf bis zu knapp 400 m Höhe an, im Süden ist sie flach, und etwa die Hälfte ihrer Fläche ist mit Kautschukplantagen bedeckt, die den meisten der knapp 1500 muslimischen Einwohnern ein Auskommen bescheren.

Auf den wenigen schmalen Inselsträßchen sind fast nur Mopeds unterwegs, in den drei kleinen Inseldörfern geht es noch so beschaulich zu wie eh und je. Touristen trifft man eigentlich nur an der rund 12 km langen Westküste, an deren goldgelben und leicht grobsandigen Stränden teils noch der Urwald leckt – insbesondere im nur bei Flut badetauglichen Norden.

Je weiter südlich man kommt, desto tiefer das Meer und breiter die Strände, die Richtung Südkap immer schöner werden. Unterkünfte gibt es für jedes Budget, auch wenn die meisten der rund fünf Dutzend Anlagen eher auf Backpacker eingestellt sind.

↠ 226 B2
🌐 https://kohjumhotels.com

51 Ko Lanta Yai

»So herrlich wie am ersten Tag der Schöpfung«, wie es im Prospekt steht, ist das rund 25 km lange Oval dieser südlich von Krabi vor dem offenen Indischen Ozean gelegenen Insel zwar schon lange nicht mehr, aber stellt man Vergleiche an, schneidet Ko Lanta noch gut ab.

Zwar hat der Tourismus das Leben der rund 20 000 Inselbewohner und das Bild der Küste nachhaltig verändert, doch das Inselinnere präsentiert sich mancherorts noch völlig unberührt. Es wird von einem bis zu 500 m hoch aufragenden Gebirgsrücken gebildet, über den sich primärer Regenwald zieht. Zur Ostküste hin fällt er zu einem breiten Mangrovengürtel ab, gen Westen hingegen zu einer schmalen Küstenebene, die fast über die gesamte Insellänge in Strände ausläuft.

Es gibt kilometerlange und feinkörnig-weiße, aber auch winzig kleine und grobkörnig-gelbe, und fast allen ist gemeinsam, dass sie flach ins Meer auslaufen, was insbesondere Familien mit Kindern sowie ältere Reisende zu schätzen wissen. Entsprechend ist die Klientel der Insel, wobei das Gros aller Urlauber aus Schweden kommt. Nirgends sonst im Süden von Thailand findet man derart viele »Überwinterer« wie hier, wo sich auch der Tauchtourismus ein Zentrum geschaffen hat.

Verkehrstechnisch ist Ko Lanta gut angebunden. Von Krabi aus kann man die Insel innerhalb einer Stunde per Straße erreichen (nur eine kurze Fährfahrt), mit dem Boot (via Ko Jum) dauert die Fahrt zwei Stunden.

226 B2

Tourist Information (TAT) Krabi
☎ 075 61 28 11
https://12go.asia/de
Fähren tgl. auch ab Phuket und Ko Phi Phi, von Ende Okt.–April fährt 1-mal tgl. ein Schnellboot

52 Ko Hai, Ko Kradan & Ko Muk

Gen Süden geht die Provinz Krabi in die Provinz Trang über, die eigentlich nur auf den der mangrovenreichen Küste vorgelagerten Inseln am Fremdenverkehr partizipiert. All diese Inseln erreicht man am besten mit dem täglich ab Phuket verkehrenden Schnellboot (siehe oben), und so kann man hier genüsslich von Insel zu Insel schippern. Das erste Eiland am Bootsweg südlich von Ko Lanta heißt Ko Hai (auch: Ko Ngai). Es misst nur knapp 2 x 4 km und zählt an seiner sandigen Ostküste lediglich ein paar edle Resorts, deren Gäste das dem Strand direkt vorgelagerte Korallenriff meist ganz für sich allein haben. Weiter geht es zum nahen Ko Kradan, das nicht mal 1 km² Fläche

Auf Ko Hai ist Entspannung angesagt.

umfasst, dafür aber Strände, so blendendweiß und feinsandig wie nirgends sonst in Thailand. Märchenhaft präsentieren sich auch die direkt vorgelagerten Korallenriffe, da zahlt man die überhöhten Preise in den Resorts gern.

Drittes und letztes Inselziel ist die rund 18 km² große »Perleninsel« Ko Muk, die von den meisten Touristen nur im Rahmen eines Tagesausflugs von Ko Ngai oder Ko Lanta aus besucht wird. Ihr Highlight ist die Tham Morakot, zu Deutsch »Smaragdhöhle«, die man vom Meer aus auf einer Länge von rund 80 m durchschwimmt, um sich plötzlich in einer ringsum von Wald und Felsen eingerahmten Lagune wiederzufinden, die in fantastischen Farben schimmert.

226 B2

Tourist Information (TAT)
330/3 Petchkasem Rd., Trang
075 21 58 67
www.tourismthailand.org

53 Ko Tarutao & Ko Lipe

Der 51 Inseln umfassende und rund 1400 km² große Tarutao Marine National Park an der Grenze zu Malaysia wurde 1974 zum ersten Meeresnationalpark Thailands erklärt, nachdem die namensgebende Hauptinsel zuvor Gefangenenlager und Piratenschlupfwinkel war. Heute ist die größte unbewohnte Insel Thailands Standort eines Nationalpark-Besucherzentrums. Mit ihrer wild gezackten, urwaldbewachsenen Bergszenerie, ihren wildromantischen Wasserfällen und kilometerlangen Stränden in Schneeweiß hätte sie durchaus Drehort für »Jurassic Park« sein können. Kilometerlange Wanderwege durchs satte und von über 100 Vogelarten belebte Grün laden zu einem Besuch ein.

Die Wasserfauna um die Insel ist stark in beeinträchtigt. Das ändert sich, wenn man in den Archipel hinausfährt, der der Küste bis zu 70 km vorgelagert ist. Zwischen November und April verkehren täglich Boote (in der restlichen Zeit ist der Nationalpark geschlossen), nach ca. zwei Stunden ist man da. Mit Ko Adang (mit Besucherzentrum) und Ko Rawi, beide unbewohnt, finden sich hier die exotischsten »Robinsoninseln« der malaiischen Halbinsel.

Die vierte Hauptinsel des Archipels, Ko Lipe, hat einen Sonderstatus: Es darf gebaut werden. So hat sich hier in nur wenigen Jahren der (Individual-)Tourismus ein neues Zentrum geschaffen. Es gibt Dutzende Resorts und Bungalowanlagen, und einmal täglich fährt ein Schnellboot ab Phuket.

226 B3
www.tarutaolipeisland.com
Fähren von Pak Bara, außerdem Schnellboot ab Phuket

Besucherzentrum
Ao Pante Malaka, Ko Tarutao
074 78 34 85 www.thainationalparks.com 200 Baht

Wohin zum … Übernachten?

Preise für ein Doppelzimmer pro Nacht:

€	unter 2000 Baht
€€	2000 bis 5000 Baht
€€€	über 5000 Baht

KHAO SOK NATIONAL PARK

Khao Sok Rainforest Park €–€€
Diese Lodge am Fluss Klong Sok nahe dem Nationalpark Khao Sok hat wahrscheinlich das beste Angebot an Öko- und Spaßtouren für Gäste. Die Unterbringung erfolgt in Bungalows und Baumhäusern (mit Klimaanlage), die alle mit elektrischen Ventilatoren ausgestattet sind. Außerdem können Sie die Nacht in einer schwimmenden Lodge verbringen, wo Sie morgens von den Rufen der Gibbons in den Bäumen geweckt werden.
226 A3 · An der Zufahrtsstraße zum Besucherzentrum · 064 224 96 54 · https://khaosokrainforest.mydirectstay.com

Our Jungle House €–€€
Eine der gepflegtesten Adressen, teils urige Bungalows (z. B. das Mango-Haus, ab 1900 Baht), teils Baumhäuser (ab 2500 Baht) in spektakulärer Fluss- oder Urwaldlage.
226 A3 · 83, Moo 6, T. Klong Sok (an der Zufahrtsstraße zum Besucherzentrum, ausgeschildert) · 08 14 17 05 46 · www.khaosokaccommodation.com

KRABI

Family Tree Hotel €€
An diesem Boutique-Stadthotel in bester zentraler, aber dennoch ruhiger Lage stimmt einfach alles! Schon das holzverkleidete Treppenhaus ist eine Wucht, doch das ist noch nichts im Vergleich zu den hellen und luftigen Zimmern, die mit Liebe zum Detail stylish eingerichtet sind und einen ausgezeichneten Gegenwert fürs Geld bieten. Übrigens: Zum Frühstück gibt's Brot aus der hauseigenen Bäckerei.
226 B3 · 6 Thanon Maharaj, Soi 2, Krabi · 075 61 25 62 · über www.booking.com

Krabi City Seaview Hotel €€
Einen kurzen Fußweg vom Herzen der Stadt und vom Pier entfernt liegt dieses moderne Hotel in ruhiger Lage am Fluss. Es stehen verschiedene Zimmeroptionen zur Auswahl, die Preise sind alle günstig. Der Frühstücksraum liegt im obersten Stockwerk, und es gibt einen kleinen Garten mit Sitzgelegenheiten für die Gäste. An der Rezeption können verschiedene Ausflüge und Aktivitäten gebucht werden.
226 B3 · 77/1 Thanon Kong Kha · 075 62 28 86 · www.krabicityseaviewhotel.com

Dschungel-Feeling pur im Our Jungle House

Krabi Cozy Place €
Netter kleiner Hotelbetrieb mit familiärer Atmosphäre in zentraler Lage und schönen großen Balkonzimmern. Alles sehr gepflegt, auch ein kleiner Pool lädt ein, und das Personal hat stets rein Lächeln im Gesicht. Hilfsbereite Besitzer, man kann auch Mopeds ausleihen, Touren buchen. Was will man mehr.
226 B3 67/9 Isara Rd., Muang Krabi
075 63 06 03 über www.booking.com

Rayavadee €€€
Kalksteinklippen trennen das edelste und teuerste Resort der Provinz von der Außenwelt. Es ist nur per Boot zu erreichen. Rund 100 Luxuspavillons und Villen liegen inmitten eines lauschigen Palmenhains, der an den vielleicht schönsten Strand der gesamten Region angrenzt. Und dass hier schon Könige übernachtet haben, spricht für sich.
226 B3 214 Moo 2, Tambon Ao Nang
075 81 76 30 www.rayavadee.com

Luxusurlaub im Rayavadee

KO PHI PHI

Phi Phi Hotel €€
Dieses Resort ist ein paar Minuten vom Hauptpier und vom Strand Ton Sais entfernt. Die Zimmer mit Blick auf die Bucht sind die beste Wahl. Der Pool ist nicht sehr groß. Gute Ausgehmöglichkeiten in der Nähe.
226 A/B2 Ao Ton Sai
075 60 10 22 www.pphotelgroup.com

Phi Phi Island Cabana €€€
Dies ist eine der ersten Anlagen, die Sie sehen, wenn Sie mit dem Schiff in den Hafen von Ko Phi Phi einfahren. Sie liegt schön zwischen den berühmten Buchten Ao Ton Sai und Ao Lo Dalam. Die komfortablen Bungalows in einem Dschungelgarten bieten Meerblick und viel Ruhe. Außerdem gibt es ein Hotel mit klimatisierten Zimmern. Zum Angebot zählen Nachtclub, Billard und ein Pool.
226 A/B2 Ao Ton Sai 075 60 11 70
https://phiphiisland-cabana.com

Phi Phi Island Village €€€
Dieses Resort ist herrlich gelegen unter Kokospalmen und hat private Villen (mit Jacuzzi) und gut ausgestattete Strandbungalows. Das Island Village hat ein hervorragendes PADI-Tauchzentrum, einen Pool, Tennisplätze und ein Spa. Das Frühstück ist reichhaltig und vielseitig, genau wie das Abendessen mit Meeresfrüchten als Spezialität. Der weiße Sandstrand ist perfekt zum Baden und Schnorcheln. Die Stadt ist eine Stunde zu Fuß (oder mit dem Boot) entfernt.
226 A/B2 Ao Loh Bakao 075 62 89 00
www.saiiresorts.com/phiphiisland/village/

KO PHUKET

Beyond Resort €€€
Am Südende von Karon, wo der Strand am schönsten ist, steht dieses gepflegte Spitzenklassehotel. Es ist das einzige, das in Karon direkt am Strand liegt und entsprechend gefragt. Der Blick aus den 81 Zimmern, alle mit Meerblick, und aus dem Strandrestaurant ist perfekt.
226 A2 51 Karon Rd., Ao Karon
076 33 00 06
www.beyondresortkaron.com

Diamond Cliff Resort €€€
Das elegante Resort mit Spa erstreckt sich über ein großes Gelände. Alle Zimmer gewähren Ausblick auf den glasklaren Ozean. Es gibt drei Restaurants, mehrere Bars und Pools, Wasserrutschen für Kinder, Tennisplätze und ein Fitness-Zentrum. Gäste können an einem Kurs zum Gemüseschnitzen teilnehmen.

⊹ 226 A2
✉ 284 Prabaramee Rd., Patong Beach
☎ 076 38 00 50 ⊕ www.diamondcliff.com

Dusit Thani Laguna Phuket €€–€€€
Im Dusit Laguna Resort werden alle erdenklichen Annehmlichkeiten geboten. Alle 225 Zimmer haben einen eigenen Balkon. Ein Pool mit Wasserrutsche, ein Spa sowie ein Golfplatz und mehrere Tennisplätze sind vorhanden. Ebenso können Sie an einem Kochkurs für Thai-Gerichte teilnehmen.
⊹ 226 A2 ✉ 390 Thanon Sri Sunthorn, Thalang ☎ 076 36 29 99 ⊕ www.dusit.com

Lokal Phuket €€
Sehr gepflegte kleine Anlage mit viel deutschsprachigem Publikum, großen und modern ausgestatteten Zimmern, einem Pool Liegewiese sowie einem beliebten Gartenrestaurant mit österreichischer Küche.
⊹ 226 A2
✉ 180 Rat-U-Thit 200 Pee Rd., Patong
☎ 076 34 08 32 ⊕ www.lokalphuket.com

Marina Phuket €€€
Mehrere Villen im Thai-Stil liegen auf schönem Gelände mit Kokospalmen und einem Garten. Obstbäume, Farne, Palmen und Orchideen tragen zum ruhigen Flair bei. Alle Zimmer sind mit Kunsthandwerk geschmückt und haben Fenster zum Meer oder zum Dschungel. Das Restaurant On the Rocks zählt zu den besten der Insel (S. 190).
⊹ 226 A2 ✉ 47 Thanon Karon, Ao Karon
☎ 076 643 59 26 36
⊕ www.marinaphuket.com

The Nai Harn €€€
Der exklusive Jachtclub von Ko Phuket (ehemals Royal Phuket Yacht Club) liegt am Nordende der Bucht Ao Nai Harn, die zum Baden ideal ist. Ein Aufenthalt lohnt sich besonders im Dezember zur King's Cup Regatta. Das exquisite Hotel bietet jeden Luxus. Alle Zimmer blicken auf die Bucht und sind mit Minibar ausgestattet. Zu den Angeboten gehören Jachttouren, ein Fitnesscenter, Tennis, Wellness und ein Tauchzentrum.
⊹ 226 A2 ✉ 23/3 Thanon Viset, Ao Nai Harn
☎ 076 38 02 00 ⊕ www.thenaiharn.com

Wohin zum … Essen und Trinken?

Preise für ein Hauptgericht ohne Getränke:

€	unter 300 Baht
€€	300 bis 600 Baht
€€€	über 600 Baht

KRABI

May & Mark €
Sehr gepflegtes AC-Café (auch zum Draußensitzen), seit den 1990ern »der« Tipp in Krabi für Kaffeespezialitäten, Frühstück (auch Vollkornbrot, Sauerteigbrot, Stullen), Salate (große Auswahl), europäische, aber auch Thai-Gerichte. Atmosphärisch.
⊹ 226 B3 ✉ Thanon Sukon (gegenüber City Hotel) ☎ 087 759 45 21 ◔ Di–So ab 8.30 Uhr

Night Market €
Der Nachtmarkt von Krabi, der weniger von Touristen als von Thais frequentiert wird, ist einer der am schönsten und luftigsten gelegenen des Südens. Das Sortiment ist üppig, die Preise sind günstig (Gerichte ab etwa 50 Baht); man kann auch nett sitzen.
⊹ 226 B3 ✉ Thanon Khong Ka
◔ tgl. 18–22 Uhr

Ruen Mai €–€€
Romantisches Gartenrestaurant, perfekt für authentische Thaiküche. Es gibt vegetarische Gerichte und tolle Salate; Kräuter und Gemüse kommen aus dem eigenen Garten. Einen Versuch wert ist z. B. Pak Mieng (wilder Wein in Kokosmilch).
⊹ 226 B3 ✉ Thanon Klong Chilat, 5 km außerhalb (Motorradtaxi 60 Baht)
☎ 08 92 88 32 32 ◔ tgl. 10.30–15, 17–21 Uhr

Viva €–€€
Das Restaurant unter schweizerischer Leitung bietet Pasta und Antipasti vom Feinsten, 40 Varianten echter sizilianischer Pizza, importierte italienische Käsesorten und Tiramisu. Sitzplätze findet man drinnen oder unter freiem Himmel.
⊹ 226 B3 ✉ Thanon 29 Pruksa Uthit
☎ 075 63 05 17 ◔ tgl. 11–22 Uhr

KO PHI PHI

Acqua Restaurant €–€€

Angenehme Atmosphäre gepaart mit allabendlicher Livemusik und einer üppigen Auswahl an sehr schmackhaften Gerichten einer authentischen Thai-Küche zu relativ günstigen Preisen; auch der Service ist top.
226 A/B2 Ao Ton Sai
080 125 26 98 tgl. 11–22.30 Uhr

Pad Thai Restaurant €

Ein verborgenes Juwel hinter dem Phi Phi Island Village Resort (S. 188) und weitaus günstiger als die Büfettrestaurants im Haus. Authentische, frische Thai-Spezialitäten werden in der Showküche nach Wunsch vorbereitet, und die Cocktails sind köstlich.
226 A/B2 Ao Loh Bakao
08 48 46 39 21 tgl. 12–22 Uhr

KO PHUKET

Baan Rim Pa Patong €€€

Das preisgekrönte Open-Air-Restaurant fasziniert mit seiner romantischen Panoramalage über dem Meer und mit klassischen Thaigerichten nach Art der königlichen Palastküche, die man ähnlich authentisch heute kaum noch erhält. Mindestens 1000 Baht muss man für einen Schlemmerabend pro Person ansetzen (ohne Getränke). Um gepflegte Kleidung wird gebeten, Tischreservierung ist ein Muss.
226 A2 Thanon Phrabaramee, Patong
076 61 81 91 www.baanrimpa.com
tgl. ab 12 Uhr

China Inn Café & Garden Restaurant €–€€

Das Café-Restaurant in einem Geschäftshaus im sino-portugiesischen Baustil beeindruckt mit schmuckem Ambiente und grünem Innenhof, einer erlesenen Weinkarte und ausgezeichneten thailändischen oder auch internationalen Gerichten. Die Currys sind eine Wucht. Wer Schärfe ertragen kann, sollte Laab Pla Tuna kosten, eine Spezialität aus dem Nordosten Thailands.
226 A2 20 Thanon Thalang, Phuket Town
076 35 62 39
So–Mi 10.30–18, Do/Fr 11.30–21 Uhr

Kampong Kata Hill €€

Sanfte Musik, Kerzenschein, Teakschnitzereien und Buddha-Statuen sorgen für eine surreale Tempelatmosphäre. Die überwiegend thailändischen Spezialitäten sind hervorragend, insbesondere die Meeresfrüchte. Das Lokal liegt hoch über der Straße, stellen Sie sich auf einen appetitanregenden Spaziergang ein (Eingänge beiderseits des Berges).
226 A2
4 Karon Rd. (oder Taina Rd.), Kata
085 478 42 99 tgl. 15–23 Uhr

Mom Tri's Boathouse €€€

Romantische Ausblicke auf die Bucht Ao Kata von der Terrasse machen das Lokal besonders einladend. Das Restaurant, in dem Thai- und europäische Speisen serviert werden, zählt zu den besten der Insel. Im Weinkeller lagern 350 erstklassige Weine.
226 A2
Boathouse Inn, 12 Thanon Kata Noi, Ao Kata
076 33 35 68 www.villaroyalephuket.com tgl. 12–22 Uhr

Old Siam €€€

Gäste können zwischen einem alten Teakholzhaus und der Dachterrasse mit Meerblick wählen, wo ein Sonnenuntergang ein besonderes Erlebnis wird. Die Speisen entstammen der klassisch königlichen Thaiküche. Jeden Sonntag gibt es Tanzvorführungen, spätabends wird Musik gespielt.
226 A2
Patak Rd., Karon, Thavorn Palm Beach Hotel
065 348 46 25
https://thairestaurantphuket.com
tgl. 13–22.30 Uhr

On the Rocks €€€

Das Hotel Marina Phuket (S. 189) hat zwei Spitzenrestaurants. Kaum eine andere Adresse auf Phuket kann es hinsichtlich der Aussicht mit diesem in die Klippen integrierten Seafood- und Barbecue-Restaurant aufnehmen. Thailändische und internationale Küche der Extraklasse mit Schwerpunkt auf Seafood.
226 A2 47 Thanon Karon, Ao Karon
076 33 06 25 www.marinaphuket.com
tgl. 12–22 Uhr

Wohin zum ... Einkaufen?

ANTIQUITÄTEN UND KUNSTHANDWERK

Die meisten Antiquitäten- und Kunsthandwerksläden findet man in den Straßen Yaowarat, Thalang und Ratsada im Zentrum Phukets. Sonntags lockt zwischen 16 und 22 Uhr die Phuket Walking Street mit Ständen (und Garküchen) auf die Thanon Thalang. Der Phuket Weekend Market wird Sa/So zw. 16 und 21 Uhr auf der Thanon Chao Fa West abgehalten. Ob Sie Jeans, »Juwelen« oder Aquariumfische suchen – hier werden Sie fündig.

Bei **Ban Boran Antique** (24 Takaupa Rd., Tel. 076 21 24 73) werden prächtige Seidenkleider zur Schau gestellt, außerdem Lackarbeiten und anderes Kunsthandwerk.

Eines der sechs Outlets der **Jim Thompson Silk Company** (www.jimthompson.com) liegt in der **Central Phuket Shopping Mall** (74–75 Moo 5 Vichitsongkram Rd., Phuket Town, https://centralphuket.com, tgl. 10.30–22 Uhr). Für Kunst oder Antiquitäten besuchen Sie **Chan's Antique House** (99/42 Moo 5, Chalermprakiat Rd., www.chans-antique.com). In der Shopping Mall **Plaza Surin** (5/50 Moo 3 Cherngthalay) liegen spezialisierte Antiquitätengeschäfte.

PERLEN

Auf Ko Phuket gibt es gute Bezugsquellen für hochwertige Perlen, insbesondere das **Mook Phuket** (65/1 Moo 1 Chaofa Rd., www.mookphuket.com).

Wohin zum ... Ausgehen?

NACHTLEBEN

Ko Phi Phi
Carlito's Bar und Nachtclub (auf Facebook) am Strand von Ao Ton Sai ist eine der hippsten Bars der Insel, tagsüber wie nachts (tgl. ab 14 Uhr).

Auf Ko Phuket geht es hoch her ...

Das **Apache** (www.facebook.com/apachebeachclub, Neueröffnung Ende 2023) am Stadtrand von Ton Sai versteht sich als Party-Hostel; der angeschlossene Apache Beach Club ist »die« Party-Location.

Ko Phuket
Zwei beliebte Ziele an der Bangla Road – **Tiger Night Club** (www.facebook.com/Tigerdanceclub) und **Seduction Beach Club** (http://seductiondisco.com) – sind gute Ziele für Themenpartys und Clubbing.

Simon Cabaret (8 Sirirach Rd., Patong Beach, www.simoncabaretphuket.com) zeigt Shows (tgl. um 18, 19.30 und 21 Uhr).

AKTIVITÄTEN IM FREIEN

Die mehr als 1000 präparierten **Kletterrouten** von Krabi und Ko Phi Phi genießen Weltruhm. Täglich werden geführte Touren (2500 Baht, Privattour ab 3500 Baht) und Kurse (6500 Baht) angeboten (www.railay.com).

Die Bucht von Ao Phang Ngha ist ideal für **Kajakfahrten**. Verleihstationen für Sit-on-top-Kajaks gibt es in Krabi und Ko Phi Phi.

Die **Fischfangreviere** von Ko Phuket sind berühmt. Motorjachten, Fischerboote und kleinere Boote stehen zum Chartern bereit. Einer der größten Anbieter für Big Game Fishing heißt Fishing in Phuket (http://fishinginphuket.com). Größter Veranstalter von **Seekajaktouren** in der Ao Phang Nga ist Sea Canoe Thailand (www.seacanoe.com).

Nebelverhangen zeigt sich der Doi Inthanon National Park – Thailand hat eben mehr zu bieten als Strände.

Touren

Nebelverhangene Bergwelt, Strände und Wats oder einzigartige Nationalparks – es lohnt sich, sich vom Liegestuhl zu erheben!

Seite 192–203

Mae Hong Son Loop

Was?	Autotour auf schönen Strecken im hohen Norden Thailands
Wann?	Zwischen November und Januar – dann sind die Temperaturen recht angenehm, und die Brandrodung hat noch nicht begonnen
Länge	600 km
Dauer	3 Tage
Start/Ziel	Chiang Mai ✢ 222 B4

Der eindrucksvolle Wat Doi Kong Mu thront auf einem Hügel über Mae Hong Son.

In einem weiten Bogen durchfahren Sie mit einem Mietwagen – mit oder ohne Chauffeur – die reizvolle Berglandschaft, die man das »Dach von Siam« nennt. Die Rundfahrt führt zu Bergdörfern, zur »Stadt der drei Nebel« und dem höchsten Berg Thailands. Der Weg ist das Ziel; die Route weicht den bevorzugten Touristenattraktionen aus. Daher haben Sie die Strecke oft ganz für sich allein.

1–2

Sie verlassen Chiang Mai (S. 106) auf der Straße 107 und folgen den Hinweisschildern nach Mae Rim. Von dort führen organisierte Tagestouren auf der Straße 1096 zu kommerziellen Elefantenshows, Schmetterlingsparks und Orchideenfarmen, für die sich ein Umweg kaum lohnt – mit Ausnahme des Queen Sirikit Botanic Garden (12 km von Mae Rim entfernt). Zu dessen Hauptattraktionen gehört das Tropical Rainforest House.

2–3

Folgen Sie der Straße 107 weiter in nördlicher Richtung, und biegen Sie nach links in die Straße 1095 ein. Bei den heißen Quellen von Pong Ron (etwa 10 km vor dem Dorf) können Sie Halt machen. Das Dorf Pai hat sich zu einem lärmigen

Ferienzentrum mit internationaler Gastronomie und Dutzenden Resorts entwickelt – hier können Sie übernachten.

3–4

Von Pai folgen Sie weiter der Straße 1095 und fahren eine der landschaftlich schönsten Strecken der Rundfahrt. Etwa 20 km nördlich von Pai findet man besonders reizvolle Aussichtspunkte. Kurz vor Soppong sollten Sie auf ein Hinweisschild achten, das Sie zur Höhle Tham Lot (S. 111) führt, die in einer von Urwald geprägten Landschaft liegt. Diese Höh-

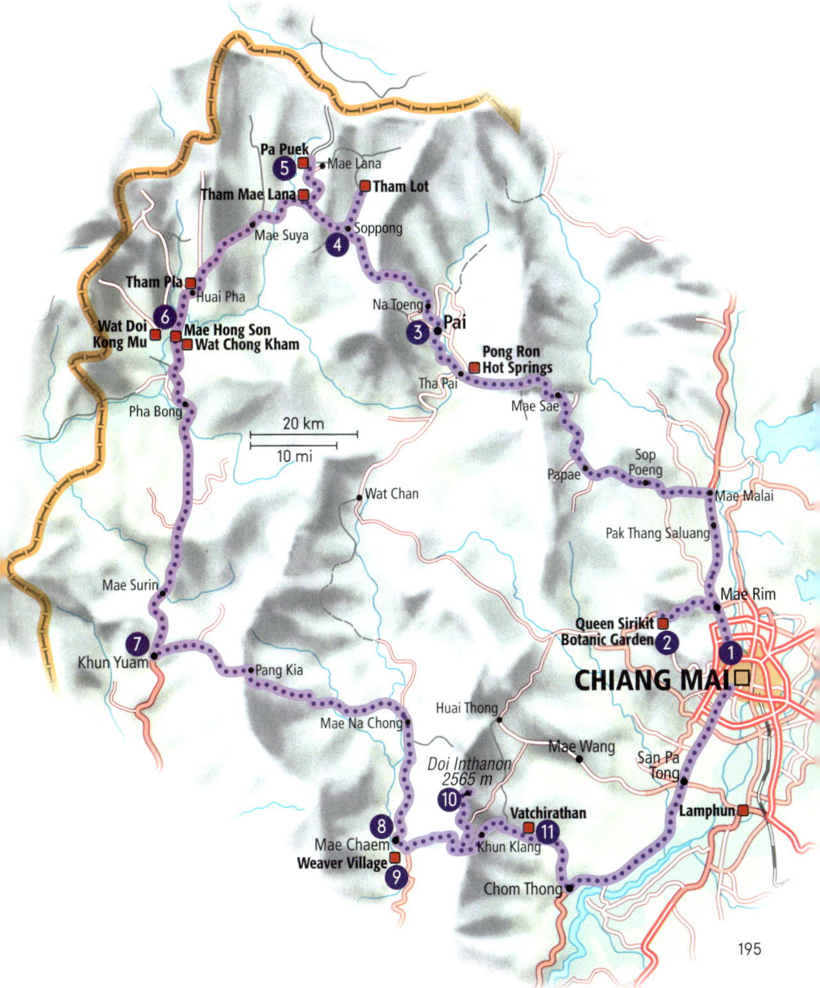

le, gut 1,5 km lang, bis über 50 m hoch und überreich an Tropfsteinformationen, gilt als Thailands spektakulärste und wird von einem Fluss durchströmt. Es ist ein unvergessliches Erlebnis, sich auf einem Bambusfloß durch die nur von Fackeln erleuchtete Höhle treiben zu lassen, und wer mindestens eineinhalb Stunden Zeit mitbringt, sollte sich dieses Abenteuer nicht entgehen lassen. Der Rückweg durch die Höhle erfolgt zu Fuß.

4–5
Auf der Straße 1095 wenden Sie sich nach rechts. Etwa 15 km hinter Soppong folgen Sie der Straße 1226 zur Höhle Tham Mae Lana, die als größte Asiens gilt und dennoch eher selten besucht wird. Von dort kommend, biegen Sie rechts zum Dorf Mae Lana ab. Es besitzt einen sehenswerten Tempel mit birmanischen Schutzfiguren. Die Nähe der Grenze zu Myanmar ist hier deutlich zu spüren.

5–6
Kehren Sie zur Straße 1095 zurück, und halten Sie sich rechts. Nach 40 km erreichen Sie die mysteriöse Fischhöhle, in der es massenweise Karpfen gibt. Nachdem Sie der Straße weiter nach Mae Hong Son gefolgt sind, biegen Sie am Ortseingang rechts ab und halten sich weiter rechts; Sie gelangen zum Hügel, auf dem der Wat Doi Kong Mu steht. Noch beeindruckender als der Tempel selbst ist die weite Aussicht über das Tal. Wundervoll ist auch der Wat Chong Kham am gleichnamigen See im Ortszentrum. Am Eingang steht ein heiliger Pappelfeigenbaum, dessen Stamm Geisterhäuschen stützt.

6–7
Nach einer Übernachtung in Mae Hong Son (S. 112) fahren Sie auf dem Hwy. 108 in südlicher Richtung über Mae Surin weiter. Beim Dorf Khun Yuam erinnert ein Museum (tgl. 8–16.30 Uhr) an die japanischen Truppen im Zweiten Weltkrieg. Biegen Sie beim Dorf links ab und folgen Sie der Straße 1263.

7–8
Sie fahren durch leuchtend grüne Reisfelder und gelangen zum Dorf Mae Chaem. Vor einer Brücke zwischen Thung

Yao und Mae Chaem sollten Sie auf ein blumengeschmücktes Geisterhäuschen achten; es wurde errichtet, als der Bau der Straße Probleme machte. Einheimische Autofahrer erweisen dem Holzhäuschen ihren Respekt, indem sie beim Vorüberfahren die Hupe betätigen.

Vom höchsten Berg Thailands, dem Doi Inthanon, bieten sich frühmorgens beste Ausblicke.

8–9

Durchqueren Sie das Dorf Mae Chaem, fahren Sie an der Polizei vorbei und dann nach rechts über eine Brücke. An der Vorfahrtsstraße achten Sie auf das Schild zum Weberdorf, vor dessen Häusern Webereiprodukte verkauft werden.

9–10

Kehren Sie in das Dorf Mae Chaem zurück. Am Straßenschild Chiang Mai wenden Sie sich nach links auf die Route 1192. Nach 22 km biegen Sie an der Vorfahrtstraße links ab und folgen dem Schild zum Doi Inthanon National Park. Am Ende der Straße können Sie zum Gipfel des Doi Inthanon hinaufwandern. Unterhalb des Gipfels liegen zwei Chedis, ein Informationszentrum und der Beginn eines Wanderweges.

10–11

Kehren Sie zur Route 1192 zurück, und biegen Sie links ab. Nach 20 km erreichen Sie den imposanten Wasserfall Watchirathan. Anschließend steuern Sie Chiang Mai an.

KLEINE PAUSE

Essen Sie Bergforellen im Restaurant der **Royal Project Gardens** neben der Verwaltung des Doi Inthanon National Park.

Queen Sirikit Botanic Garden
226 B4 · Mae Rim, Chiang Mai
053 84 12 34 · www.qsbg.org
tgl. 8.30–16.30 Uhr · 150 Baht

Doi Inthanon National Park
226 A/B4
119 Moo 7, Ban Luang
053 28 67 29

Krabi

Was?	Auto- bzw. Mopedtour durch bizarre Felslandschaften hin zu paradiesischen Stränden
Wann?	Nicht zwischen Mai und September – dann regnet es hier ausgiebig
Länge	80 km
Dauer	Ein halber Tag
Start/Ziel	Krabi (Stadt) ✣ 226 B3

Mönche und Nonnen im heiligen Tempelschrein des Wat Tham Sua, auf der Spitze eines Kalksteinkegels

Einige Hauptsehenswürdigkeiten der Provinz Krabi sind mit öffentlichen Verkehrsmitteln kaum zugänglich. Die Auto- bzw. Mopedfahrt mit Start in der Stadt Krabi führt durch eine bizarre Kalksteinlandschaft zum abgelegenen »Tigerhöhlentempel« Wat Tham Sua, zu einer am Straßenrand ruhenden Buddha-Statue und zu traumhaften Stränden, von denen sich Bootsfahrten als weitere Ausflugsmöglichkeiten anbieten.

1–2

Sie verlassen Krabi Town (S. 174) in nördlicher Richtung, wobei Sie dem Highway 411 am Fluss entlang folgen. Nach etwa 4,5 km biegen Sie nach rechts in Richtung Trang ab. Nach wenigen Kilometern folgen Sie dem Hinweisschild zum Tigerhöhlentempel Wat Tham Sua (S. 174). Die Pfähle der Straßenlaternen sind mit Figuren tanzender Elefanten verziert. Bei klarer Sicht sind die auf einem Hügel thronenden Chedis der Tempelanlage deutlich zu sehen. Lassen Sie sich genügend Zeit für eine Besichtigung. Erklimmen Sie die 1237 Stufen, die zu Buddhas Fußabdruck hinaufführen, und genießen Sie die prächtige Weitsicht – oder nehmen Sie die Meditationshütten der Mönche und Nonnen in Augenschein, und durchwandern Sie den uralten Wald.

2–3
Kehren Sie zur Hauptstraße zurück, und biegen Sie an der Abzweigung rechts ab. An der nächsten Abzweigung fahren Sie nach links (Straße 4200). Nach etwa 20 km erreichen Sie eine Kreuzung, an der Sie dem Hinweisschild zum Hat Noppharat Thara nach rechts folgen. Der Ruhende Buddha am Rand der kurvigen Straße ist leicht zu übersehen; er gehört zum Wat Sai Thai abseits der Straße hinter einem Felsvorsprung. Der Tempel selbst weist kaum Sehenswertes auf.

3–4
Folgen Sie den Schildern zum Hat Noppharat Thara weiter, wobei Sie beim muslimischen Dorf Ban Chong Phi links einbiegen (Straße 4202). Im Vorüberfahren ist eine grüne Moschee zu sehen; manchmal sitzen Kokosnusshändlerinnen am Straßenrand.

Am Ende der Straße liegt Hat Noppharat Thara (S. 175). Der stille, von Kiefern begrenzte Strand erstreckt sich über 2,5 km. In der Nähe mündet ein Kanal ins Meer. Nutzen Sie die Gelegenheit zu einem Strandspaziergang. Oder setzen Sie sich unter einen Baum – sobald Sie Platz genommen haben, wird sich vermutlich ein Bootsführer nähern, um Ihnen ein Angebot für einen Schnorchelausflug zu den Inseln Ko Poda und Chicken Island zu unterbreiten.

Der Buddha aus Alabaster (oben) ruht in der Nähe des Wat Sai Thai. Koh Poda (unten), südlich von Ao Nang, ist nur eine der bizarren Felsinseln in dieser Gegend.

4–5

Die Straße verläuft entlang der Küste nach Ao Nang. Die Bucht ist mit Geschäften und Lokalen übersät und wenig reizvoll. Von dort führt die Straße landeinwärts. Zur Landspitze Phra Nang führen keine Straßen; zu den schönen Stränden gelangt man nur per Boot.

Der Name der Landspitze Laem Phra Nang (»Verehrte Dame«) erinnert an eine hiesige Fürstin. Langboote, die in der Nähe von Krabis Pier ablegen, fahren von Krabi zum Kap, an dessen steilen Kalksteinwänden Felskletterer ihre Fähigkeiten erproben. Leichtere Felsen für Anfänger sind ebenfalls vorhanden, das Zuschauen allein kann aber auch spannend sein. Kajaktouren führen durch Mangroven; Schnorcheln und Tauchen ist vor den nahe gelegenen Inseln möglich.

5–6

Auf den Routen 4203, 4204 und 4034 können Sie nach Krabi Town zurückkehren.

KLEINE PAUSE

An der Bucht Ao Nang folgen Sie der Straße, bis sie landeinwärts abzweigt. Geradeaus weiter erreicht man ein einfaches **Strandrestaurant.** Thai- und europäische Speisen sowie am Abend ein Fisch-Menü stehen zur Auswahl.

Khao Sam Roi Yot National Park

Was?	Autotour mit Schwerpunkt Natur – ohne Gruppentourismus
Wann?	Zwischen November und März ist es am kühlsten, und wer Zugvögel sehen möchte, kommt, wenn diese im Nationalpark Station machen
Länge	150 km (Hinfahrt)
Dauer	Ein Tag
Start/Ziel	Hua Hin ⇡ 225 E3

Auf der geruhsamen Tour sind stille Küstenebenen, einsame Strände, verborgene Tropfsteinhöhlen und Mangroven zu erkunden. Fischerfamilien und Besitzer von Garnelenzuchtfarmen gehen hier im Naturschutzgebiet ihrem Beruf nach. Mehrere Hundert Zugvogelarten finden Brutplätze in den Mangrovenwäldern. Der »Berg mit 300 Gipfeln«, wie der Naturpark übersetzt heißt, bietet Möglichkeiten für herausfordernde Kletterpartien und weite Aussichten.

1–2

Sie verlassen Hua Hin (S. 153) in südlicher Richtung auf dem Hwy. 4 und erreichen nach einer Fahrt von 20 km Pran Buri, wo Sie die Abzweigung nach links wählen. Nach weiteren 20 km erreichen Sie den Eingang zum Nationalpark (S. 156). Dort erhalten Sie eine Broschüre mit einer groben Lageskizze.

2–3

An den Schildern, die zur Höhle Tham Kaew weisen, biegen Sie links ab und fahren am Höhleneingang und einer Garnelenfarm vorüber. Zur Besichtigung der Höhle Tham Kaew mit ihren glitzernden Stalaktiten benötigt man eine Taschenlampe und eventuell einen Guide. Fahren Sie bis zum Ende der Straße. Durch das Dorf Bang Pu ist keine Durchfahrt möglich; lassen Sie das Auto also auf dem Parkplatz hinter dem Dorfeingang stehen.

3–4

Vom Dorf Bang Pu erreicht man den Strand Hat Laem Sala (S. 157), indem man entweder eine halbstündige Wanderung

entlang der Steilküste unternimmt oder sich in einem der Fischerboote in fünf Minuten um die Küste herumfahren lässt. In einer halben Stunde können Sie zu Fuß die Höhle Tham Phraya Nakhon (S. 157) erreichen, die in ihrem Innern einen berühmten und viel besuchten königlichen Pavillon birgt.

4–5

Fahren Sie zur Hauptkreuzung zurück, und folgen Sie der Straße zum Hat Sam Phraya. Der reizvolle Strand ist auch bei Vögeln beliebt – achten Sie auf Ibisse, Reiher, Seeadler und Enten! Ein Wanderweg führt zur Höhle Tham Sai.

5–6

Fahren Sie in südlicher Richtung weiter, indem Sie den Hinweisschildern zum Khao Daeng folgen, in dessen Nähe die Parkzentrale liegt. In der Nähe lädt der rund 1 km lange Mangrove Nature Trail zu einem lehrreichen Spaziergang ein. Ein ausgeschilderter Pfad führt außerdem auf den Gipfel des Khao Daeng (S. 157), wo man mit einem schönen Weitblick belohnt wird.

Fahren Sie in südlicher Richtung weiter bis zur Brücke, auf der Sie den Kanal Khlong Khao Daeng überqueren. Wenn Sie nun hinter der Brücke nach rechts abbiegen und dem Ufer folgen, werden Sie einige Tempel sehen. Oft bieten Bootsführer hier einstündige Kanalfahrten an.

Unterwegs im Nationalpark Park Khao Sam Roi Yot

6–7

Sie verlassen das Schutzgebiet, indem Sie der Straße nach Ban Somrong folgen. Kurz vor der Hauptkreuzung gibt es ein Geschäft, in dem eine Mischung aus süßem Klebereis mit Früchten, in Bananenblätter gewickelt, verkauft wird.

Fahren Sie hinter Ban Somrong nach rechts in Richtung Pran Buri und auf dem Highway 4 nach Hua Hin zurück.

KLEINE PAUSE

Am **Hat Laem Sala** und am **Hat Sam Phraya** gibt es jeweils ein Restaurant, das sich für eine Rast anbietet.

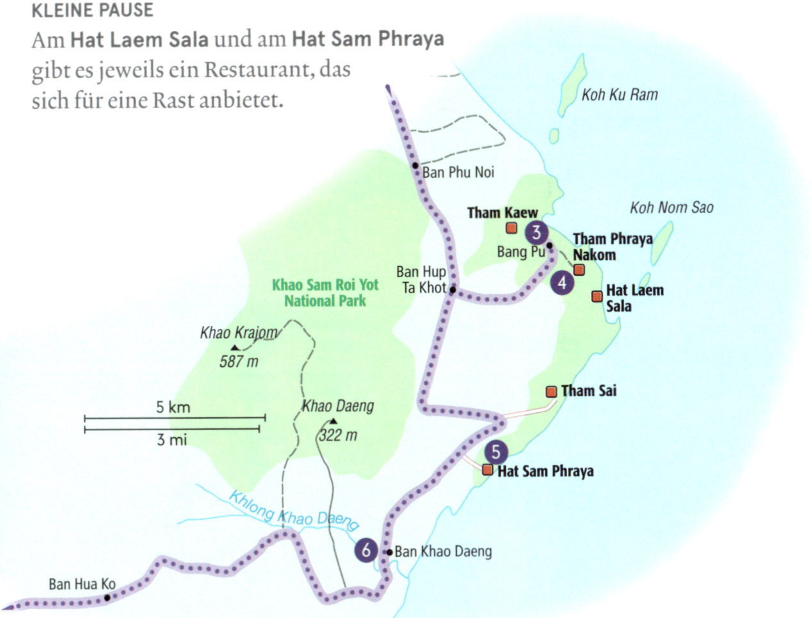

Der Traum vieler: einfach mal den Alltag hinter sich lassen, die Beine hochlegen und an einem exotischen Strand zur Ruhe kommen

Praktische Informationen

Was vor der Reise wichtig ist, wie Sie vor Ort gut zurechtkommen und viele Infos mehr erfahren Sie hier.

Seite 204–220

VOR DER REISE

Auskunft

In Deutschland:
☎ 069 138 13 90 🌐 www.thailandtourismus.de (auch für Österreich zuständig)

In der Schweiz: ☎ 031 300 30 88
🌐 www.tourismthailand.ch

In Thailand:
Tourism Authority of Thailand (TAT)
✉ 1600 New Phetchaburi Rd., Makkasan, Ratchathewi, Bangkok 10400
☎ 022 50 55 00 und 16 72 (TAT-Callcenter)
🌐 www.tourismthailand.org

Websites
www.tourismthailand.org: Die englischsprachige Seite des Thailändischen Fremdenverkehrsamtes (TAT) ist wesentlich umfangreicher als ihr deutsches Pendant (s. oben). Immer einen Klick wert ist www.tatnews.org, der News Room des TAT.
https://discoverthailand.de: der zurzeit wohl aktuellste Thailand Blog & Reiseführer im Netz zu den schönsten Orten und empfehlenswertesten Touren
www.thaizeit.de: umfangreiches deutschsprachiges Reiseportal
www.thailand-reisetipps.de: privates Reiseforum zum Thema Thailand mit zahllosen Beiträgen zu über 1000 Themen
http://der-farang.com: das wichtigste Newsportal in deutscher Sprache
www.bangkokpost.com: der Online-Auftritt der liberalen, englischsprachigen Zeitung »Bangkok Post«

Apps
Die Zahl der Anwendungsprogramme für Smartphones und Tablet-Computer wächst ständig und mittlerweile bietet nahezu jeder Ort in Thailand mit einer Reise-Internetseite die Infos auf Englisch auch über Apps an. Man kann sie sich übers Netz oder über in Broschüren abgedruckte QR-Codes downloaden. Empfehlenswert sind u. a. die kostenlosen Apps des Thailändischen Fremdenverkehrsamts, abrufbar über http://mobile.tourismthailand.org.

Diplomatische Vertretungen

Deutsche Botschaft
✉ 9 South Sathorn Rd., Bangkok 10120
☎ 022 87 90 00 🌐 www.bangkok.diplo.de

Österreichische Botschaft
✉ 14 Soi Nantha-Mozart, Sathorn Soi 1, South Sathorn Rd., Bangkok 10120 ☎ 021 05 67 10
🌐 www.bmeia.gv.at/oeb-bangkok

Schweizer Botschaft
✉ 35 Thanon Witthayu Nuea, Bangkok 10330
☎ 026 74 69 00
🌐 www.eda.admin.ch/bangkok

Thailändische Botschaft in Deutschland
✉ Lepsiusstr. 64–66, 12163 Berlin
☎ 030 79 48 10 🌐 www.thaiembassy.de

Thailändische Botschaft in Österreich
✉ Cottaggasse 48, 1180 Wien
☎ 01 478 33 35 🌐 www.thaiembassy.at

Thailändische Botschaft in der Schweiz
✉ Kirchstr. 56, 3097 Liebefeld-Bern
☎ 031 970 30 30–34 🌐 www.thaiembassy.ch

Elektrizität
Spannung und Steckdosen entsprechen zumeist europäischen Standards, sodass alle mitgebrachten Geräte benutzt werden können.

Ermäßigungen
Kinder bis zu einem Alter von zwei bis etwa vier Jahren kommen überall kostenlos rein, für Kinder bis zwölf Jahre gibt es vereinzelt bis zu 50 % Rabatt (im Einzelfall nachfragen), doch Schüler, Studenten und auch Senioren zahlen in Thailand in der Regel voll.

Feiertage
1. Jan.: Neujahr
6. April: Chakri-Tag (Inthronisation des ersten Chakri-Königs)
13.–15. April: Songkran (Thai-Neujahr)
1. Mai: Tag der Arbeit

5. Mai: Krönungstag
28. Juli: Geburtstag des Königs Maha Vajiralongkorn
12. Aug.: Geburtstag von Königin Sirikit
13. Okt.: Todestag von König Bhumipol Adulyadej
23. Okt.: Chulalongkorn-Tag (Todestag von König Chulalongkorn)
10. Dez.: Verfassungstag

Geld
Währung: Die thailändische Landeswährung heißt Baht (Bt). Das kleinste gängige Geldstück ist 1 Baht, das größte 10 Baht (goldfarben). Lediglich auf den neueren Münzen ist der Wert auch in arabischen Zahlen eingeprägt. Noten gibt es im Wert von 20, 50, 100, 500 und 1000 Baht.
Wechselkurs: 1 € = ca. 36 Baht, 1 CHF = ca. 37,79 Baht; aktuelle Kurse kann man u. a. über www.oanda.com abrufen.
Geldumtausch: Die Kurse sind in Thailand wesentlich besser als hierzulande. Banken gibt es in jedem größeren Ort. Aber auch in den Wechselstuben der Touristenzentren kann man Bargeld tauschen.
Bargeld: Geldautomaten (ATM) finden sich in Ferienzentren, Städten und auch in den meisten kleineren Ortschaften. Sie akzeptieren alle gängigen Kredit- und Bankkarten (Maestro). Für den Notfall ist es sinnvoll, einen Teil der Reisekasse in Form von Bargeld mitzuführen (auch Euro oder US-Dollar, nicht zu hohe Notierungen, keine geknickten Scheine).
Kreditkarten: Kreditkarten der gängigen Anbieter werden nur in den Touristenzentren akzeptiert; für Online-Buchungen von Tickets und Dienstleistungen ist eine Kreditkarte zwingend erforderlich.
Sperrnummern: Unter der einheitlichen Sperrnotruf-Nummer +49 116 116 kann man in Deutschland Bank- und Kreditkarten, Online-Banking-Zugänge, Handykarten und die elektronische Identitätsfunktion des Personalausweises bei Verlust sperren lassen.

Für Österreich gilt die Telefonnummer:
☎ +43 1 204 88 00
Die Schweiz hat keine einheitliche Notfallnummer; die wichtigsten sind:
☎ +41 44 659 69 00 (Swisscard);
☎ +41 8 48 88 86 01 (UBS Card Center)
☎ +41 58 9 58 83 83 (VISECA)
☎ +41 848 88 88 77 (PostFinance)

Gesundheit
Krankenversicherung: Der Abschluss einer speziellen Auslandskrankenversicherung wird dringend angeraten. Diese sollte nötigenfalls auch die Kosten für den Rücktransport in die Heimat übernehmen.
Impfungen: Impfungen werden nicht verlangt. Sinnvoll sind Tetanus- und Polioimpfung sowie eventuell Hepatitis-Prophylaxe. Malaria ist an der Grenze zu Kambodscha und Myanmar verbreitet. Am besten schützt man sich zwischen Sonnenunter- und Sonnenaufgang mit bedeckender Kleidung und Mückenabwehrmitteln; Zimmer ohne Klimaanlage sind meist mit Moskitonetz oder Mückengitter ausgestattet. Da in Thailand über 800 000 Menschen mit HIV infiziert sind, ist entsprechender Schutz bei sexuellen Kontakten unabdingbar. Alle Reiseinfos unter: https://tropeninstitut.de
Medizinische Versorgung: Das Gesundheitswesen in Thailand ist sehr hoch entwickelt. Selbst im ländlichen Abseits finden sich Erste-Hilfe-Stationen, in allen größeren Ortschaften gibt es Krankenhäuser. Meist spricht einer der Ärzte oder Pfleger Englisch. In den Städten herrscht kein Mangel an Ärzten und Zahnärzten, die Gebühren für eine normale Konsultation liegen bei etwa 15–20 € bzw., in den Touristenzentren bei etwa 20–30 €.
Apotheken: Apotheken finden sich auch auf dem Land und sind gut bestückt. Die Preise betragen oft nur einen Bruchteil der bei uns üblichen. Die meisten Medikamente sind ohne Rezept erhältlich.
Wetter: Die Sonne hat es in den Tropen in sich. Unabdingbar sind Sonnenhut sowie Schutzkleidung bzw. Sonnenschutzmittel mit hohem Lichtschutzfaktor. Die ersten Tage sollte man körperliche Anstrengungen meiden und sich ans tropische Klima gewöhnen.
Trinkwasser: In Thailand sollte man es tunlichst unterlassen, Leitungswasser zu trinken! Stilles Wasser in versiegelten Flaschen ist überall für ein paar Cents erhältlich. Eis-

würfel sind in touristischen Gegenden meist unbedenklich.

In Kontakt bleiben

Post: Postämter gibt es in jeder Stadt. Die thailändische Post arbeitet sehr zuverlässig. Briefe und Postkarten nach und von Europa benötigen etwa fünf bis sieben Tage.
Mobil: Da Roaming schnell die Reisekasse plündern kann, sollte man sich vor Ort eine thailändische SIM-Card kaufen (u.a. an allen internationalen Flughäfen in der Ankunftshalle), die ab 49 Baht zu haben ist (300 Baht mit unbegrenztem Highspeed-Internet für 30 Tage) und einen zeitlich begrenzten Internetzugang beinhaltet (verlängerbar, Datenpakete können zugekauft werden). Das beste Netz in Thailand ist dasjenige von AIS (www.ais.co.th) sowie DTAC (www.dtac.co.th), Aufladekarten bekommt man u.a. in jedem 7-Eleven-Laden.

Die Ortsvorwahl ist Bestandteil der Telefonnummer und muss auch bei Ortsgesprächen mitgewählt werden.

Internationale Vorwahlen:
Deutschland: ☎ +49
Österreich: ☎ +43
Schweiz: ☎ +41
Thailand ☎ +66

Notrufe

Allgemeiner Notruf (auch für Krankenwagen) ☎ 191
Touristenpolizei ☎ 11 55
Feuerwehr ☎ 199

WLAN und Internet: Da die Zahl der Internetcafés drastisch abgenommen hat, ist die Mitnahme eines digitalen Endgeräts empfehlenswert. In den allermeisten Unterkünften hat man im Zimmer/Bungalow WiFi (WLAN). In Touristenzentren und größeren Städten kann man auch in Cafés, Restaurants, Pubs, Bars etc. ins Netz gehen. Die Abdeckung ist nahezu überall ausgezeichnet, und die Konditionen für unbegrenztes Surfen könnten mit Preisen ab etwa 300 Baht/Monat für eine Prepaid-SIM-Karte kaum günstiger sein. Die größten Anbieter sind landesweit One Two Call (www.ais.co.th) und DTAC (www.dtac.co.th). Kaufen kann man die SIM-Karten u.a. direkt in den Ankunftshallen der internationalen Flughäfen.

Reisedokumente

Deutsche, österreichische und schweizerische Staatsangehörige benötigen für die Einreise nach Thailand einen **Reisepass**, der über den Zeitraum der Reise hinaus noch mindestens sechs Monate gültig sein muss; auch **Kinder**, selbst Säuglinge, benötigen einen eigenen Reisepass.

Ein **Visum** ist nicht erforderlich, wenn man maximal 30 Tage im Land bleibt (kann um 30 Tage verlängert werden) und ein bestätigtes Rückflug- oder Weiterreiseticket vorweist.

Das **Touristenvisum** (35 €) ist für 60 Tage gültig. Ein Multiple-Entry-Visum (175 €) berechtigt zu mehreren Aufenthalten von bis zu 60 Tagen. Mit dem Non-Immigrant-Visum (70 €) kann man 90 Tage bzw. mit dem Multiple-Entry-Visum (175 €) bis zu einem Jahr im Land bleiben. Alle Visa gibt es seit 2022 nur noch als E-Visa, und unter www.thaievisa.go.th wird das Prozedere (auf engl.) ausführlich beschrieben.

Reisezeit

Thailand liegt im Tropengürtel und damit im Einfluss der Monsunwinde, die je nach Jahreszeit aus unterschiedlichen Himmelsrichtungen wehen. Sie sorgen für drei Klimaperioden: Von Mitte Mai bis November weht der Monsun aus Südwest und beschert eine **Regenzeit** mit mehr oder weniger starken Niederschlägen insbesondere am Spätnachmittag und hoher Luftfeuchtigkeit.

Während des Nordost-Monsuns von November/Dezember bis Februar/März herrscht die **kühle Zeit**, während der die Luftfeuchtigkeit gering und die Schönwetterwahrscheinlichkeit am höchsten ist. Es folgt eine sehr **heiße Zeit**, und erst gegen Mitte Mai, mit Einsetzen des Südwest-Monsuns, kühlt es wieder ein wenig ab. Rundum empfehlenswert ist die Zeit von Dezember bis Februar, und sie markiert die Hochsaison. Aber auch im Juni, Juli und August erfreut sich Thailand zunehmender Beliebtheit – nur die südliche Andamanenküste sollte man dann meiden.

Sicherheit

Thailand gilt als eines der sichersten Länder Asiens, doch kommen auch hier Diebstahl, Betrugsfälle sowie Gewaltverbrechen vor, insbesondere auf Phuket, Ko Samui, Ko Tao und in Pattaya; auf den Vollmondpartys von Ko Phangan ist es mehrfach zu Vergewaltigung von unter Drogen stehenden Touristinnen gekommen. In allen Touristenzentren finden sich Niederlassungen der Touristenpolizei mit englischsprechenden Beamten.

2016 kam es in mehreren Orten im Süden Thailands zu Bomben- und Brandanschlägen. Weitere **Anschläge** können nicht ausgeschlossen werden, weshalb empfohlen wird, Demonstrationen und Menschenansammlungen zu meiden; ebenso generell die südwestlichen Provinzen Songhkla, Yala, Pattani und Narathiwat, wo wegen vermehrter Anschläge radikaler Angehöriger der muslimischen Bevölkerungsminderheit auf staatliche Einrichtungen schon seit 2005 Notstandsrecht gilt. Auch von Reisen in die Grenzregion zu Kambodscha wird abgeraten. Aktuelle Reiseinformation bietet das Auswärtige Amt (www.auswaertiges-amt.de).

Zeit

Thailand ist Mitteleuropa während der dortigen Sommerzeit um fünf Stunden bzw. im Winter um sechs Stunden voraus. Die Uhrzeitangabe folgt dem britischen Zwölf-Stunden-Schema: Dabei steht »a. m.« für »vor Mittag«, »p. m.« für »nach Mittag«.

Zollbestimmungen

Zollfrei können persönliche Gebrauchsgüter wie Kleidung und Kosmetika, 200 Zigaretten oder 250 g Tabak und 1 l Wein oder Spirituosen mitgenommen werden.

Elfenbein, Schildpatt, Krokodilleder und andere Produkte von geschützten Tieren dürfen nicht ausgeführt werden. Antiquitäten und jegliche Buddha-Figuren erfordern eine spezielle Exportgenehmigung. Auch gute Repliken können bei der Ausfuhr Probleme bereiten.

ANREISE

Der Direktflug von Mitteleuropa nach Thailand währt rund zwölf Stunden. Drehkreuz des thailändischen Flugtourismus ist Bangkok, das allein von Frankfurt a. M. von Dutzenden Fluggesellschaften angeflogen wird. Täglich direkt von Europa angeflogen wird auch Phuket, zudem verkehren zwischen Bangkok und allen bedeutenden Ferienzentren sowie Großstädten des Landes täglich zahlreiche Maschinen, sodass man innerhalb von rund 15 Stunden die allermeisten Destinationen des Landes via Bangkok bzw. Phuket von Westeuropa aus erreichen kann.

Transparenz über das oft unübersichtliche Flugangebot bieten **Vergleichswebsites** wie www.momondo.de, www.flug.idealo.de und www.billigfluege.de, aber generell kann man sagen, dass die Preise für einen Hin- und Rückflug durchschnittlich bei etwa 700 € liegen (Nebensaison) bzw. 900–1100 € (Hochsaison).

... mit dem Flugzeug

Die allermeisten ausländischen Besucher landen auf Bangkoks Flughafen Suvarnabhumi, aber auch Krabi, Ko Samui und Phuket, Pattaya und Chiang Mai sind Ziele internationaler Flüge.

Der **Suvarnabhumi International Airport** (Tel. 021 32 18 88, www.bangkokairportonline.com), ausgesprochen »Su-Wana Poom«, bietet alle für internationale Flughäfen üblichen Dienstleistungen und liegt rund 30 km östlich der Stadt. Er ist zuständig für alle internationalen sowie auch nationalen Flüge mit Thai Airways, Thai Smile und Bangkok Air. Alle anderen Inlandflüge werden über den 25 km nordöstlich von Bangkok gelegenen **Don Muang Airport** (www.donmuangairportonline.com) abgewickelt. Zwischen beiden Flughäfen besteht ein kostenloser Shuttle-Service, aber die Transferzeit kann über zwei Stunden betragen. Schneller geht es in der Regel mit dem Taxi, das um die 550 Baht kostet.

Fürs **Weiterkommen in die Stadt** gibt es verschiedene Möglichkeiten, doch am komfortabelsten ist es mit dem Taxi (ca.

45–50 Min., ab ca. 400 Baht = regulärer Taxipreis zzgl. 60 Baht Airport-Aufschlag); Ticket am Schalter des Taxi Service Counter auf Level 1. Wer es luxuriöser liebt, kann den Limousinenservice nehmen (www.bangkok airportlimo.com, Coupon am Limousine Service Counter auf Level 2; auch online), der ab 850 Baht kostet.

UNTERWEGS IN THAILAND

Der öffentliche Personenverkehr ist in Thailand dichter, pünktlicher und effizienter als in allen anderen Ländern Südostasiens und könnte durchaus auch vielen Ländern Europas als Vorbild dienen. Einen schnellen Überblick über die Fahrpläne für Flugzeug, Bus und Zug gibt die Website https://12go.asia/de, über die man auch online buchen kann.

Flugzeug

Das Flugnetz in Thailand, wo rund zwei Dutzend Flughäfen bedient werden, ist außerordentlich dicht, sodass man von Bangkok aus die allermeisten Ferienzentren sowie Orte von touristischem Interesse per Flieger schnell erreichen kann. Weitere Drehkreuze sind u. a. Phuket und Krabi in Südthailand sowie Chiang Mai und Chiang Rai im Norden. Die Preise sind günstig, teils fast »geschenkt«. Thai Airways (https://thaiairways.com) mit der Billigtochter Thai Smile (https://flythaismiles.com) sind in Sachen nationale Flüge nach wie vor Marktführer. Aber die Preise sind relativ hoch (ab etwa 2100 Baht für einen einstündigen Flug); günstiger (ab etwa 1300 Baht für einen einstündigen Flug) fliegt man mit den kleineren Gesellschaften wie Bangkok Airways (www.bangkokair.com), NOK Air (https://nokair.com), Air Asia (www.airasia.com) und Thai Lion Air (https://lionairthai.com).

Bus

Nahezu alle Ortschaften und Städte in Thailand sind untereinander und mit Bangkok durch ein vorbildliches System aus **Bussen mit Ventilator** und **klimatisierten Bussen** verbunden. Start- und Endpunkt ist stets ein Busbahnhof, der in keiner Stadt fehlt.

Eine Toilette ist in den AC-Bussen zumeist an Bord. Auf den Langstrecken von/nach Bangkok sind zudem **Luxusbusse** (VIP-Busse) mit 32 oder 24 Sitzen im Einsatz, die über Nacht fahren und in denen es sich gut schlafen lässt. Essen und Frühstückskaffee sind im Preis (ca. 1100 Baht für 1000 km) in der Regel inbegriffen. Da es in den klimatisierten Bussen nachts sehr kalt wird, sollte man einen Pulli mitnehmen.

Zwischen den Ferienzentren verkehren zwölfsitzige klimatisierte **Minibusse**. Im Preis enthalten ist oft ein Abholservice an der Unterkunft – eine schnelle und preiswerte Art zu reisen. Die Buchung erfolgt über die örtlichen Reisebüros.

Zug

Die **State Railway of Thailand** bedient alle wichtigen Städte des Landes über das etwa 4500 km lange Schienennetz. Auch die (mit drei Klassen ausgestatteten) Züge brauchen keinen Vergleich mit mitteleuropäischen Maßstäben zu scheuen, verkehren ungemein häufig, sind außerordentlich pünktlich, sauber und komfortabel und bieten zudem bequeme Schlafwagen sowie Speisewagen nebst Speise-und Getränkeservice auf den längeren Expressstrecken.

Der **Vorverkauf** der Fahrkarten kann über das Advance Booking Office in Bangkok bis zu 60 Tage vor Reiseantritt persönlich oder per Telefon (Tel. 16 90 und 022 23 37 62, Mo–Fr 8.30–18, Sa/So bis 12 Uhr), über ein Reisebüro, online über die Webseite www.thairailways.com oder über ein Buchungsportal wie https://12go.asia/de erfolgen.

Fähre/Boot

In Südthailand werden alle Inseln von touristischer Bedeutung mehrmals täglich durch meist klimatisierte **Schnellboote** bedient, und entlang der südlichen Andamanenküste verkehren zwischen Phuket und Ko Lipe zudem Highspeed-Motorboote auf fester Strecke (www.phuketferry.com und www.tarutaolipeisland.com).

Die in Thailand verbreiteten langen, schmalen **Longtailboote** mit einer weit nach hinten herausragenden beweglichen Antriebsschraube fahren selbst zu den kleinsten bewohnten Inseln. Sie können günstig gechartert werden und sind daher ideal zum Insel-Hopping.

Nahverkehr

Taxis verkehren nur in den größeren Städten, man stoppt sie wie üblich und zahlt den Taxameter-Preis (nur in Bangkok 35 Baht Startgebühr zzgl. 5,5 Baht/km), so man nicht vor Fahrtantritt einen Preis aushandelt.

Wo es keine Taxis gibt, da verkehren **Tuk-Tuks**, kleine drei-, heute zunehmend auch vierrädrige Allroundfahrzeuge, die lautstark durch die Straßen knattern; der Preis ist Verhandlungssache und liegt bei etwa 120 bis 150 Baht für eine normale Stadtfahrt.

Alternativ bieten sich die **Motorradtaxis** an, die sich zuhauf in Stadt und Land finden (erkennbar an den roten/blauen Westen der Fahrer) und bis maximal zwei Passagiere mit manchmal mörderischer Geschwindigkeit befördern. Der Fahrpreis ist auszuhandeln und hängt vom Verkehr, dem Straßenzustand, der Nachfrage etc. ab; ca. 70 bis 120 Baht muss man ansetzen.

Von den **Stadtbussen** einmal abgesehen, die es nur in den großen Städten gibt, sind insbesondere die **Songthaew** von Bedeutung (meist Pick-ups mit überdachter Ladepritsche, auf der zwei Sitzbänke befestigt sind), die auf festen Routen verkehren und durchschnittlich 20 bis 50 Baht kosten.

Der **Nahverkehrsnetz in Bangkok** umfasst die Hochbahn Skytrain, eine U-Bahn, Stadtbusse und Flussboote, ist außerordentlich dicht gespannt, dabei sehr effektiv und günstig. www.transitbangkok.com informiert umfassend; mit Routenplaner.

Mietfahrzeuge

Thailand von einem festen Standort aus per **Leihwagen** oder auch Miet-Moped/-Motorrad zu bereisen, mag zwar nicht die nachhaltigste und geselligste Art des Reisens sein, ist aber mit Abstand diejenige, die am meisten Freiheit gewährt. Entsprechend entscheiden sich immer mehr Thailand-Touristen dazu, für die gesamte Zeit ihres Aufenthalts einen eigenen fahrbaren Untersatz zu mieten, und entsprechend viele Verleihstationen finden sich auch in allen Orten von touristischer Bedeutung. Die internationalen Mietwagenfirmen wie Avis, Hertz etc. sind in den größeren Städten und allen Ferienzentren niedergelassen, doch die Preise sind ebenfalls international, und wesentlich billiger mietet man über thailändische Vermieter. Die Preise inkl. Vollkasko und unbegrenzter Km-Zahl starten bei etwa 1500 Baht pro Tag; Sie benötigen einen internationalen Führerschein.

Motorräder (eher Mopeds), meist mit 120 ccm Hubraum sowie mit Halbautomatik ausgestattet und denkbar leicht zu fahren, kosten zwischen 150 und 300 Baht pro Tag, bei längerer Mietdauer sind auch 120 Baht möglich. Im Preis enthalten ist in der Regel eine Versicherung gegen Diebstahl, ein Helm (Helmpflicht!) sowie ein Kettenschloss. Zum Ausleihen genügt in der Regel der nationale Führerschein, aber offiziell ist ein internationaler erforderlich.

Mit dem Linksverkehr klarzukommen, ist vielleicht etwas gewöhnungsbedürftig, jedoch wesentlich einfacher, als sich mit der **Missachtung der offiziellen Verkehrsregeln** zu arrangieren, die nur formell denen in Europa entsprechen und in Thailand teils sehr kreativ ausgelegt werden. Es kann also durchaus vorkommen, dass es in einer Einbahnstraße Gegenverkehr gibt, rote Ampeln notorisch missachtet werden, nachts der eine ohne Licht und der andere mit Fernlicht fährt oder dass nach links geblinkt und nach rechts abgebogen wird.

Weitere Gefahren gehen von Tieren und spielenden Kindern aus, mit denen auf Straßen jederzeit zu rechnen sind. Schlaglöcher können sich immer und überall in allen möglichen Größen öffnen (obwohl die Straßen generell in gutem Zustand sind, durchaus mit denen in Europa vergleichbar). Um all diesen Risiken gerecht zu werden, ist um- und vorsichtiges Fahren geboten. Also langsam fahren und sich die thailändische Gewohnheit zu eigen machen, beim Überholen von Fahrzeugen wie Fußgängern die Hupe bzw. nachts zusätzlich die Lichthupe zu betätigen!

Die **Benzinpreise** liegen zurzeit bei rund 1 €/l.

ÜBERNACHTEN

Heute schon geträumt? Vielleicht von einer Beach-Villa, gestaltet in klassisch thailändischer Holzarchitektur und ausgestattet mit allen Finessen einer Suite im Hilton? Oder eher von einer romantischen Palmwedelhütte unter Kokospalmen? Wie wär's mit einem Baumhaus im Dschungel, einem schwimmenden Bambus-Bungalow-Floß auf einem Urwaldsee oder doch einer rundum verglasten Suite hoch über Bangkok?

Preis für eine Übernachtung im Doppelzimmer inkl. Frühstück:

€	unter 2000 Baht
€€	2000 bis 5000 Baht
€€€	über 5000 Baht

Thailand-Reisende können aus einem extrem breit gefächerten Angebot an Unterkünften wählen, und wie bei fast allen Dingen in diesem Land bietet auch das gewählte Quartier in aller Regel einen unschlagbar guten Gegenwert für den bezahlten Preis, der zwischen etwa 8 € und vielen hundert Euro pro Nacht liegen kann – allerdings **nicht pro Person, sondern in der Regel für das Zimmer oder den Bungalow, die Suite oder die Villa** unabhängig von der Anzahl der Gäste, die das Quartier bewohnen.

In den Städten und dem touristischen Abseits gibt es kaum Preisunterschiede zwischen den einzelnen **Saisons**, doch in den Ferienzentren variieren die Preise zwischen Hochsaison (generell etwa Dez.–Febr. und Juli/Aug.) und Nebensaison (Rest des Jahres) gewaltig. Vor allem über den Jahreswechsel zahlt man an den Stränden des Landes nicht selten dreimal so viel wie sonst.

»Kommen, sehen, nehmen« ist aber nur in den Häusern der Budgetklasse zu empfehlen, denn von der Mittelklasse an aufwärts – und besonders bei Häusern der Spitzenklasse – kann man bei vorheriger Online-Buchung Schnäppchenpreise erzielen, die bis zu 50 % unter den offiziellen Tarifen liegen. Die **Buchung** erfolgt dann entweder direkt auf der Website des jeweiligen Hotels oder über spezielle Buchungsportale, die oft noch wesentlich günstigere Angebote im Programm haben (u. a. www.booking.de, www.hrs.de, www.expedia.de, www.holidaycheck.de).

Auch **pauschal** zu reisen, kann viel Geld sparen, da gerade die Top-Hotels in den Katalogen der Veranstalter oft konkurrenzlos günstig angeboten werden.

ESSEN UND TRINKEN

Ob Sie nun auf dem Zabuton-Kissen in einem japanischen Teehaus sitzen wollen, wo die Hostess am niedrigen Tisch dünne Steakstreifen wie Sukiyaki bereitet, ob es uralte Eier im Schlamm oder Schwalbennestsuppen sind, die Sie unter den gewölbten Zinnen eines chinesischen Restaurants einnehmen möchten, ob indische Currys oder australische T-Bone-Steaks, bayrische Leberknödel oder israelische Falafel: Bangkok, Chiang Mai und Pattaya, Phuket, Hua Hin und Ko Samui machen alles möglich, aber auch in allen anderen Touristenzentren des Landes ist die Zahl der Restaurants Legion.

Preise für ein Hauptgericht ohne Getränke:

€	unter 300 Baht
€€	300 bis 600 Baht
€€€	über 600 Baht

Doch vor allem anderen ist es ja die thailändische Küche, die lockt, zumal der Weg zum Verstehen eines Landes auch durch den Magen geht. Und in Thailand, dessen Küche als eine der feinsten und raffiniertesten der Welt gilt, kann man sich an fast 3000 spezifischen einheimischen Gerichten gütlich tun. Nicht alle werden überall erhältlich sein, aber für eine spannende kulinarische Entdeckungsreise, während der man jeden Tag neue Gaumenfreuden kennenlernen kann, reicht es allemal.

Von Garküchen bis Restaurants

Da in Thailand zumindest in den Städten kaum jemand selbst kocht, ist die Anzahl der **Garküchen**, oft zu großen Essensmärkten zusammengefasst, schier unermesslich, und dies insbesondere abends, da die Thais am liebsten in den kühleren Stunden nach Sonnenuntergang essen. Dann laden überall in Stadt und Land **Nachtmärkte** (Night Markets) ein, wo sich mobile Garküchen dicht an dicht drängen: Man holt hier eine Suppe, nascht da einen Snack und kostet dort ein Curry oder Fischgericht.

Eine sättigende Auswahl wird kaum mehr als 80 bis 100 Baht kosten, und Tee gibt es meist kostenlos dazu. Aber auch in den einfachen **Thai-Restaurants** am Straßenrand kann man ab etwa 80 Baht inklusive Reis und Tee etwas Leckeres aus dem Töpfebüfett auswählen. In den Ferienzentren und Großstädten laden zudem klassische Thai-Restaurants der gehobenen bis königlichen Thai-Küche zu kulinarischen Entdeckungsreisen ein. Ab etwa 200 Baht sind im Durchschnitt für ein Gericht anzusetzen, doch auch ein Schlemmerabend zu zweit wird kaum mehr als 2000 Baht kosten.

Mit ähnlichen Preisen muss man in den **Restaurants der Hotels und Resorts** rechnen, wo die Thai-Küche allerdings in der Regel stärker dem europäischen bzw. internationalen Geschmack angepasst ist – wie auch in den Strandrestaurants.

Gewürzvielfalt

Die Vielfalt der thailändischen Küche und ihre Verschmelzung mit Einflüssen aus Indien, China und Malaysia haben ihr den Ruf eingebracht, eine der besten der Welt zu sein. Eine der gesündesten ist sie obendrein. Und eine der würzigsten: Schon in Standardgerichten sind – um nur die wichtigsten zu nennen – Gelbwurz, Koriander, Bergamotte und Muskat, Knoblauch, Pfeffer, Ingwer und Gewürznelken, Kardamom, Zitronengras und Minze feste Bestandteile. Nicht zu vergessen die Chilischoten, die kleinen »Gaumenterroristen«, die das thailändische Essen auch noch zu einem der schärfsten der Welt machen.

Doch hat sich in Thailand längst herumgesprochen, dass Europäer eher milde Speisen bevorzugen, weshalb die Schärfe für Ausländer meist reduziert bzw. gefragt wird, ob man es ***phet*** (scharf) oder ***mai phet*** (nicht scharf) will. Das Mittelmaß erhält, wer ***nitnoi*** (ein wenig) bestellt, und wer dann noch die thailändische Speisefolge übernimmt, reichlich Reis dazu genießt sowie Suppe nebst anderen, milden Gerichten, der gibt seinem Gaumen die Chance, sich auf neue Geschmackserlebnisse einzustellen.

Im Gegensatz zur westlichen Speisefolge werden bei einem thailändischen Menü alle Speisen samt Reis auf einmal aufgetischt, und es ist gang und gäbe, dass alle von allem essen.

Die Mahlzeiten

Eine typische **Hauptmahlzeit,** meist am Abend eingenommen, besteht aus *khaoo plau* (Reis) – natürlich, denn Essen ist auf Thai gleichbedeutend mit »Reis essen« –, einer klaren, säuerlichen Suppe, klassisch Tom Yam, einem gekochten Gericht wie etwa Kokosnusscurry (mild etwa das sämige Gaeng Massaman, scharf Gaeng Penaeng), einem gebratenen Gericht, vorzugsweise *plah* (Fisch) oder *gai* (Hühnchen), dazu dann ein scharf gewürzter *yam* (Salat) nebst einer Auswahl an Saucen sowie Rohkost. Nur das Dessert, meist aus Früchten, wird nach dem eigentlichen Essen serviert.

Mittags, wenn die Hitze den Hunger ohnehin reduziert, wird eher nur ein Snack in einer Garküche eingenommen. Auch das **Frühstück** ist in Thailand traditionell ein Reisgericht, gern *khaoo tom* (Reissuppe), *khaoo yam* (kaltes süß-scharfes Reisgericht) oder Nudelsuppe. Nur bei Nudelgerichten – das bekannteste und fast schon ein Nationalgericht ist **Pad Thai** (Reisbandnudeln mit verquirltem Ei, Sprossen, getrockneten Garnelen, Erdnüssen, Tofu, Knoblauch, Chili, Fischsauce, Tamarinenpaste) – gibt es Essstäbchen, sonst isst man mit Löffel (in der rechten Hand) und Gabel (linke Hand), die verwendet wird, um mundgerechte Happen auf den Löffel zu schieben. Messer sind, da stets alles zerkleinert ist, unnötig und unüblich.

Getränke

Das meist stark gechlorte Leitungswasser will man nicht trinken; ausweichen sollte man auf **Trinkwasser** in Flaschen (ab ca. 15 Baht/l, im Restaurant mindestens das Doppelte) oder

Mineralwasser (ab etwa 20 Baht/l) oder Tee, der in Restaurants ebenso wie Wasser meist gratis serviert wird.

Auch im kleinsten Dorf gibt es an jeder Ecke **Softdrinks** (ca. 20 Baht, im Restaurant ab 30 Baht) wie Coke, Fanta, Sprite etc. Wo immer sich Touristen aufhalten, gibt es außerdem zig Sorten Milchshakes (ab ca. 70 Baht) und Säfte, meist auch Joghurt und Eiscreme sowie pasteurisierte Milch, Schokomilch etc.

Bier gibt es natürlich auch, aber in Relation ist es teuer, muss man im Laden doch um 40 Baht für eine 0,33-l-Flasche bezahlen, im Restaurant ab etwa 80 Baht – und das für Thai-Gebräue wie **Singha** und **Shang**, die zwar trinkbar, aber geschmacklich nicht besonders sind. Bleiben europäische Marken wie Tuborg, Carlsberg oder Heineken (ab etwa 60 Baht für 0,33 l), die aber vor Ort gebraut werden und nicht ganz so schmecken, wie man es vielleicht gewohnt ist. Wer Gewohntes sucht, ist auf die Touristenzentren angewiesen, wo mittlerweile oft selbst bayrische Bierspezialitäten zu haben sind.

Bei **Hochprozentigem** steht an erster Stelle Mekong, ein Whiskey von wohl nicht großer Reinheit, aber großer Wirkung (ab 175 Baht für 0,375 l). Zudem werden Sang Thip, ein Weinbrand, und Sang Som, ein Rum, angeboten, aber in den Städten und natürlich Ferienzentren hat man eine große Auswahl auch an internationalen Spirituosen.

Seit Jahren schon darf Alkohol (auch Bier) nur noch zwischen 11 und 14 sowie 17 und 24 Uhr verkauft werden.

EINKAUFEN

Wer Shoppen paradiesisch findet, wird sich in Thailand im siebten Himmel wähnen. Der Einfallsreichtum, das handwerkliche Geschick (und gerade auch die Kopierbegeisterung) der Thais sind für immer neue Kreationen gut. Dabei ist der Norden, insbesondere Chiang Mai, zwar das Zentrum des landestypischen Kunsthandwerks, doch wandert alles, was irgendwo im Lande in Sachen Kunsthandwerk hergestellt wird, auch in die Shops von Bangkok sowie der Touristenzentren. Die sind eigentlich täglich geöffnet, in der Regel von 10 bis 20 Uhr, in den Ferienzentren oft bis 21 oder auch 22 Uhr.

Mitbringsel

Beliebt sind u. a. Thai-Seide, Edelsteine (insbesondere Saphire und Rubine) und Keramikartikel, Antiquitäten und »Antiquitäten«, Skulpturen, Opiumpfeifen und Opiumgewichte, Lackarbeiten und Schnitzwerk, Papierschirme, Schmiedearbeiten nebst Rattanwaren, Korbwaren und Schmuck, Kleidung und Imitationen, immer wieder Imitationen von Uhren und Designerklamotten sowie Raubkopien und Piraten-Software (alles Waren, die man offiziell aber nicht nach Europa einführen darf!).

Preise

Die Preise sind zwar in aller Regel günstiger als für vergleichbare Waren in Europa, doch wer den vom Verkäufer erstgenannten Preis akzeptiert, bezahlt garantiert zu viel! Nur die großen Kaufhäuser und Spitzenshops haben **Festpreise**, und von jedem Käufer wird eigentlich erwartet, dass er auch handelt.

In der Regel ist kein Preis fix (auch nicht, wenn er ausgezeichnet ist), stattdessen wird er durch **Verhandeln** bestimmt: Den Wert einer Ware kennt nur der Händler; die Käufer müssen versuchen, sich möglichst nahe an das Geheimnis heranzutasten. Letztlich gehört diese Ungewissheit zum Reiz des Feilschens dazu. Dabei ist es eine hohe Kunst, sich nicht betrügen zu lassen. Erschwert wird diese Aufgabe nicht zuletzt dadurch, dass es für die Waren nicht einen, sondern viele Preise gibt. Preise speziell für Land- und Stadtbewohner, für In- und Ausländer, für Neugierige und Behutsame, für Arme und Reiche, für Männer und Frauen, Preise je nach Tageszeit und Wochentag, nach Lust und Laune – so viele Preise, wie Situationen und Konstellationen denkbar sind.

Die wichtigste Faustregel – und die gilt ganz unabhängig davon, was der Händler sagen wird – lautet: Nennen Sie niemals, wirklich niemals als Käufer den ersten Preis! Das ist Aufgabe des Händlers, Ihre ist es anschließend, einen **Rabatt von mindestens 30 %** vom Angebot zu erzielen. Gelingt das nicht, haben Sie zu viel gezahlt. Garantiert!

Am Strand

Allgegenwärtig an den Stränden der Touristenzentren sind die **fliegenden Händler**, die irgendwie immer dort sind, wo Sie sich auch gerade aufhalten. Sie können ihnen nicht entgehen oder sie gar verscheuchen – da bringt es auch nichts, sie anzuschnauzen oder zu ignorieren. Ja, sie haben meist unverschämte Preise, sind lästig, durchaus eine Plage, aber das wären Sie vielleicht auch, hätten Sie sechs Kinder, eine Einzimmerwohnung von 12 m², keine Arbeit und auch keine Chance, eine zu bekommen. Bleiben Sie also wenigstens höflich, selbst wenn Sie keine Sarongs, Muschelketten, Sonnenbrillen, bunten Tücher, Maiskolben oder was auch immer sonst haben wollen.

Bangkok

Bangkok ist schlicht »die« **Shoppingadresse von Asien** schlechthin, und als ultimative Einkaufsstraße gilt die kilometerlange Thanon Sukhumvit. Das moderne Stadtzentrum rings um den Siam Square verlockt mit gut zwei Dutzend Shoppingmalls (die größtenteils durch den Skywalk miteinander verbunden sind) zum Konsumrausch für alle Geldbeutel, dem man gerade auch in Chinatown verfallen kann, Schwerpunkt Sampeng Lane.

AUSGEHEN

Auch wer mal Ferien vom Urlaub machen will, ist in Thailand goldrichtig, und ob Sie nun einen Tag, eine Nacht oder gleich mehrere Wochen lang rund um die Uhr Action suchen – hier kommt garantiert keine Langeweile auf.

Nachtleben

Das Nachtleben in Thailand hat einen eindeutig körperbezogenen Ruf, wird es doch in der Regel mit den geschätzt rund 300 000 Prostituierten in Verbindung gebracht, die vor allem in Bangkok, Pattaya und Phuket ihrem Gewerbe nachgehen. Dass Prostitution offiziell verboten ist und die meisten Frauen, Mädchen und Männer, die sich anbieten, HIV-positiv sind, hat dem Geschäft bislang keinen Abbruch getan, auch wenn das thailändische Tourismusamt schon seit Jahrzehnten versucht, das Image von Thailand als Sexparadies loszuwerden.

Doch natürlich gibt es auch andere Aspekte des Nachtlebens, und gerade dasjenige von **Bangkok** gilt als das heißeste in ganz Asien. Phuket mit Schwerpunkt **Patong Beach** hat sich einen Namen für »normales« Nachtleben gemacht, ebenso Chiang Mai und Ko Samui, während sich auf Ko Phangan die an Beachpartys interessierte Jugend der Welt trifft: Es heißt, dass die **Vollmondpartys** am dortigen Hat Rin Beach die größten und bekanntesten Dance-and-Music-Beach-Happenings auf Erden sind. In Spitzenzeiten werden dort sage und schreibe bis zu 30 000 Besucher gezählt, die zu Drum 'n' Bass, Garage, House und Indie, Techno und Trance ausflippen, aber auch auf Rock, Pop und Reggae abfahren.

Was Ko Phangan an der Golfküste sind Ko Phi Phi und Ko Lipe an der **Andamanenküste:** Partyzentren für junge und jung gebliebene Reisende (während Phuket eher für teures Nachtleben bekannt ist).

Bei Krabi ist vor allem der **Railay Beach** »in«, aber auch in allen anderen Ferienzentren des Südens werden Nachtschwärmer kaum mit Langeweile kämpfen müssen.

Feste und Veranstaltungen

Seit alters her suchen die Menschen, ihre Zeit, ihr Leben durch Feste und Feiern in Zyklen, Perioden und Rhythmen zu gliedern und so den Alltag zu durchbrechen. Da macht auch Thailand keine Ausnahme, und da den Thais **Sanuk** (S. 27) die Zauberformel gegen den als »nicht Sanuk«, also langweilig, verstandenen Alltag ist, kann man sich vorstellen, wie feierfreudig und unbedingt auch feierbegabt die Thailänder sind, wenn es darum geht, die insgesamt rund ein Dutzend staatlichen Feiertage sowie die Vielzahl religiöser und regionaler Feste zu feiern bzw. auch auszuweiten auf eigentliche Arbeitstage.

Wann immer ein Feiertag etwa auf einen Donnerstag oder Dienstag fällt, wird der Freitag bzw. Montag meist mit angehängt, wodurch eine Vielzahl (auch offiziell) langer Wochenenden geschaffen wird.

Die **staatlichen Feiertage** (S. 206) richten sich nach dem westlichen Kalender, die religiösen aber nach dem Mondkalender, schwanken also von Jahr zu Jahr. So kann es wichtig sein, sich vor der Reise ein aktuelles Festivalverzeichnis zu besorgen, das man über das thailändische Fremdenverkehrsamt (www.thailandtourismus.de), www.tatnews.org (»Events« anklicken) und www.festivalsofthailand.com sowie www.thaifestivalblogs.com abrufen kann.

Neujahrsfeste: Das Songkran genannte thailändische Neujahr wird zwischen dem 13. und dem 15. April zwar landesweit gefeiert, aber nirgends sonst so ausgelassen wie in Chiang Mai und Bangkok. Es fällt zusammen mit der Reisernte und in die heißeste Zeit des Jahres. Bei den fröhlichen Feiern wird alles und jeder mit Wasser bespritzt, eine Praxis, die ihren Ursprung in alten Reinigungszeremonien hat. Auch Touristen werden nicht verschont, und es kann gut sein, dass Sie plötzlich einen Eimer Eiswasser abbekommen oder zum Ziel für einen Strahl aus der Wasserpistole werden. Übrigens ist uns Thailand um 543 Jahre voraus, (das Jahr 2023 entspricht daher dem Jahr 2566 in Thailand), da Buddha 543 Jahre vor Jesus lebte.

Noch weiter voraus aber sind die in Thailand lebenden Chinesen, da ihre Zeitrechnung auf dem Jahre 2637 v. Chr. fußt, als der chinesische Kaiser Huang-Di den Kalender erfunden haben soll. Entsprechend beginnt für sie im Jahr 2023 das Jahr 4660, was mondphasenabhängig im Januar oder Februar drei Tage lang gefeiert wird.

Loi Krathong: Das prächtige Lichterfest findet in der Vollmondnacht des zwölften Mondes statt (Okt. oder Nov.) und gilt als das schönste und eindrucksvollste Fest des Landes. Auf allen Flüssen, Kanälen, Teichen und Seen werden lotusförmige Schiffchen aus Bananenblättern (Krathongs) zu Wasser gelassen, um die Flussgöttin Mae Khongkha zu ehren. Außerdem sollen Sünden und Unheil in den mit brennenden Kerzen, Räucherstäbchen und Blumen geschmückten Krathong davongeschwemmt werden. Dabei reicht die Vielfalt der kunstvoll gefertigten Krathong von kleinen Booten aus Bananenblättern bis hin zu aufwendig geschmückten Flößen und riesigen Styroporkreationen.

Thailand Aktiv

Relaxen und Tempelgucken schön und gut, aber für den einen oder anderen darf es auch etwas aktiver zugehen. Ob zu Lande oder Wasser, in Thailand gibt es unerhört viel zu erleben, und es ist nicht übertrieben, wenn das Land in Hochglanzmagazinen als ein Paradies für Wassersportfreunde, Naturfreunde, Sportbegeisterte und Abenteuerlustige vorgestellt wird. Die Möglichkeiten sind beinahe grenzenlos, kein anderes Ferienziel in Südostasien kann eine vergleichbare Infrastruktur aufweisen, und auch unter Kostenaspekten gibt es kaum eine Alternative.

Kajak: Mit seinen unzähligen und teils unbewohnten Inseln stellt die Andamanensee eines der abwechslungsreichsten Kajakreviere der Welt dar, und Zentren dieses Sports sind Phuket und Krabi, wo zahlreiche Veranstalter organisierte Touren anbieten. Aber auch in fast allen anderen Ferienzentren der Andamanensee sowie der Golfküste kann man zudem Kajaks ausleihen, auch wenn es sich meist um »Sit-on-Top-Hartplastikschalen«, mit denen man zwar durchaus Spaß haben kann, aber keine längeren Touren unternehmen möchte. Thailandweit der größte Anbieter von geführten Kajaktouren ist Sea Canoe (www.seacanoe.net).

Klettern: Da die Gebirgsregionen in Süd-Thailand größtenteils aus solidem Kalkgestein bestehen, finden sich hier geradezu unendlich viele Möglichkeiten zum Felsklettern. Dabei stehen die Kletterrouten der Krabi-Provinz gar im Ruf der besten von Südostasien schlechthin. Einen Überblick über alle Spots des Landes bietet www.thecrag.com/en/climbing/thailand.

Radwandern: Thailand ist auch in dieser Hinsicht durchaus ein Traumland: Die Verkehrsdichte ist im Großen und Ganzen relativ gering, und die Straßen sind gut. Durch die abwechslungsreiche Landschaft führen sowohl anstrengende Bergrouten als auch leicht zu bewältigende Küstenstrecken. Das Fahrrad kann im Flugzeug problemlos als Sportgepäck mitgenommen werden. Vor Ort kann man es im Bus transportieren, sofern man nicht einen Pick-up mietet. Die Beschaffung von Ersatzteilen ist auch kein Problem, und in allen Touristenzentren kann man Fahrräder ausleihen (ab ca. 100–150 Baht/Tag). Dort werden zudem organisierte Radtouren angeboten, und die Website https://siambiketours.com/de informiert u. a. über organisierte Touren von Bangkok bis hinunter nach Krabi sowie entlang dem Golf von Thailand; anklickenswert ist u. a. auch https://thailandbiking.com.

Schnorcheln: Schnorchler finden in allen Ferienzentren an den Küsten, mit Ausnahme von Hua Hin und Pattaya, interessante Felsformationen, stellenweise sogar kleine Korallenriffe. Überall kann man Schnorchel, Maske und Flossen ausleihen. Außerdem können Schnorchler an den meisten Tauchausflügen teilnehmen.

Segeln: Der Segler-Treff schlechthin in Thailand ist Phuket mit einer vorbildlichen Infrastruktur und Chartermöglichkeiten von Booten und Jachten in allen Größen und Preisklassen. Wer an einem Segeltörn fürs kleinere Budget interessiert ist, sollte sich in Krabi umhören: Während der Saison von etwa November bis Ende April/Anfang Mai werden oft zahlende Mitsegler gesucht. Daneben haben sich auch die Inseln im Golf von Thailand, allen voran Ko Samui, einen guten Namen in Seglerkreisen gemacht. Weitere Infos gibt es u. a. über https://thaisailing.com und www.sailingtourphuket.com/de.

Tauchen: Die Korallenriffe von Thailand, insbesondere diejenigen der Andamanensee sowie die rings um Ko Tao im Golf von Thailand werden zu den Top-Tauchdestinationen der Erde gerechnet. Die Infrastruktur könnte besser nicht sein, und in allen Ferienzentren des Südens werden qualifizierte Tauchkurse angeboten sowie täglich Tauchfahrten. Weitere Infos über Thailands Unterwasserwelten geben u. a. die Webseiten www.divetheworldthailand.com und www.divein.com.

Tierbeobachtung: An frei lebenden Affen herrscht thailandweit kein Mangel, sehr wohl aber an den großen Säugern wie Tiger und Leopard, Elefant, Schwarzbär, Tapir und Ozelot. Top-Spots zur Beobachtung dieser Tiere in ihrem natürlichen Lebensraum sind die rund 130 Nationalparks des Landes, wo auch über 15 % aller auf Erden vorkommenden Vogelarten als Brut- oder Zugvögel eine ständige oder vorübergehende Heimat haben. Einer der größten Veranstalter von Beobachtungstouren von bis zu vier Wochen Dauer ist Thailand Bird Watching (www.thailandbirdwatching.com), der aber nicht nur Vogel- sondern auch Großwildtouren im Programm hat; auf Beobachtungstouren in Südthailand spezialisiert ist www.thaibirding.com.

Trekking: Trekkingtouren zu den Bergvölkern im hohen Norden von Thailand sind schon seit den 1980er-Jahren die Renner jeder Saison, und ansonsten bieten sich die rund 130 Nationalparks an, die insgesamt gut 12 % der Landesfläche umfassen. Insbesondere der Khao Yai National Park nördlich von Bangkok, der Kaeng Krachan National Park bei Hua Hin sowie der Khao Sok National Park im Zentrum der Malaiischen Halbinsel haben sich zu hervorragenden Trekking-Revieren entwickelt, und in all diesen Schutzgebieten werden organisierte Touren verschiedener Schwierigkeitsgrade und Längen angeboten. Auch Thailand Bird Watching bietet Touren an.

Wellness: Traditionell suchen die Thais Entspannung für Leib und Seele bei Massagen und Meditation und setzen die heilende Wirkung von Kräutern und Ölen in der Medizin ein. In allen Ferienzentren gibt es inzwischen Wellness- und Spa-Resorts, und das Angebot umfasst Massagen, Ayurveda und Kräuterdampfbäder, Fastenkurse und Meditation, Yoga und Reiki sowie Tee-Zeremonien. Aber auch Healing, Schamanismus und Chi Gong nebst Channeling, Chiromantie, Numerologie und vieles andere mehr kann man erlernen. Einen Überblick über die Top-Wellness-Retreats liefert: www.tripaneer.com/all/d/thailand.

SPRACHFÜHRER

***Khun put thai dai mai?* (Sprechen Sie Thai?) – so werden Touristen im Lande immer wieder mit Interesse gefragt. *Mai-dschay* (nein), wenn nicht *no*, lautet zumeist die Antwort. Und was bleibt, ist ein freundliches Gegenüber, ein lächelndes Gesicht, das sich mangels Konversationsmöglichkeiten aber schnell abwenden wird. Ein *nid noi* (ein wenig) als Antwort ist schon eine echte Chance, neue Welten zu entdecken, und mit einem schlichten *dschai* (ja) eröffnen sich diese Welten, wird zugänglich, was Durchschnittsreisenden verborgen bleibt.**

Das Nein ist negativ und eine Last, die auf Dauer wesentlich schwerer zu tragen ist, als die »Bürde«, sich vor und während der Reise ein bisschen mit dem Thailändischen zu beschäftigen. Denn ein bisschen reicht schon, um vor Ort täglich ein wenig mehr zu lernen, um für Thailänder als Mensch fassbar zu werden, mehr zu sein als nur ein gesichtsloser Devisenbringer.

Es folgt ein kleiner Sprachführer, der vielleicht das Interesse am Thailändischen zu wecken vermag, aber noch kein *nid noi* gewährleistet, denn Thai, das zur sino-tibetischen Sprachfamilie gehört, ist extrem schwierig und, wie das Chinesische, eine tonale Sprache.

So können die meist einsilbigen Wörter durch Aussprache in unterschiedlichen Tonhöhen und Tonverläufen – normal, hoch oder tief, aufsteigend oder fallend – bis zu fünf vollkommen unterschiedliche Bedeutungen erlangen. Das Wort *mai* beispielsweise bedeutet je nach Stimmlage »neu«, »nicht«, »Seide« oder »brennen«. Erschwerend kommt hinzu, dass sich gewisse Formen mit dem Geschlecht des Sprechenden ändern.

Außerdem unterscheidet sich die Umgangssprache vollkommen von der gehobenen Sprache, und es gibt viele verschiedene Dialekte. Obendrein wird Thai mit einem eigenen Alphabet geschrieben, das aus 44 Konsonanten und 32 Vokalen besteht. So kann man als Tourist nur von Glück reden, dass die englische Sprache in den Touristenzentren problemlos verstanden wird und man mit Englisch im Großen und Ganzen mittlerweile auch auf dem Land einigermaßen gut durchkommen kann.

Immer zu gebrauchen

ja	**tschai**
nein	**mai tschai**
danke	**kop kuhn (kah/ krab)**
Guten Tag!/ Auf Wiedersehen!	**sawadih (kah/krab)**
Wie geht es Ihnen?	**sabai dih mai**
Danke, gut.	**sabai dih (kah/krab)**
Entschuldigung!	**koh tod (kah/krab)**
Wie ist Ihr Name?	**(koh tod) tschü arai**
Mein Name ist …	**(Frau:) tschan tschü …** **(Mann:) pom tschü …**
Sprechen Sie Englisch?	**kuhn puht pah sah Angrit**
Ich verstehe nicht.	**(Frau:) tschan mai kowjai** **(Mann:) pom mai kowjai**
Ich spreche ein wenig Thai.	**(Frau:) tschan puht pah sah thai nit noi** **(Mann:) pom puht pah sah thai nit noi**
Bis bald!	**läo pob gan ig na**

Im Notfall

Hilfe!	**tschuai duai**
Feuer!	**fai mai**
Rufen Sie die Polizei!	**tschuai riag dtam ruat**
Rufen Sie einen Krankenwagen!	**tschuai riag rod payabahn**
Ich benötige einen Arzt.	**(tschan/pom) dtong gahn mor**
Ich benötige einen Zahnarzt.	**(tschan/pom) dtong gahn mor fan**
Krankenhaus	**rong pah jah bahn**

Nach dem Weg fragen

Wohin gehen Sie?	**bpai nai**
Ich möchte nach …	**(tschan/pom) dscha bpai …**
Wo …?	**tienai**
Ist das der Weg nach …?	**nih tahng bpai … tschai mai**

Wie weit ist das?	**glai mai**
Fahren Sie bitte langsam.	**prot put tscha tscha**
rechts	**kwah**
links	**sai**
geradeaus	**dtrong bpai**
Halten Sie bitte.	**jop tinni**

Reise

Bus	**rot meh**
Bus mit Klimaanlage	**rot tua**
Busbahnhof	**satanih rot meh**
Minibus	**rot dtu**
Auto	**rot kan**
Bahnhof	**satanih rot fai**
Zug	**rot fai**
Express/schnell	**duan**
Sitzplatz	**tih nung**
Flughafen	**sanahm bin**
Flugzeug	**krüang bin**
Boot	**rua**
Langboot	**rua hahng yao**
Fähre	**rua doi sahn**
Fähranlegestelle	**tha**
Taxi	**teksi**
Fahrrad	**rot jakrayan**
Motorrad	**rot motorsai**
Bank	**tanakahn**
Strand	**tschai haht**
Botschaft	**sa tantuht**
Insel	**ko**
Markt	**talad**
Museum	**pipitahpan**
Hotel	**rong raem**
Polizeistation	**satanih dtam ruat**
Gefahr	**anta rai**
Post	**bprai sanih**
Straße	**thanon**
Stadt	**muang**
Dorf	**baan**

Im Hotel

Haben Sie ein Einzel-/ Doppelzimmer?	**kun mih hong diao/ hong kuh**
Zimmer mit Klimaanlage	**hong air**
Bad/WC	**hong nahm/ suahm duai**
Hotel	**rong räm**
Dusche	**fuk bua**
Swimmingpool	**sa wai nahm**

Im Restaurant

Die Speisekarte, bitte.	**kor meh nuh noi**
Ich möchte ...	**kor**
Das Essen ist sehr gut.	**ahahn aroi**
Die Rechnung, bitte.	**kor tschek bin**
Restaurant	**lahn ahahn**
Café	**lahn gafä**
Frühstück	**ahahn tschau**
scharf	**pet**
nicht scharf	**mai pet**
Ich bin Vegetarier.	**kin je kin tae phak**
Wasser	**nahm**
Mineralwasser	**nahm soda**
Flasche Wasser	**naam quart nueng bai**
Tee	**tscha**
Kaffee	**gafä**
Curry	**gaeng**
Rindfleisch	**nüa**
Hühnerfleisch	**gai**
Entenfleisch	**ped**
Fisch	**pla**
Krabben	**gung**
Schweinefleisch	**mu**

Einkaufen

Wie viel kostet das?	**nih taoh rai**
Haben Sie ...?	**kun mih ... mai**
billig	**tuk**
Sehr gut/nicht gut.	**dih mak/mai dih**
zu teuer	**päng bai**
zu groß	**yai bai**
zu klein	**lek bai**
ein bisschen	**nit noi**

Zeitangaben

heute	**wann nih**
morgen	**prung nih**
gestern	**müa wann nih**
diese Woche	**ahtit nih**
nächste Woche	**ahtit nah**
Minute	**nah tih**
Stunde	**tschua mong**

Wochentage

Montag	**wann djan**
Dienstag	**wann ang kahn**
Mittwoch	**wann put**
Donnerstag	**wann paruhadt**
Freitag	**wann suk**
Samstag	**wann sau**
Sonntag	**wann ahtit**

Glossar

Ao	Bucht
Ban	Dorf oder Haus
Bot	Ordinationshalle
Changwat	Provinz
Chedi	Tempelturm zur Aufbewahrung von Reliquien
Doi	Berg
Farang	Ausländer
Hat	Strand
Hin	Stein
Khao	Hügel
Khlong	Kanal
Ko	Insel
Laem	Landspitze/Kap
Mahathat Chedi	zur Aufbewahrung von Buddhareliquien
Mondop	Raum zur Aufbewahrung religiöser Schriften/Gegenstände
Niello	schwarz eingelegte Silberarbeiten
Prang	zentraler Turm eines Khmer-Tempels
Seladon	grünes Porzellan (seit der Sukhothai-Zeit)
Soi	Gasse
Songthaew	Pick-up mit Sitzbänken
Stupa	Tempelturm im indischen Stil
Thanon	Straße
That	nordthailändische Bezeichnung für einen Tempelturm
Viharn	Versammlungshalle
Wang	Palast
Wat	Tempel

Zahlen

0	**suhn**
1	**nüng**
2	**sohng**
3	**sahm**
4	**sih**
5	**hah**
6	**hog**
7	**dschet**
8	**bpät**
9	**gao**
10	**sip**
11	**sip et**
12	**sip sohng**
13	**sip sahm**
14	**sip sih**
15	**sip hah**
16	**sip hog**
17	**sip dschet**
18	**sip pät**
19	**sip gao**
20	**je sip**
21	**je sip et**
30	**sahm sip**
40	**sie sip**
50	**hah sip**
60	**hog sip**
70	**dschet sip**
80	**bpät sip**
90	**gao sip**
100	**nüng roy**
101	**roy et**
500	**hah roy**

Reiseatlas

Legende

A14	Autobahn mit Anschlussstelle
E 55	Schnellstraße mit Europastraßennr.
SS16	Fernstraße mit Nummer
	Hauptstraße
	Nebenstraße
	Straße in Bau; Straße in Planung
	Staatsgrenze
2 ★★	Top 10
11	Nicht verpassen!
12	Nach Lust und Laune

1 : 4 400 000

150 km

100 mi

MYANMAR
Lang Kho
Mong Tong
Doi Sam Sao Noi
1708 m
Mae Salong
Mae Sai
Golden Triangle
Chiang Saen
Houay Xay
Chiang Khong
Muang Ho
Thanlwin (Salween)
Nam Pawn
Mae Fang National Park
Thaton
Fang
Chiang Rai
Mae Chan
Wiang Chai
Menam Khong
Pak Beng
Arunothai
Mae Suai
Thoeng
Phu Sang National Park
Mae Suya
Huai Nam Dang National Park
Phan
Doi Luang National Park
Chiang Kham
Pai
Chiang Dao
Mae Chai
Thung Chang
Mae Hong Son
Mae Ngad Res.
Phayao
Song Khwae
Chiang Klang
Pua
Meo Microwave
Mae Kuang Res.
Pong
Bo Klua
Mae Surin National Park
CHIANG MAI
Doi Mae Tho 2031 m
Doi Phu Nang National Park
Tha Wang Pha
Doi Suthep-Doi Pui National Park
Jae Sorn NP
Chiang Muan
Santisuk
Kemapyu
Khun Yuam
Ngao
Doi Luang 1162 m
Nan
Mae Charim
Doi Inthanon 2565 m
San Kamphaeng
Mae Chaem
Lamphun
Doi Khun Tan National Park
Wiang Sa
Song
Mae Charim National Park
Mae La Noi
Doi Inthanon National Park
Chom Thong
Mae Tha
Lampang
Rong Kwang
Na Noi
Si Nan National Park
Ob Luang National Park
Mae Sariang
Hot
Hang Chat
Phrae
Na Mun
Pang Hai
Thanlwin (Salween)
Mae Tub Reservoir
Wiang Kosai National Park
Den Chai
Doi Khun Loet 1247 m
Fak Tha
Sop Moei
Doi Tao
Sop Prap
Ban Khok
Om Koi
Li
Wang Chin
Tha Pla
Sirikit Reservoir
Ban Tha Song Yang
Mae Ping National Park
Thoen
Si Satchanalai
Sak Yai National Park
Nam Pat
Uttaradit
Mae Moei National Park
Tha Song Yang
Bhumipol Reservoir
Si Satchanalai National Park
Thong Saen Khan
Na Haeo
Phu Rua
Dan Sai
Sawankhalok
Thung Saliam
Chat Trakan
Sam Ngao
Sukhothai
Theinzeik
THATON
Ban Tak
Mae Ramat
Kong Krailat
Nakhon Thai
Ramkhamhaeng National Park
Yaong
Lom Sak
Karen
Tak
Khiri Mat
Wang Tong
Phu Hin Rongkla National Park
MAWLAMYINE (MOULMEIN)
Mae Sot
Phran Kratai
Phitsanulok
Lan Krabu
Bang Kratum
Khao Kho
Sam Ngam
Kamphaeng Phet
Sai Ngam
Phichit
Phetchabun
Mudon
Phop Phra
Klong Lan National Park
Taphan Hin
Haungtharaw
Zami
Khanuworalak
Buri
Chon Daen
Mae Wong National Park
Klong Lan
Banphot Phisai
Ban Mun Nak
Nong Phai
Thanbyuzayat
Umphang
Chumsaeng
Nong Bua
Mae Wong Reservoir
Bung Boraphet
Bung Sam Phan Nai
Lat Yao
NAKHON SAWAN
Taungnyo Taung
Tha Tako
Phaisali
Si Thep
Megathat Chaung
Menam Kwae Yai
Uthai Thani
Huai Kha Khaeng
Tak Fa
Phra Chedi Sam Ong
Nong Chang
Thep Sa Thit
Ye (Yai)
Sangkhla Buri
Chai Nat
Khok Samrong
Chai Badan
Ban Rai
Sankhaburi
Khao Laem Reservoir
Grasieo Reservoir
Singburi
Pasak Cholasid Reservoir
Khai Bang Rachan
Dan Chang
Lop Buri
Bilauktaung
Thong Pha Phum
Srinagarind Reservoir
Thung Makok
Don Chedi
Phra Buddha Bath
Ang Thong
Tham Than Lot National Park
Tha Rua
Si Sawat
Suphan Buri
Kaeng Khoi
Sai Yok National Park
Erawan National Park
Saraburi
U-Thong
Phachi
Nong Khae
Bo Phloi
AYUTTHAYA
Yebyu
Nakhon

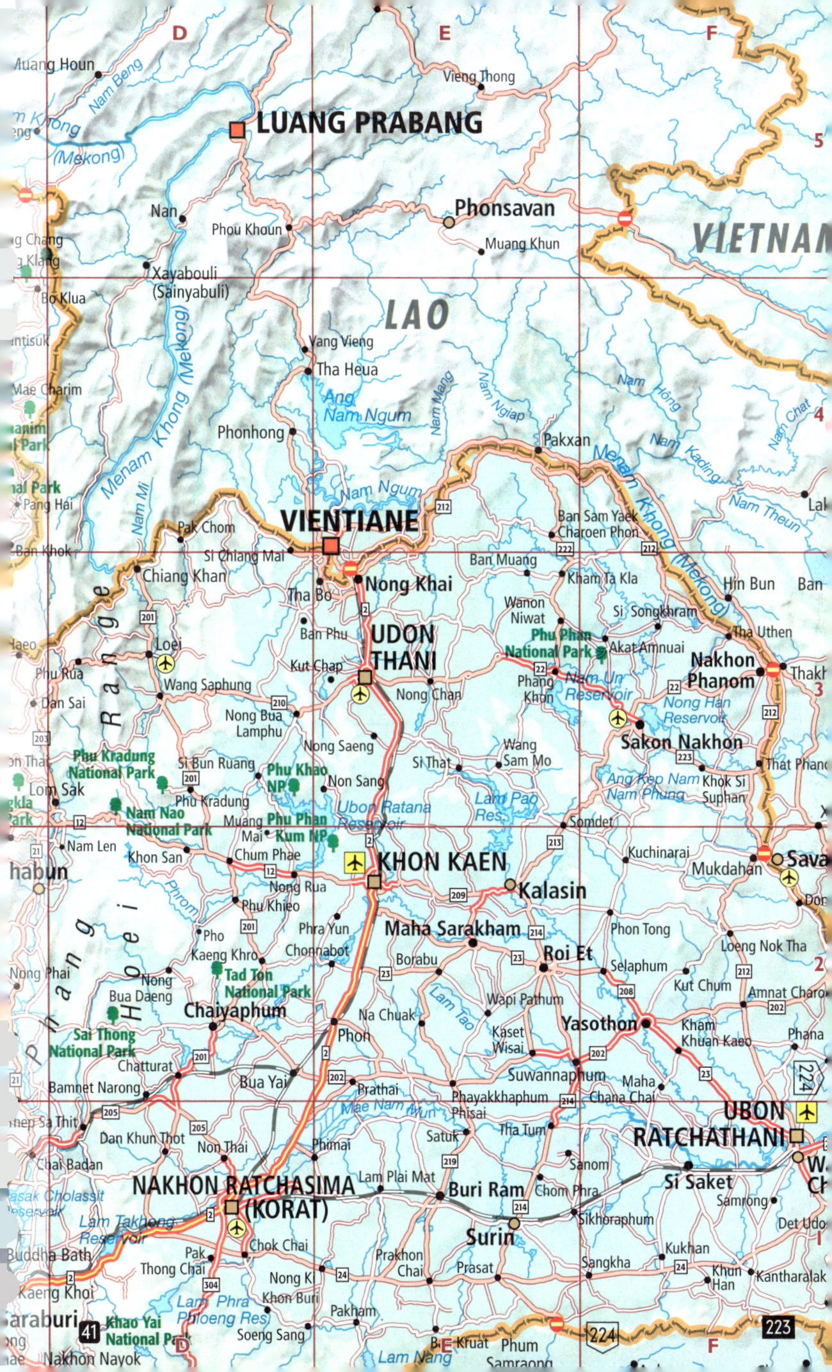

D
E
F
LUANG PRABANG
Muang Houn
Nam Beng
Nam Khong (Mekong)
Vieng Thong
Phonsavan
Muang Khun
Nan
Phou Khoun
Xayabouli (Sainyabuli)
Bo Klua
VIETNAM
LAO
Vang Vieng
Tha Heua
Ang Nam Ngum
Nam Mang
Nam Ngiap
Nam Hông
Nam Chat
Nam Kading
Menam Khong (Mekong)
Phonhong
Pakxan
Nam Mi
Nam Ngum
Nam Theun
VIENTIANE
Pak Chom
Si Chiang Mai
Ban Sam Yaek Charoen Phon
Ban Khok
Chiang Khan
Tha Bo
Nong Khai
Ban Muang
Kham Ta Kla
Hin Bun
Wanon Niwat
Si Songkhram
Tha Uthen
Loei
Ban Phu
UDON THANI
Phu Phan National Park
Akat Amnuai
Nakhon Phanom
Phu Rua
Dan Sai
Kut Chap
Wang Saphung
Nong Chan
Phang Khon
Nam Un Reservoir
Nong Han Reservoir
Nong Bua Lamphu
Nong Saeng
Sakon Nakhon
Phu Kradung National Park
Si Bun Ruang
Phu Khao NP
Non Sang
Si That
Wang Sam Mo
That Phanom
Lom Sak
Phu Kradung
Nam Nao National Park
Ubon Ratana Reservoir
Lam Pao Res.
Ang Kep Nam Nam Phung
Khok Si Suphan
Muang Mai
Phu Phan Kum NP
Somdet
Nam Len
Khon San
Chum Phae
KHON KAEN
Kuchinarai
Mukdahan
Phetchabun
Nong Rua
Kalasin
Phrom
Phu Khieo
Phra Yun
Maha Sarakham
Phon Tong
Pho
Loeng Nok Tha
Kaeng Khro
Chonnabot
Roi Et
Selaphum
Nong Phai
Nong Bua Daeng
Tad Ton National Park
Borabu
Kut Chum
Amnat Charoen
Phang Hoei Range
Chaiyaphum
Lam Tao
Wapi Pathum
Na Chuak
Yasothon
Kham Khuan Kaeo
Sai Thong National Park
Phon
Kaset Wisai
Phana
Chatturat
Suwannaphum
Maha Chana Chai
Bamnet Narong
Bua Yai
Prathai
Phayakkhaphum Phisai
Mae Nam Mun
UBON RATCHATHANI
Dan Khun Thot
Non Thai
Satuk
Tha Tum
Chai Badan
Phimai
Sanom
Si Saket
Lam Plai Mat
Buri Ram
Chom Phra
NAKHON RATCHASIMA (KORAT)
Samrong
Surin
Sikhoraphum
Lam Takhong Reservoir
Det Udom
Buddha Bath
Pak Thong Chai
Chok Chai
Prakhon Chai
Prasat
Sangkha
Kukhan
Khun Han
Kantharalak
Nong Ki
Kaeng Khoi
Lam Phra Phloeng Res.
Khon Buri
Saraburi
Pakham
Khao Yai National Park
Soeng Sang
Ban Kruat
Phum Samraong
Nakhon Nayok
Lam Nang

201
Loei
A
Ban Phu
UDON THANI
B
Niwat
223
Phu Phan National Park
Akat Amnuai
Tha Uthen
C
Nakhon Phanom
Thakhek
Kut Chap
Wang Saphung
Nong Chan
Phang Khon
Nam Un Reservoir
22
Nong Bua Lamphu
210
Nong Han Reservoir
212
Sakon Nakhon
Nong Saeng
Si That
Wang Sam Mo
223
That Phanom
Si Bun Ruang
Phu Khao NP
Non Sang
Ang Kep Nam Nam Phung
Khok Si Suphan
201
Phu Kradung
Lam Pao Res.
Xeno
Nam Nao National Park
Muang Mai
Phu Phan Kum NP
Ubon Ratana Reservoir
Somdet
Chum Phae
KHON KAEN
213
Kuchinarai
Savannakhet
Mukdahan
12
Nong Rua
Kalasin
209
Don Tan
Phu Khieo
222
Pho
201
Phra Yun
Maha Sarakham
Phon Tong
214
Loeng Nok Tha
Khemmarat
Kaeng Khro
Chonnabot
Borabu
Roi Et
23
Selaphum
Nong Daeng
Tad Ton National Park
23
212
Kut Chum
Amnat Charoen
Chaiyaphum
Lam Tao
Wapi Pathum
208
202
Na Chuak
Phon
Kaset Wisai
Yasothon
Kham Khuan Kaeo
Phana
201
2
202
Trakan Phutphon
Bua Yai
Suwannaphum
23
Si Muang Ma
Prathai
Maha Chana Chai
UBON RATCHATHANI
Phibun Mangsahan
Phayakkhaphum Phisai
214
Mae Nam Mun
Satuk
Tha Tum
217
205
Non Thai
Phimai
Sanom
Warin Chamrap
219
Si Saket
NAKHON RATCHASIMA (KORAT)
Lam Plai Mat
Buri Ram
Chom Phra
Samrong
2
214
Sikhoraphum
Det Udom
Sirinthorn Reservoir
Surin
Chok Chai
Kukhan
Buntharik
Pak Thong Chai
Prakhon Chai
Prasat
Sangkha
24
Khun Han
Kantharalak
Nong Ki
24
304
Khon Buri
Nam Yuen
Lam Phra Phloeng Res.
Pakham
Soeng Sang
Ban Kruat
Phum Samraong
Anlong Veaeng
Choam Khsant
Lam Nang Rong Res.
304
Ta Phraya
Kabin Buri
Sa Kaeo
Thma Puok
Nong Talat
Watthana Nakhon
33
Poipet
Aranyaprathet
Sisophon
Wang Nam Yen
Angkor Wat
Khlong Hat
317
Siem Reap
Khao Soi Dao National Park
Kamping Puoy
Soi Dao
Battambang
Khao Chamao
Khao Kitchakut NP
Ban Pakkard
Klaeng
Pong Nam Ron
Klong Kaeo National Park
Boeng Tonle Sab
Kompong Thom
3
Chanthaburi
Chuor Phnum Kravanh
Pursat
Thalu
38
Khao Sabab NP
Bo Rai
Laem Sing
3
Trat
Kampong Chhnang
225
Bang Kradan
Dan Sai
Laem Klat
Skone
Ko Chang
Laem Sok
36
Ko Mak
Udong
Kompo
Klong Chao
Khlong Yai
PHNOM PENH
224
Ko Kood
Koh Kong
A
B
C
5
4
3
2
1

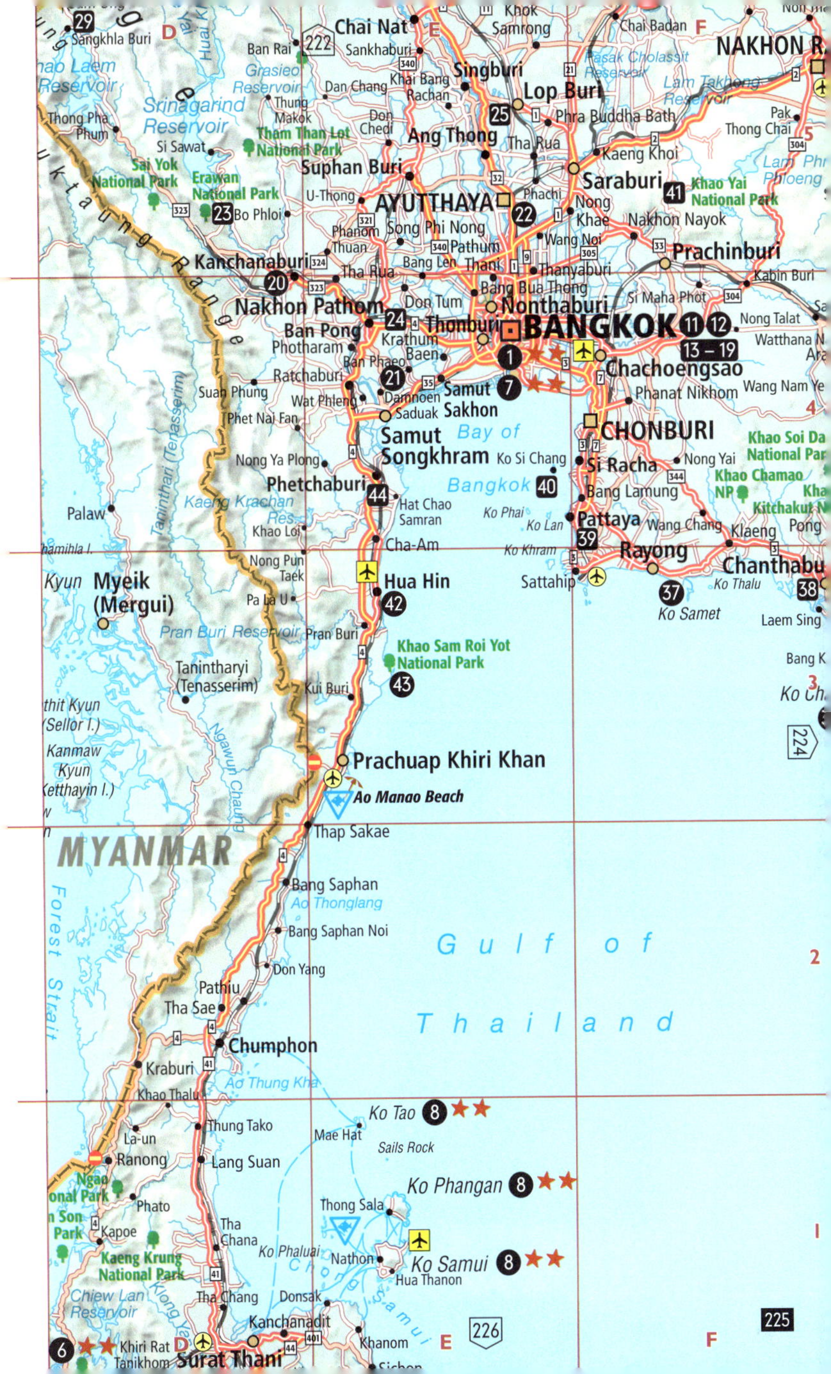

Sangkhla Buri
Khao Laem Reservoir
Srinagarind Reservoir
Thong Pha Phum
Si Sawat
Sai Yok National Park
Erawan National Park
Bo Phloi
Kanchanaburi
Tanintharyi (Tenasserim) Range
Ban Rai
Grasieo Reservoir
Thung Makok
Tham Than Lot National Park
Dan Chang
Don Chedi
Suphan Buri
U-Thong
Phanom Thuan
Tha Rua
Nakhon Pathom
Ban Pong
Photharam
Ratchaburi
Suan Phung
Phet Nai Fan
Wat Phleng
Damnoen Saduak
Nong Ya Plong
Phetchaburi
Kaeng Krachan Res.
Khao Loi
Palaw
Myeik (Mergui)
Kyun
Nong Pun Taek
Pa La U
Pran Buri Reservoir
Pran Buri
Tanintharyi (Tenasserim)
Ngawun Chaung
Kui Buri
thit Kyun (Sellor I.)
Kanmaw Kyun (Ketthayin I.)
MYANMAR
Forest Strait
Chai Nat
Sankhaburi
Khai Bang Rachan
Singburi
Ang Thong
Lop Buri
Phra Buddha Bath
Tha Rua
Khok Samrong
Chai Badan
Pasak Cholasit Reservoir
Lam Takhong Reservoir
NAKHON R.
Pak Thong Chai
Lam Phra Phloeng
Kaeng Khoi
Saraburi
Khao Yai National Park
AYUTTHAYA
Phachi
Song Phi Nong
Pathum Thani
Nong Khae
Nakhon Nayok
Wang Noi
Prachinburi
Kabin Buri
Bang Len
Thanyaburi
Bang Bua Thong
Si Maha Phot
Don Tum
Nonthaburi
Thonburi
BANGKOK
13 – 19
Nong Talat
Watthana N.
Krathum Baen
Ban Phaeo
Samut Sakhon
Chachoengsao
Phanat Nikhom
Wang Nam Ye
Samut Songkhram
Bay of Bangkok
CHONBURI
Khao Soi Dao National Park
Ko Si Chang
Si Racha
Nong Yai
Khao Chamao NP
Kitchakut N.
Bang Lamung
Hat Chao Samran
Ko Phai
Ko Lan
Pattaya
Wang Chang
Klaeng
Pong
Cha-Am
Ko Khram
Rayong
Chanthaburi
Hua Hin
Sattahip
Ko Thalu
Ko Samet
Laem Sing
Khao Sam Roi Yot National Park
Bang K.
Ko Ch.
Prachuap Khiri Khan
Ao Manao Beach
Thap Sakae
Bang Saphan
Ao Thonglang
Bang Saphan Noi
Don Yang
Gulf of Thailand
Pathiu
Tha Sae
Chumphon
Kraburi
Ao Thung Kha
Khao Thalu
Thung Tako
La-un
Ranong
Lang Suan
Ngao National Park
Phato
Kapoe
Khlong Son Park
Tha Chana
Kaeng Krung National Park
Chiew Lan Reservoir
Klong Yee
Tha Chang
Donsak
Kanchanadit
Khiri Rat
Tanikhom
Surat Thani
Khanom
Sichon
Ko Tao
Mae Hat
Sails Rock
Ko Phangan
Thong Sala
Ko Phaluai
Chong Samui
Nathon
Ko Samui
Hua Thanon

A
B
C
Letsok-aw Kyun
MYANMAR
Ao Manao Beach
225
Thap Sakae
Bang Saphan
Ao Thonglang
Bang Saphan Noi
Gulf of Thailand
Owen I.
Lanbi Kyun (Sullivan I.)
Forest Strait
Indian Ocean
Clara I.
Don Yang
Pathiu
Tha Sae
Pulo Bada I.
Lord Loughborough I.
Chumphon
Kraburi
St. Andrews Group
Banks
Khao Thalu
Ao Thung Kha
Ko Tao
8
Zadetkyi Kyun (St. Matthew's I.)
La-un
Thung Tako
Mae Hat
Sails Rock
Ranong
Lang Suan
Than Kyun (Davis I.)
Ngao National Park
Ko Phangan
Phato
Thong Sala
Laem Son National Park
Kapoe
Tha Chana
Aladdin Islands
Kaeng Krung National Park
Ko Phaluai
Nathon
Ko Samui
Hua Thanon
Chong Samui
Ko Surin Nua
48
Ko Surin Tai
Chiew Lan Reservoir
Tha Chang
Donsak
Ko Ra
Kanchanadit
Ko Phra Thong
6
Khiri Rat Tanikhom
Surat Thani
401
44
Khanom
Ko Tachai
Sichon
Khao Yai
Ko Kho Khao
Khao Sok National Park
Ta Khun
Tai Rom Yen National Park
Ko Bon
Takua Pa
Huai Haeng
Ko Similan
Phanom
Khian Sa
Ban Na San
Kapong
Wiang Sa
Tha Sala
Khao Lak
Phrasaeng
Thap Put
Khao Luang National Park
NAKHON SI THAMMARAT
45
Phang Nga
Chai Buri
Thai Muang
9
Ao Luk
Khao Phanom
Pak Phanang
Khok Kloi
Ko Yao Noi
Lan Saka
408
Thung Yai
Ron Phibun
Ban Pak Phraek
Krabi Town
Thung Song
Thalang
402
Ko Yao Yai
5
Lam Thap
Hua Sai
Ko Phuket
49
Klong Thom
403
Cha-uat
Phuket Town
10
Ko Jum
50
Wang Wiset
Huai Yot
46
Thale Noi Bird Sanctuary
Ko Phi Phi
Ko Lanta Noi
Trang
Phatthalung
Ko Lanta
Sikao
Kra Sae Sin
Ko Lanta Yai
51
Kantang
Yan Ta Khao
Khao Chaison
Sathing Phra
Ko Ngai (Ko Hai)
52
Ko Muk
Pak Phayun
Ko Kradan
404
Tung Yao
Thale Sap Songkhla
47
Songkhla
Andaman Sea
Ko Libong
Rattaphum
Ko Sukon
406
HAT YAI
Ko Petra
La-Ngu
Ban Pakbara
Tha Phae
Thale Ban National Park
Chana
Nathawi
Pattani
Sai Buri
416
Sadao
Rawi
Ko Tarutao
53
Satun
Yala
Ko Lipe
Padang Masirat
Pulau Langkawi
Kuah
Kangar
Narathiwat
Bannang Sata
Rangae
4084
Jitra
Tak Bai
Pokok Sena
Bang Lang Reservoir
4057
Pulau Dayang Bunting
Alor Setar
KOTA BHARU
Sukhirin
Sungai Golok
Kedah
Betong
226
Sungai Petani
Georgetown
Butterworth

Chiang Mai
500 m
500 yd
Wat Doi Suthep
Thanon Nimmanhamin
Thanon Huai Kaeo
Thanon Morakot
Thanon Hassadisawee
Chang Puak Bus Station
Thanon Chang Puak
Chang Puak Hospital
Chang Puak Gate
Thanon Mani Noparat
Thanon Sri Phum
Thanon Sri Mangalachan
Chiangmai Ram Hospital
Wat Chiang Man
Thanon Wiang Kaeo
Thanon Singharat
Prison
Thanon Jhaban
Ratchawithi
Chiang Mai City Arts & Cultural Center
Somphet Market
Muang
Th. Moon Muang
Th. Chaiyaphum
Thanon Arak
Suan Dok Gate
Thanon Suthep
Wat Phra Singh
Th. Phra Sing
Walking Street
Th. Ratchdamnoen
Wat Chedi Luang
Phra Pokklao
Samlan
Th. Ratchamanka
Wat Suan Dok
Thanon Suan Dok
Thanon Sirorot
Thanon Bunruangrit
Nong Buak Park
Thanon Bamrungburi
Chiang Mai Gate
Suan Prung Gate
Thanon Changlo
Thanon Kotchasan
Tapae Gate
Wat Mahawan
Thanon Tapae
Wat Bupharam
Kampangdin
Night Bazaar
Thanon Loi
Khro
Thanon Chang Klan
Thanon Si Dornchai
Thanon Mahidol
Thanon Thipanet
Wualai Walking Street
Thanon Wualai
BAN YEN
Old Chiang Mai Cultural Center
Thanon Nantharam
Thanon Suriyawongse
Thanon Suriwong
Thanon Prachasamphan
Ragang
Airport
Rattanakosin
Thanon Muang Samut
Th. Wichayanon
Thanon Ratchawong
Th. Sithiwong
Th. Tai Wang
Moi
Thanon Chang
Lam Yai Market
Warorot Market
Wat Saen Fang
Muang Mai Market
Tourist Police
Thanon Doi Saket Khao
Thanon Chetuphon
Thanon Kaeo Nawarat
McCormick Hospital
Thanon Charoen Rat
Mae Nam Ping
Thanon Bamrungrat
Th. Montri
Th. San Pa Koy
Thanon Charoen Muang
Thanon Charoen Prathet
Thanon Chiang Mai - Lamphun
Thanon Naipol
Alliance Francaise
Station
Arcade Bus Station
Thanon Thung Hotel
A
B
C
D
E
1
2
3

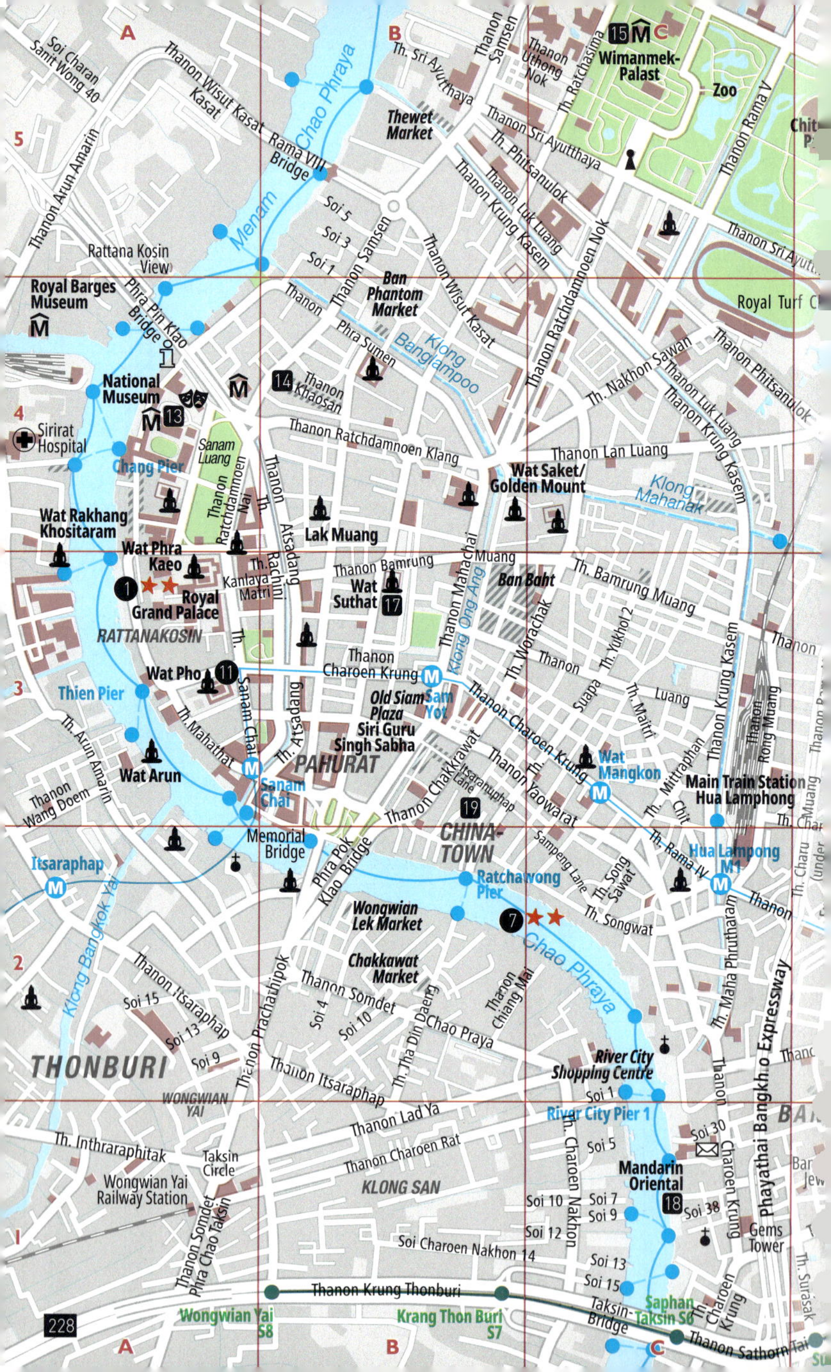

Wimanmek-Palast
Zoo
Royal Turf Club
Thewet Market
Royal Barges Museum
Rattana Kosin View
Ban Phantom Market
National Museum
Sirirat Hospital
Chang Pier
Sanam Luang
Lak Muang
Wat Saket/ Golden Mount
Wat Rakhang Khositaram
Wat Phra Kaeo
Royal Grand Palace
RATTANAKOSIN
Wat Suthat
Ban Baht
Wat Pho
Thien Pier
Wat Arun
Old Siam Plaza
Siri Guru Singh Sabha
PAHURAT
Sam Yot
Sanam Chai
Wat Mangkon
Main Train Station Hua Lamphong
CHINA-TOWN
Memorial Bridge
Phra Pok Klao Bridge
Itsaraphap
Ratchawong Pier
Hua Lamphong M1
Wongwian Lek Market
Chakkawat Market
THONBURI
WONGWIAN YAI
River City Shopping Centre
River City Pier 1
Mandarin Oriental
Taksin Circle
Wongwian Yai Railway Station
KLONG SAN
Gems Tower
Wongwian Yai S8
Krang Thon Buri S7
Saphan Taksin S6
Taksin-Bridge
Chao Phraya
Menam
Klong Banglampoo
Klong Mahanak
Klong Ong Ang
Klong Bangkok Yai
Phayathai Bangkho Expressway
Thanon Ratchdamnoen Klang
Thanon Charoen Krung
Thanon Yaowarat
Thanon Sathorn Tai
Thanon Krung Thonburi
Thanon Khaosan
Thanon Lan Luang
Th. Bamrung Muang
Thanon Rama V
Thanon Samsen
Thanon Sri Ayutthaya

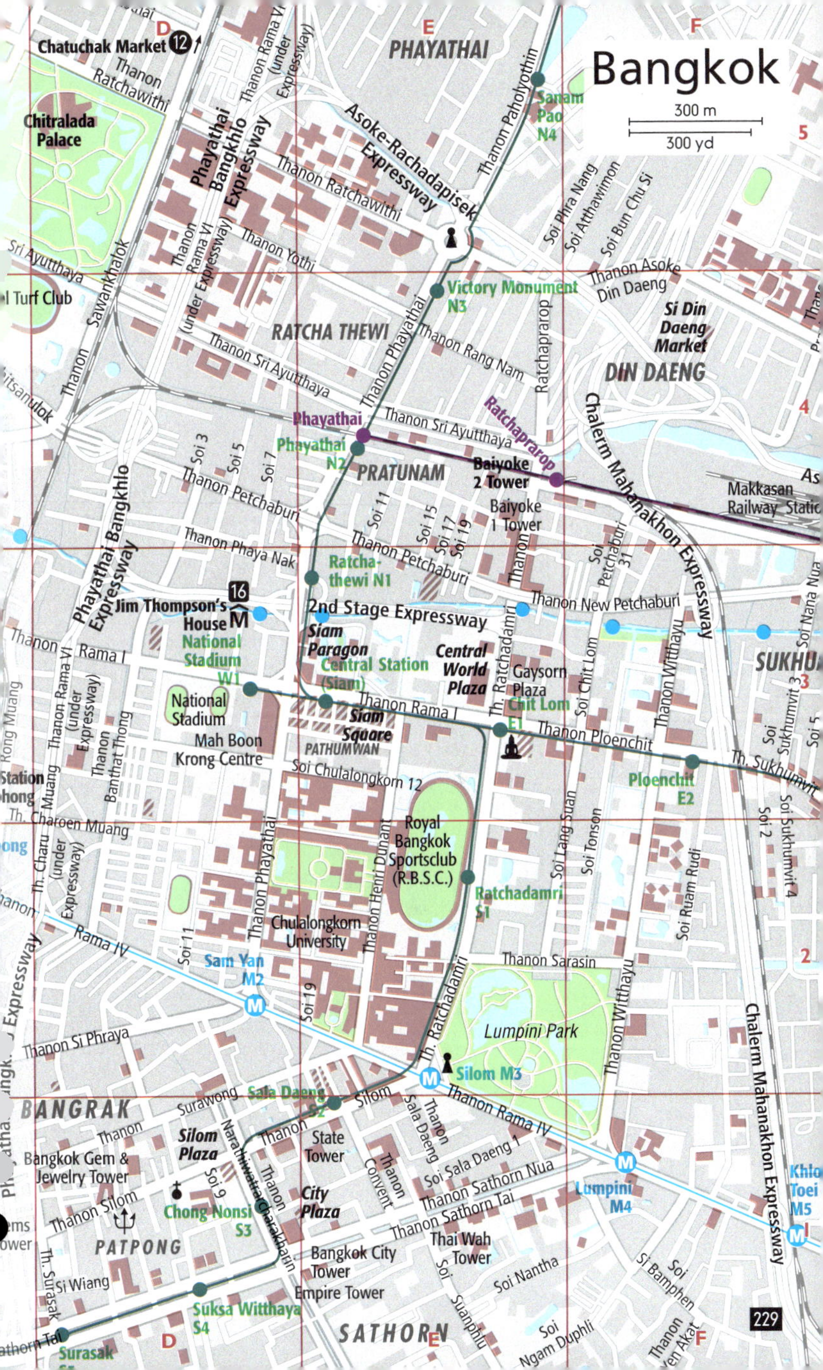

Bangkok
300 m
300 yd
D
E
F
5
4
3
2
Chatuchak Market 12
Chitralada Palace
PHAYATHAI
Sanam Pao N4
Victory Monument N3
RATCHA THEWI
DIN DAENG
Si Din Daeng Market
Phayathai
Phayathai N2
PRATUNAM
Ratchaprarop
Baiyoke 2 Tower
Baiyoke 1 Tower
Makkasan Railway Station
Ratcha-thewi N1
2nd Stage Expressway
Jim Thompson's House 16
National Stadium W1
National Stadium
Mah Boon Krong Centre
Siam Paragon
Central Station (Siam)
Central World Plaza
Gaysorn Plaza
Chit Lom E1
Siam Square
PATHUMWAN
Ploenchit E2
SUKHU
Royal Bangkok Sportsclub (R.B.S.C.)
Ratchadamri S1
Chulalongkorn University
Sam Yan M2
Lumpini Park
Silom M3
Sala Daeng S2
Lumpini M4
Khlong Toei M5
BANGRAK
Silom Plaza
State Tower
Bangkok Gem & Jewelry Tower
City Plaza
Chong Nonsi S3
PATPONG
Thai Wah Tower
Bangkok City Tower
Empire Tower
Suksa Witthaya S4
Surasak
SATHORN
Thanon Ratchawithi
Asoke-Rachadapisek Expressway
Phayathai Bangkhlo Expressway
Thanon Rama VI (under Expressway)
Thanon Yothi
Thanon Sri Ayutthaya
Thanon Phayathai
Thanon Rang Nam
Thanon Petchaburi
Thanon Phaya Nak
Thanon New Petchaburi
Chalerm Mahanakhon Expressway
Thanon Rama I
Thanon Ploenchit
Th. Sukhumvit
Soi Chulalongkorn 12
Th. Charoen Muang
Thanon Henri Dunant
Th. Ratchadamri
Soi Lang Suan
Soi Tonson
Soi Ruam Rudi
Thanon Witthayu
Thanon Sarasin
Thanon Rama IV
Thanon Si Phraya
Surawong
Thanon Silom
Thanon Convent
Thanon Sala Daeng
Soi Sala Daeng 1
Thanon Sathorn Nua
Thanon Sathorn Tai
Thanon Narathiwat Ratchanakharin
Soi Nantha
Soi Suanphlu
Soi Bamphen
Soi Ngam Duphli
Thanon Asoke Din Daeng
Thanon Paholyothin
Soi Phra Nang
Soi Atthawimon
Soi Bun Chu Si
Soi Chit Lom
Soi Petchaburi 31
Soi Nana Nua
Soi Sukhumvit 3
Soi Sukhumvit 4
Soi 2
Soi 3
Soi 5
Soi 7
Soi 9
Soi 11
Soi 15
Soi 17
Soi 19
Th. Surasak
Si Wiang
Thanon Banthat Thong
Th. Charu Muang (under Expressway)
Thanon Rama VI (under Expressway)
Thanon Sawankhalok
Sri Ayutthaya
Turf Club

Register

AA: D. Henley 6 (Nr. 1, 2), 25 o., 47 u. r., 48, 79, 87, 132, 198; J. Holmes 22, 25 u. r., 153; R. Strange 47 u. l., 72, 83

DuMont Bildarchiv, Ostfildern: Christian Heeb 5, 6 (Nr. 3, 4, 5, 6, 7, 8, 9, 10), 9, 10 o., 12/13, 14, 15, 20, 25 u. l., 26, 28, 29, 31, 33, 36, 35, 37, 38/39, 43 o., 47 o., 52, 53, 56, 66/67, 71 o., 81, 88, 91, 92, 98/99, 104, 109, 110, 115, 116, 122/123, 129 u., 131, 135, 138, 141, 152, 154, 157, 158, 175, 181, 185

Fotolia, New York (USA): geax 128; iamupumai 89; ksl 173 o. l.; natalia_maroz 148/149 und 6 (8); petcharapj 44/45; rukawajung 45 o. r. und 6 (1); sitriel 173 o. r.

Getty Images, München: Alan Copson 180; Corbis Documentary/Neil Emmerson 44 l.; enviromantic 10 u.; Gabriel Perez 23; Lonely Planet 161; Lonely Planet 30; Look/Ingolf Pompe 166/167; Moment/obbchao 127 o.; Moment/Urbancapture 73 u.; Stephen Studd 21

Huber-Images, Garmisch-Partenkirchen: Günter Gräfenhain 162

laif, Köln: Christian Heeb 16; Frank Heuer 204/205; Gonzalo Azumendi 62; hemis.fr/ Paule Seux 34; Monica Gumm 171 o.; Thomas Linkel 149 o. r.

Lookphotos, München: age fotostock 17; Eurasia Press 134; Photononstop/The Travel Library 200 u.; Thomas Stankiewicz 45 u. r.

Mauritius Images, Mittenwald: Alamy 19; Alamy/A Media Press 60; Alamy/Arterra Picture Library 128/129; Alamy/Dave Stamboulis 72/73, 111; Alamy/David Pearson 165; Alamy/ David South 119; Alamy/ES Travel 105 o.; Alamy/Greg Balfour Evans 105 r.; Alamy/ Lucas Vallecillos 54, 64; Alamy/Marco Pompeo Photography 147 l.; Alamy/Paul Bucknall 73 o.; Alamy/Paul Christoforou 173 l.; Alamy/ Peter Treanor 149 u. r.; Alamy/Photolibrary/ David R. Frazier 148 u.; Alamy/Realy Easy Star/Luigi Cervetto 191; Alamy/religious places 200 o.; Alamy/Sandy Watt 129 o.; Alamy/Sergi Reboredo 171 u.; Alamy/Steve Vidler 103 o., 105 u., 133; Alamy/travelib asia 149 u. l.; Alamy/Urs Flueeler 71 u., 113; foodcollection 140; imagebroker/Katja Kreder 147 r.; imagebroker/Moritz Wolf 96

picture-alliance, Frankrfurt a. M.: Arco Images 172; blickwinkel/McPhoto 187: Asian News Network 188; Bildagentur-online/Valletta 148 o.

Shutterstock.com, Amsterdam (NL): Ben Petcharapiracht 158; Bychykhin Olexandr 155; Chalermpon Poungpeth 197; Cooler8: 49; cowardlion 74 und 6 (4); Day2505 179 und 6 (9); Gaop Intuch 194; Guitar Photo Home 78; Ikunl 151; Inna Gord 94; John De Winter 114; King Ropes Access 176; Kittikun Prayoonrat 120; Likit Supasai 103 u.; Melinda Nagy 182 und 6 (10); Narupon Nimpaiboon 127 u.; Nattasak Buranasri 77; NonTheerachai 107 r.; Opat Suvi 183; P24_ Design 203; ploypemu 192/193; Richard Whitcomb 177 und 6 (6); Sainam51 137; sangkhom sangkakam 50 und 6 (7); Sergii Figurnyi 142/143; structuresxx 43 u.; Thanan Kongdoung 59; tonson 75; Tooykrub 107 l.; Vassamon Anansukkasem 86

Titelbild oben und unten: Sylvain Sonnet/ gettyimages; Sam Spicer/gettyimages
Umschlag hinten: Jean-Daniel Sudres/ gettyimages

IMPRESSUM

4., aktualisierte Aufl. 2023

Text: Michael Möbius, Jane Egginton David Henley, Andrew Forbes, Sean Sheehan
Übersetzung: Christiane Radünz, Joachim Nagel (»Das Magazin«)
Redaktion & Gestaltung: red.sign, Stuttgart; Eszter Kalmár. Text, Bild, Satz.

Kartografie: © MAIRDUMONT, Ostfildern
3D-Illustrationen: jangled nerves, Stuttgart
Visuelle Konzeption: Neue Gestaltung, Berlin

Anzeigenvermarktung: MAIRDUMONT MEDIA
Tel. 0711 45 02-0, media@mairdumont.com
media.mairdumont.com

Printed in China

Trotz aller Sorgfalt von Autoren, Autorinnen und Redaktion sind Fehler und Änderungen nach Drucklegung leider nicht auszuschließen. Dafür kann der Verlag keine Haftung übernehmen. Berichtigungen, Kritik und Verbesserungsvorschläge sind uns jederzeit willkommen, bitte informieren Sie uns unter:

Baedeker Redaktion
Postfach 3162
D-73751 Ostfildern
Tel. 0711 45 02-262
smart@baedeker.com
www.baedeker.com

FSC
www.fsc.org
MIX
Papier aus verantwortungsvollen Quellen
FSC® C124385

Meine Notizen

Meine Notizen